心理学的
批判性思维教学
最佳实践手册

Teaching Critical Thinking in Psychology
A Handbook of Best Practices

达纳·S. 邓恩（Dana S. Dunn）
简·S. 哈洛宁（Jane S. Halonen） 编
伦道夫·A. 史密斯（Randolph A. Smith）

王晓霞 贺静 李慧 译
李龙泉 王晓霞 校译

前　言

　　心理学领域的批判性思维研究和教育，目前在中国还很欠缺。这也正好说明本书的重要性。批判性思维对心理学研究和教育的重要性，是多方面和多层次的。批判性思维是理性思维，但它并非单独、孤立地存在于人的思维中。它总是和人的其他各种心理活动的要素和过程紧密耦合，共同作用，形成人的心理和思维过程。正是因为必须在多样的心理因素中运行，理性思维，包括其对象、机制和作用，也只能在这样广泛的背景中才能得到完整的认知。比如，虚假、残缺和碎片化的信息对理性思维的影响，很多是通过人的心理倾向的作用形成和达到的。思维要素在复杂信息和问题背景下的构成关系和相互作用，一直是认知和实践的必要和重要问题。

　　反过来，对心理学的研究而言，其真实性和可靠性与其他学科研究一样，也依赖于批判性思维的精神和能力。开放的理性精神和探究实证的能力，是心理学研究求真求实的支柱。这个不难理解。从大的方面说，人和社会的行为需要建立在理性原则上，这是文明社会的一个基础和标志。这已不用多做论述。从小的方面说，比如，批判性思维的探究、开放、实证和谨慎的精神，帮助研究者辨别在专业研究和治疗实践中流传的"伪科学迷思"。这些东西都利用了人们"非常需要简单的答案,以逃避不确定性,并且免于过度思考"的固有心理。再比如,在心理治疗中,揭示心理的认知根源,消除其错误,是治疗有成效的重要原因。而这必然依靠批判性思维能力,比如对真相、谬误、因果关系、隐含假设等等的分析和判断方法。正如本书作者们说的:"向心理学学生教授批判性思维的目的,在于提高他们描述、预测、解释和控制行为的能力。"

至于心理学教育中的教和学,和其他领域的探索、认知、学习活动一样,为了客观性和有效性,也应该遵从批判性思维提倡的原则和方法。本书的作者们指出,因为缺乏批判性思维,一些课程正在培养越来越多的不能满足社会要求的毕业生(显然这不仅仅是心理学领域的问题)。而改变的方法,也正如他们所指出的,是坚持批判性思维教育:"如果我们能够促使学生避免过早下结论,考虑某个观点的证据,愿意在面对反证时修正他们的想法,质疑已有的观点并继续质疑,直到他们得到更好的答案,并容忍一定程度的不确定性——简而言之,让他们学会批判性思考,那我们就做好了教学工作。"

本书的价值,在于它既有正确的学术依据,也有丰富的实践经验。从学术依据上说,它对批判性思维的理解是完整、合理的。有一篇文章指出,需要从技能和习性两个方面理解和运用批判性思维,认为将批判性思维教学作为一种基于技能的方法是不够的,因为这些技能不能很好地应用于指导实践,进而提倡以个人认识论为中心的批判性思维倾向性理论,认为采用这种方法来培养批判性思维对教师具有重要意义。书中的另一篇,在描述批判性思维时,列出这样的任务单:"让学生以复杂的方式思考提问,定义术语,检查证据,分析假设,避免情绪化推理,防止过度简化,考虑其他解释,容忍不确定性⋯⋯"熟悉我们讲授的批判性思维课程的人马上知道,这正好是描述我们批判性思维路线图上的各步骤(参见《批判性思维原理和方法:走向新的认知和实践》和《批判性思维十讲:从探究实证到开放创造》的第二章)。有的作者提到对批判性思维的理解,"在决定相信什么或做什么的时候,带有反思性的怀疑主义的倾向和技巧",并伴有对倾向(习性)、技能和元认知的论述,这些与恩尼斯(R. Ennis)和范西昂(P. Facione)等理论家总结的定义本质上是一致的。其他作者即使表述看起来不同,但它们的内容都包含了:根据语境对问题、论证和证据进行分析和评估;对自我的思考进行评价和调节;重视对假设的揭示和对替代解释的寻找;认可知识(作为现有背景和现有证据下最合理的结论)的可错性、暂时性、不确定性,以及进行这些认知思考活动时要遵循求真、求知、质疑、开放、理性、谨慎、全面、具体、仔细和反思的原则。这些,构成了对批判性思维主要精神和内容的恰当叙述。

从实践上说,在国际上,心理学是实践批判性思维教学最早、最多的学科领域之一。本书是将批判性思维渗透到学科研究和教学尝试的一份报告,它介绍的教学原则、方法和程序等方面的教益十分难得。文章作者们报告了如何在课堂上教授和评估批判性思维,如何通过在线学习、研究和参与等方式学习的经验。关于如何帮助学生更好地设计、实施和评估心理学实证研究这方面的内容,是研究性学习的经验,十分重要。在实践中,通过提出问题,并用研究和实证的方式来解决问题,以此来培养科学素养,训练挑战自我的价值观或信仰的开放心态,学会以复杂、辩证的方式思考世界,并锻炼实证研究的技能等,这些是真正的素质能力教育的操作。

另外,在教学中进行批判性思维的评估的一些方法对我们很有启发意义。而且,本书还有关于提高写作能力方面的介绍:如何运用批判性思维来帮助学生学习、使用美国心理学会式的写作方法,以及提升整体写作水平。这也是不多见的。

所以,这本书不仅对中国的心理学教师提高自己的研究和教学能力很有价值,也能帮助批判性思维的专业教师打开眼界,学习跨学科知识,提升理论深度和高度,以及扩展教学和测试能力。上面我们说过,对心理学的了解,对人的理性在心理因素形成和运行中作用机制的理解,有助于全面深入地理解批判性思维及其教学。批判性思维的测试,不管是从理论层面还是技巧层面,都要有心理学的知识做基础。评估批判性思维学习的效果,不考虑其中心理因素的作用,是不完整、不准确的。

最后,几乎不用提,心理学中的批判性思维教学经验,对其他希望将批判性思维活动纳入学科教学的在职教师、研究人员或研究生也一样是不可多得的营养源泉。从渗透批判性思维的原则,到使用启发性问题的教学方法,本书都提供了宝贵的借鉴。我们知道,实践渗透批判性思维的学科教学一直是难题,且很少有指导经验。正如书中说的:"尽管人人都认为教授批判性思维是一个好主意,但事实上正如一些作者所证明的,真要付诸实践可能很难。"而从本书中介绍的他人经验中学习,无疑是克服困难的最好做法之一。

董毓

谨以此书纪念我的祖母伊冯娜·哈曼,一位批判性思考者。

——达纳·S. 邓恩

此书献给我在阿尔文诺学院的优秀同事,他们助我在神秘莫测的批判性思维教学和研究中获得了无与伦比的满足感。

——简·S. 哈洛宁

此书献给我的父母安娜和休,以及我的导师菲尔、迪克、埃里克和弗劳尔夫人。他们在我进入批判性思维研究早期给予我鼓励和支持。

——伦道夫·A. 史密斯

目　录

贡献者列表 / 1

编者简介 / 1

序一 / 1

序二 / 4

致谢 / 1

迷人的心智：将批判性思维教学的最佳实践引入心理学 / 1

第一部分　心理学批判性思维教学案例 / 13

批判性思维：比以往任何时候都更有必要 / 15

我们是否揭开了批判性思维的神秘面纱？ / 33

学生准备好了吗？教授批判性思维过程中会遇到的发展性问题 / 50

教授学生批判性思维的简单策略 / 72

第二部分　评估批判性思维 / 87

衡量标准：批判性思维评估面临的挑战 / 89

批判性思维的程序化评估 / 110

用过程导向的方法批判性地思考复杂概念 / 129

第三部分　心理学课程中的批判性思维 / 141

批判性思维与课程内容的结合 / 143

关于当代议题的批判性思考 / 165

作为本科心理学教学启发式工具的"个人构念网格" / 181

关键课程中的批判性思维：原理与应用 / 193

统计学与研究方法中的批判性思维教学 / 212

第四部分　将批判性思维融入心理学课程 / 231

写作也是一种批判性思考 / 233

在心理学课程中利用服务性学习提高批判性思维能力 / 250

标准课堂之外：通过认知心理学课程促进批判性思维发展 / 262

我们为什么相信研究方法有助于提升批判性思维和科研素养？ / 284

困难话题的批判性思维教学 / 303

第五部分　课堂之外的批判性思考 / 319

批判性地思考心理学相关职业 / 321

第六部分　重要简报：关于批判性思维的简要报告 / 335

最佳和最差:学会像心理学家一样思考 / 337

个人目标说明作为提升写作和反思技巧的工具 / 343

基于模块的研究项目:心理学中批判性思维的研究模型 / 350

在心理学课堂上有效运用阅读工坊教学法 / 356

通过辩论和反思引入有争议的心理学问题 / 363

批判性思维实验室:通过实际应用培养学生的技能 / 370

鼓励学生批判性地思考心理疗法:克服朴素的实在论 / 374

基于网络的批判性思维教学模块的有效性 / 382

提升关于心理测量的批判性思维能力的初步实践 / 387

人名索引 / 392

主题索引 / 397

贡献者列表

Jeffrey Andre, James Madison University — andrejt@jmu.edu
Kevin J. Apple, James Madison University — applekj@jmu.edu
Suzanne C. Baker, James Madison University — bakers@jmu.edu
Kenneth E. Barron, James Madison University — barronke@jmu.edu
Bernard C. Beins, Ithaca College — beins@ithaca.edu
Ronald W. Belter, University of West Florida — rbelter@uwf.edu
Deborah S. Briihl, Valdosta State University — dbriihl@valdosta.edu
William Buskist, Auburn University — buskiwf@auburn.edu
David W. Carroll, University of Wisconsin-Superior — dcarroll@uwsuper.edu
Maria Darcy, Private practice, Orlando, FL — drmariadarcy@cfl.rr.com
Beth Dietz-Uhler, Miami University — uhlerbd@muohio.edu
Bryan J. Dik, Colorado State University — Bryan.dik@ColoState.edu
Dana S. Dunn, Moravian College — dunn@moravian.edu
Laird R. O. Edman, Northwestern College — ledman@nwciowa.edu
Alisha L. Francis, Northwest Missouri State University — ALISHAF@nwmissouri.edu
Marin Gillis, University of Nevada School of Medicine — mgillis@medicine.nevada.edu
Dana Gross, St. Olaf College — grossd@stolaf.edu
Jane S. Halonen, University of West Florida — jhalonen@uwf.edu
Diane F. Halpern, Claremont McKenna College — diane.halpern@claremontmckenna.edu
Elizabeth Yost Hammer, Xavier University of Louisiana — eyhammer@xula.edu
Richard D. Harvey, Saint Louis University — harveyr@slu.edu
Jeffrey D. Holmes, Ithaca College — jholmes@ithaca.edu

Jessica G. Irons, James Madison University — ironsjg@jmu.edu
Kiersten A. Jarvis, University of North Florida — kiersten.jarvis@unf.edu
Allen H. Keniston, University of Wisconsin-Eau Claire — kenistah@uwec.edu
Trina C. Kershaw, University of Massachusetts Dartmouth — tkershaw@umassd.edu
Katherine Kipp, Gainesville College-Oconee Campus — kkipp@gsc.edu
James H. Korn, Saint Louis University — kornjh@earthlink.net
Janet E. Kuebli, Saint Louis University — kueblije@slu.edu
Nina Lamson, Gainesville College—Oconee Campus — nlamson@gsc.edu
Sherri B. Lantinga, Dordt College — lantinga@dordt.edu
Natalie Kerr Lawrence, James Madison University — lawrennk@jmu.edu
Lawrence Benjamin Lewis, Loyola University of New Orleans — lewis@loyno.edu
Scott O. Lilienfeld, Emory University — slilien@emory.edu
Jordan P. Lippman, University of Illinois at Chicago — jlippman@uic.edu
Jeffrey M. Lohr, University of Arkansas — jlohr@uark.edu
Sherrie L. Mahurin, George Fox University — slmahurin@comcast.net
Joseph A. Mayo, Gordon College — joe_m@gdn.edu
Susan L. O'Donnell, George Fox University — sodonnell@georgefox.edu
Stellan Ohlsson, University of Illinois at Chicago — stellan@uic.edu
Bunmi O. Olatunji, Vanderbilt University — olubunmi.o.olatunji@vanderbilt.edu
Blaine F. Peden, University of Wisconsin-Eau Claire — pedenbf@uwec.edu
James W. Pellegrino, University of Illinois at Chicago — pellejw@uic.edu
Monica J. Reis-Bergan, James Madison University — reisbemj@jmu.edu
Bryan K. Saville, James Madison University — savillbk@jmu.edu
Sherry L. Serdikoff, James Madison University — serdiksl@jmu.edu
Paul C. Smith, Alverno College — paul.smith@alverno.edu
Randolph A. Smith, Lamar University — randolph.smith@lamar.edu
Stacie M. Spencer, Massachusetts College of Pharmacy and Health Sciences — stacie.spencer@mcphs.edu
Claudia J. Stanny, University of West Florida — cstanny@uwf.edu
Andrew P. Tix, Normandale Community College — andrew.tix@normandale.edu
Kris Vasquez, Alverno College — kris.vasquez@alverno.edu
Carole Wade, Dominican University of California — cwade2@sbcglobal.net
Rebecca Wenrich Wheeler, Southeast Raleigh Magnet High School — rwheeler1@wcpss.net
Todd J. Wilkinson, University of Minnesota — wilk0159@umn.edu
Tracy E. Zinn, James Madison University — zinnte@jmu.edu

编者简介

达纳·S. 邓恩(Dana S. Dunn),社会心理学家,同时担任美国宾夕法尼亚州伯利恒市摩拉维亚学院心理学教授和共同课程学习系主任。毕业于卡内基梅隆大学,获得心理学学士学位,并在弗吉尼亚大学获得博士学位。作为美国心理学会的会员,邓恩活跃于心理学教学分会,并于1995年至2001年间担任摩拉维亚学院心理学系主席。在其感兴趣的研究领域,诸如心理学教学、社会心理学和康复心理学,他多有著述。截至目前,邓恩共有五本著作问世——《实用型研究员:心理学研究的学生指南》(*The Practical Researcher: A Student Guide to Conducting Psychological Research*),《行为科学的统计和数据分析》(*Statistics and Data Analysis for the Behavioral Sciences*),《心理学写作的简要指南》(*A Short Guide to Writing about Psychology*),《社会心理学的研究方法》(*Research Methods for Social Psychology*),以及与韦恩·韦登(Wayne Weiten),玛格丽特·劳埃德(Margaret Lloyd)和伊丽莎白·Y.哈默(Elizabeth Y. Hammer)合著的《应用于现代生活的心理学》(*Psychology Applied to Modern Life*)。邓恩还与其他学者一起编著了三本书,即,与钱德拉·M. 梅赫罗特拉

(Chandra M. Mehrotra)和简·S. 哈洛宁(Jane S. Halonen)合作编写的《测量:心理学的教育评估挑战和实践》(Measuring Up: Educational Assessment Challenges and Practices for Psychology),与斯蒂芬·L. 周(Stephen L. Chew)合作编写的《心理学教学入门的最佳实践》(Best Practices for Teaching Introduction to Psychology),以及与伦道夫·史密斯(Randolph Smith)和伯纳德·C. 拜因斯(Bernard C. Beins)合作编写的《行为科学中统计与研究方法的最佳教学实践》(Best Practices for Teaching Statistics and Research Methods in the Behavioral Sciences)。

简·S. 哈洛宁是一名受过专业培训的临床心理学家,同时担任美国西佛罗里达大学的艺术与科学系主任。哈洛宁的职业生涯始于阿尔维诺学院,该学院被公认为在高等教育评估领域居于领先地位。1998年至2002年,哈洛宁担任詹姆斯麦迪逊大学心理学院院长一职。她在巴特勒大学获得了学士学位,并在威斯康星大学密尔沃基分校获得高级学位。作为美国心理学会第二分部的研究员,她曾担任该部门的主席和期刊《心理学教学》(Teaching of Psychology)的副主编。2002年,美国心理学会授予她"心理学界杰出贡献女性奖"(Eminent Woman in Psychology)的荣誉,并且,她在心理学教学方面取得的成就得到了该学会第二分部的认可。为了向她表示敬意,该分部以她的名义命名了早期职业成就奖(Early Career Achievement)。该奖项每年在全国范围内评选出最令人瞩目的学术新星(处于职业生涯前五年)。哈洛宁一直是高校批判性思维和教师发展的学术顾问,也是近20个心理学系的部门评审员。她曾在圣玛丽会议和心理学伙伴关系项目的指导委员会任职,这两个全国性的指导委员会都旨在解决本科课程的质量问题。自从主持高中学生学习成果项目以来,她参与了美国心理学会开展的每一个项目,以帮助建立学生的绩效标准。她已经独立撰写或合作出版了不少著作,包括与约翰·桑特洛克(John Santrock)合著的指导本科一年级学生的教科书《大学生成功指南》(Your Guide to College Success),该书第七版即将面世。她与彼得·赛尔丁(Peter Seldin)一起主持了国际大学教学促进年度会议。哈洛宁还担任美国大学预科心理学读书会(Advanced Placement Psychology Reading)会长一职,这是她任期的最后一年。

伦道夫·A.史密斯(Randolph A. Smith)是美国拉马尔大学心理学系的教授和系主任。他于2003年至2007年在肯尼索州立大学任教。在此之前,他在美国沃希托浸会大学工作了26年。兰迪(伦道夫的昵称)是美国心理学会(第一和第二分部)的研究员,并在心理学教学协会中担任过各种职务。目前,他还担任《心理学教学》的编辑,自1997年以来他一直担任该职位。他与史蒂夫·戴维斯(Steve Davis)合著了研究方法教科书《像侦探一样的心理学家:心理学研究导论》(The Psychologist as Detective: An Introduction to Conducting Research in Psychology)和统计学研究方法教科书《统计和研究方法简介:成为心理学侦探》(An Introduction to Statistics and Research Methods: Becoming a Psychological Detective)。此外,他还撰写了批判性思维著作《挑战你的成见:心理学批判性思维》(Challenging Your Preconceptions: Thinking Critically About Psychology),并编辑了韦恩·韦登(Wayne Weiten)的心理学入门教材的教师手册。兰迪创作了五十余种出版物,包括书籍、期刊文章等。此外,他还发表了一百多篇演讲,并指导了近150个本科会议报告。他的兴趣和研究方向始终围绕着心理学教学。他是美国西南心理学教师论坛和阿肯色州心理学学生研讨会的共同创始人,后者已经存在二十多年。他也是1991年圣玛丽会议和1999年心理学伙伴关系项目指导委员会的成员。

兰迪还是美国心理学会、美国心理学荣誉学会以及西南心理学会（他在1990年至1991年间担任该学会会长）的成员。他拥有休斯顿大学学士学位和得克萨斯理工大学博士学位。

序　一

每一位教师都想帮助学生更好地思考,但总是苦于不知从何下手,或不知如何开始。所有的大学老师都认为他们一直在从事批判性思维教学,正如一位愤怒的教授曾经问我的:"不然你认为我这么多年来一直在传授什么样的思考方式?非批判性的思考?"实际上,我不想回答这个问题,因为我害怕他正是这样教的。这当然不是故意的,但是如果教师没有明确知晓批判性思维的概念,那么在教授过程中,他们往往容易按照自己所接受的教育来开展教学,依循用心良苦的历届前辈们的足迹,教授早已缺乏现实意义的内容。我们的知识结构不断更新,技能也不断更迭换代。我们的学生需要知道什么?他们能够做些什么?我们如何帮助他们了解这些知识并付诸实践?

在回答这个问题之前,让我们考虑一下我们的学生,以及今天的大学生当前和未来的生活。根据几项不同的调查,大学生每天都会在"脸书"(Facebook)上耗费大量时间,使用电子邮件和IMing软件(如果你不是一个线上生活和线下生活界限模糊的人,那这对你而言仅仅是个即时通信工具而已)。他们很少断开网络连接。他们走路、上课时,通过挂在耳朵上的小电线(耳机)与看不见的人交谈,并伴随着传入耳中的音乐一起放声歌唱。今天的许多大学生每周花相当于一整个工作日的时间玩网络游戏,其中一些网络游戏设计得如此错综复杂,以至于相较之下,任何我们可以想到的作业看起来都像小孩子过家家。如今,许多大学生一面在上学期间打工,工作量达到近五分之一的全职工作,而另一方面他们债台高筑,欠下的债务数额与房贷相等。由堪萨斯州立大学文化人类学副教授迈克尔·韦施(Michael Wesch)设计的一项创意课程项目调查发现,大学生大部分时间身兼数职,同时处理多个事项。他们怎么能在真实世界而非虚拟频道创造更多的有效利用时间?根据收集数据的学生记录,许多大学生很少上课,不买指定用书,或者即便买了指定用书,也只完成一半的指定阅读。当然,我们的学生类型比以往任何时候都更加多样化,任何概要统计都无法捕捉到他们忙碌生活的本质。

学生们可能会经历六次跳槽,从事我们以今天的眼光来看并不存在的工作。他们希望在鼠标点击次数不超过三次的频率以内找到所有事实,但他们检索的大部分内容质量都有问题,所以我真心希望他们停下盲目求索的脚步,试着对检索到的内容存疑。据估计,《纽约时报》的工作日版块包含的信息比生活在17世纪的普通人一生中所遇到的都要多。我们的生活里充斥着各类信息,这会催生真正的危险:即便是知晓答案,也仍然不知道它们的含义。我们的学生需要解决由我们导致的问题,包括污染、恐怖主义、种族主义、贫困、核武器、肥胖和孤独等。

正是基于学生当前和未来生活的背景,我们亟须回答这样几个问题:学生需要知道什么?他们能够做什么?我们作为老师如何帮助学生解决以上两个问题?当前大学生依赖互联网获取信息,包括寻找约会对象,参与在线游戏,在大学图书馆寻找研究资料,做出医疗决策,以及选择快速致富的投资方式,因此,识别可靠证据的能力至关重要。然而,培养这项能力的需求庞大、任务艰巨。我们应当如何帮助学生更好地进行思考?

在这本书里,我们会提供我们目前的教学及研究收获。达纳·S.邓恩,简·S.哈洛宁,伦道夫·A.史密斯汇集了这些吉光片羽,为有需要的教师提供指导,帮助他们了解如何提高学生的批判性思维能力。每篇文章都提供了一种活动或新的思维方式,让思考当天下午或本学期接下来教什么以及如何教的老师们不至于捉襟见肘。本书介绍的短期活动既有利于改进思考的过程,也不会牺牲标准的课程内容。此外,本书还介绍了许多评估批判性思维提高程度的技巧,概述了批判性思维的技能、倾向性和发展批判性思维的教学活动。查看文章列表就像打开一盒新的巧克力一样,它们看起来都很诱人。你可以拿起一块咬上一口,如果它不符合你的喜好,你还可以把它放回盒子中,然后继续找寻你最喜欢的选项。本书有一些很精彩的想法和很多引人深思的内容,对每个人和每个班级而言,必定存在一些内容可以帮助提高批判性思维能力。我喜欢阅读本书内容丰富的各个部分,并迫不及待地想在自己的课堂上尝试其中的一些想法。相信你会跟我所见略同。

美国克莱蒙特·麦肯纳学院　黛安·F.霍彭

序　二

批判性思维不是一种活动,相反,它指的是一系列思维技能,可以促进思维聚焦,提高学习动机和产生新想法(Halonen&Gray,2000)。这些思维技能包括:识别模式的能力,以务实、创造性或科学的方式解决问题的能力,进行心理推理的能力,以及从不同角度评估想法或问题的能力。教导学生在课堂内外进行批判性思考,可以提高他们观察、推断、提问、决策、产生新思想和分析论点的能力。

向心理学学生教授批判性思维的目的,在于提高他们描述、预测、解释和控制行为的能力。教师需要相关工具和课堂策略来提高学生心理学科中的批判性思维能力。这本手册包含各种学术观点,旨在教授教师如何向学生传授批判性思维,而无论心理学课程水平或内容范围如何。除了要求本书作者提供改进该学科中批判性思维教学法的策略和想法外,我们还要求他们讨论如何在他们各自的学术和教学背景下评估批判性思维。

这本汇编手册可以看作学术性的探讨,也可以看作教学法的实践尝试,旨在教授心理学学科的批判性思维技能。我们的作者提供了在四年制大学或学院以及两年制大学和高中阶段的心理学课程中,教授批判性思维的最佳课程实践。本书中的文章和简报来源于专业的会议报告。该学术研讨会于2005年9月30日至10月1日在佐治亚州亚特兰大举行,会议主题是"提升学生参与度:心理学课程中批判性思维教学的最佳实践"。此次会议由心理学教学协会(Society for the Teaching of Psychology,简称STP)、国家心理学教学研究所(National Institute on the Teaching of Psychology,简称NIToP)和肯尼索州立大学卓越教学与学习中心(Center for Excellence in Teaching and Learning,简称CETL)共同举办。

教授批判性思维有何新意？本书为读者们展示了不同的教学创新路径,包括:

1. 新教学材料和新观点。本书提供了新颖的、非传统的批判性思维教学方法,涉及策略、方式、多样性问题、服务学习、案例研究的运用等多个方面。

2. 新课程实施模式。教师可以创建在线课程材料,以培养不同学生群体的批判性思维。

3. 评估。作者特别强调如何在课堂上教授和评估批判性思维。讨论还侧重于更广泛的项目评估。

4. 课程背景下的批判性思考。贡献者讨论了在心理学课堂中使用批判性思维的方法,从入门心理学课程到中高级课程,包括统计和研究方法课程,认知心理学和高级课程。

5. 批判性思维的发展观。探讨了在学生的不同社交和智力发展阶段,学习不同类型批判性思维的"学习准备"。

6. 通过学生参与研究来教授批判性思维。批判性思维的重要目的在于帮助学生更好地设计、实施和评估心理学实证研究。

7. 批判性思维和科学素养。批判性思维如何提升学生的科学意识和科学素养？

8. 写作和批判性思维。我们应当考虑批判性思维在学生学习、使用美国心理学会式的写作方法，以及提升整体写作水平中的作用。

哪些人会在这本书中有所收获？本书面向教育工作者——那些正在教授心理学批判性思维，或者希望将批判性思维活动纳入学科教学的在职教师、研究人员或研究生。本手册的附加价值在于提供了多种可供参考的批判性思维教学方法。

达纳·S. 邓恩，简·S. 哈洛宁，伦道夫·A. 史密斯

参考文献

Halonen, J., & Gray, C. (2000). *The critical thinking companion for introductory psychology* (2nd ed.). New York: Worth.

致　　谢

我们三人一起致力于各种写作和编辑项目。无论是亲自碰面,通过电话联系,或者通过电子邮件沟通(大部分时间都是如此),我们都享受彼此的陪伴。我们三人之间达成共识,认为大家优势互补,特别是三个人脾性相合,能共同应付截稿日期。我们深知,如果没有作者的努力,没有布莱克威尔出版社编辑们的热情支持,没有友人克里斯·卡多内(Chris Cardone)的宝贵建议,我们就无法顺利完成这个项目。正如我们中某人所说:卡多内这样真正的朋友简直是凤毛麟角。我们也很感谢卡多内的团队成员——萨拉·科尔曼(Sarah Coleman)和凯利·巴斯纳(Kelly Basner)的出色工作。如果没有他们的良好配合,这个项目将永远不会以如此迅速又有序的方式向前推进。我们也要感谢珍妮·罗伯茨(Jenny Roberts)和汉娜·罗尔斯(Hannah Rolls)准备出版的手稿。

我们还要感谢比尔·希尔(Bill Hill)及其在肯尼索州立大学心理学系和卓越教学与学习中心的同事们。肯尼索州立大学创造了一种求知问学的欢畅气氛,欢迎对心理学前沿教育感兴趣的同事加入这个团队,一起学习和进步。我们还要感谢领导心理学教学协会的同事们,他们与肯尼索的同事一起,成功举办了"最佳实践"研讨会,这些研讨会催生了这本书和在这之前的一些著作。我们还要感谢国家心理学教学研究所的朋友,尤其是道格·伯恩斯坦(Doug Bernstein),感谢他们对改善心理学教学和学习的持续支持。

邓恩要感谢他的家人——萨拉、杰克和汉娜。家人们鼓励他编辑和写作。摩拉维亚学院(Moravian College)一如既往地为邓恩提供了计划和完成这项编辑工作所需的资源。哈洛宁则将她取得的学术成就归功于她丈夫布莱恩的耐心和宽容,以及西佛罗里达大学对她的善意支持。尽管她担任院长一职,但她本人仍是一名学者。兰迪感谢他今生的挚爱柯丽丝37年的支持和鼓励,让他孜孜不倦、毫无后顾之忧地追求学术目标和梦想。肯尼索州立大学和拉马尔大学都为这个项目提供了资源和帮助。

美国宾夕法尼亚州伯利恒学院,达纳·S. 邓恩
美国佛罗里达州彭萨科拉州立学院,简·S. 哈洛宁
美国得克萨斯州博蒙特学院,伦道夫·A. 史密斯

迷人的心智：
将批判性思维教学的最佳实践引入心理学

批判性思维是一种至关重要的思考方式。作为教师，我们总是希望学生能够欣赏和践行约翰·斯诺(John Snow)博士所展现出的那种批判性思维。作为一名生活在 19 世纪中期英国伦敦的医生，斯诺博士在市中心霍乱肆虐的社区探索疾病的传染规律。借助城市地图，斯诺标绘了死亡人数达到 500 人的地点，以及当地所有公共水泵的位置(霍乱是一种细菌性介水传染疾病)。发现大多数死亡案例发生在同一个水泵附近后，他立刻将其移除。后来，由于他的观察和分析，人们开始逐渐洞察霍乱的本质，并采取行动。不久，这种流行病就控制住了(Gilbert，1958；Johnson，2007；Tufte，1983)。

作为心理学教师，我们希望学生理解，行为(包含思想、感受和行动在内)的分析和评价，同霍乱一样复杂。我们希望激发学生对棘手课题的思考和兴趣，比如我们期望他们学习和领悟到，临床诊断永远不会是肤浅的(Meehl，1973)，或者社会行为受环境和情境影响的程度远甚于人格驱动(Milgram，2004；Ross & Nisbett，1991)。我们希望学生能够深入思考由不那么戏剧性的、日常的、却是根本性的心理问题所带来的推理难题。

例如,为什么人们能够理解统计学中的联合概率,但在应用时却忽略它们?我们来看看下面这个经典的案例。

> 琳达今年31岁,单身,性格直率,非常聪明。她读书时主修哲学,对关乎歧视和社会公平正义的问题深表关注,并参与了反核示威活动。
>
> 以下哪项关于她的陈述更有可能是真实的?
> (1) 琳达是银行出纳员。
> (2) 琳达是一位积极参与女权主义运动的银行出纳员。
>
> (Tversky & Kahneman, 1984)

除非我们处于最佳推理状态,否则第二种选择似乎是显而易见的,甚至是无可辩驳的。然而,如果暂停下来进行反思的话,我们就会得出这样的结论:银行出纳员本身的基数比有女权主义倾向的银行出纳员更多;(1)和(2)的概率不可能大于单独(1)或(2)的概率。这里的例子包括启发式决策和直觉研究中的认知偏差(Gilovich, Griffin, & Kahneman, 2002),以及人们对体育现象的一贯感觉,例如篮球中的"连续命中谬误"(streak shooting)和"热手效应"(hot hands)(Gilovich, Vallone, & Tversky, 1985;另见,Risen & Gilovich, 2007)。除了这些巧妙的以学科为基础的例子,心理学教师希望他们的学生能运用批判性思维规划未来,在职业生涯中获得良好表现,并在一生中继续坚持广泛的学习。然而,要达到这些理想的目的,需要培养批判性思维,教师和学生都必须摆脱心理学课堂中习以为常的那种非批判性思维(Halpern, 2007)。

我们编著这本手册的初衷是为心理学教师和其他有兴趣提高学生批判性思维能力的同行提供既有学术性又有实用性的教学资源。我们要求同事们在编写本书时,展示如何提高学生在心理学课堂内外的思维质量。

简而言之,我们要求他们通过分享教授批判性思维的最佳实践来吸引学生。从这个角度来看,此书可称达到了预期。

我们和其他作者一致认为,这些批判性思维的最佳实践使学生能够重新审视世界和构成这个世界的重要方面。总的来说,作者们提供了一种关键的、分析性的、有时持怀疑态度的但一直是辩证的方法论。这种方法既能使学生从中有所收获,也能为心理学学科作出积极贡献。我们坚信,本书中的文章和简报将表明,当教师亲身投入设计批判性思维活动时,他们的学生将会更加具备批判性思维,也更能真正理解心理学知识。

最佳实践手册

本手册有六个部分。前五部分包含的课题内容比较传统,主要涉及:心理学的批判性思维教学,评估批判性思维,将批判性思维融入心理学的关键课程,批判性思维对课程的广泛影响,以及如何在课堂外探索批判性思维。本书的第六部分是创新性的,包含一系列关于批判性思维与心理学的简报。下面详细介绍这六部分的内容。

为心理学的批判性思维教学提供示范

卡罗尔·韦德(Carole Wade)在第一部分的开场白列举了一个众所周知的简单实例:心理学课堂比以往任何时候都更需要开展批判性思维教学。韦德用一种坦诚并引人入胜的演讲风格评论道,尽管可用的批判性思维工具很多且容易获得,但教师仍然面临着以下挑战:说服学生意识到这些用于学习心理学和生活的工具多么重要和有帮助。例如,针对业已发表的研究,韦德揭穿了各种关于行为的科学性的迷思,这些迷思仍然在某些治疗环境中广为流传,而该学科的从业人员本应摒弃这些愚见。然后,她转向由技术进步带来的希望和问题——功能性磁共振成像(functional Magnetic Resonance Imaging,简称 fMRI)是一种研究思维和大脑的有力方法,但在研究人员更多地了解它所揭示的行为内容之前,任何与之相关的理论和应用研究都应该谨慎对待。作者在第一部分第一篇文章的结尾提醒读者,无论是在课堂上还是在我们更广泛的文化情境中,一个关键的"斗争对象"是通常情况下学生所持有的相对主义,这种思想导致学生不愿参与争辩、辩论或批评,而是一味地接受或者默许。批判性思维教学方面的革新可以帮助我们每个人抵抗这种平庸的相对主义。

在第一部分的第二篇文章中,娜塔莉·科尔·劳伦斯(Natalie Kerr Lawrence)、雪莉·L. 赛迪科夫(Sherry L. Serdikoff)、特雷西·E. 津恩(Tracy E. Zinn)和苏珊娜·C. 贝克(Suzanne C. Baker)弥合了教师和学生之间认识上的分歧,即批判性思维的构成以及这是否或为何是一项重要事业。这几位学者分享了他们在詹姆斯·麦迪逊大学开展调查研究的有趣结果。詹姆斯·麦迪逊大学是一家以评估学习成果的综合方法而闻名的学术机构。这项调查很好地传承了这一学校传统,学者们出色地将教师和学生的信念建立在现有的批判性思维文献基础上。然后,他们提供了各种教学实例,旨在弥合教师与学生之间的批判性思维的观念差距。该文传递的一个重要观点是,学生的认知发展水平在决定他们理解、学习和运用批判性思维概念中发挥重要作用。

莱尔德·R. O. 埃德曼(Laird R. O. Edman)在第一部分的第三篇文章中指出,将批判性思维教学作为一种基于技能的方法是不够的,因为这些技能不能很好地应用于指导实践。相反,他提倡以个人认识论为中心的批判性思维倾向性理论。采用这种方法来培养批判性思维对教师具有重要意义：大多数学生都需要进行大量的认知重组，因此我们可以预料到的是，学习进展会呈缓慢而渐进的态势。根据埃德曼的说法，我们必须避免向学生传授"事实"，而应专注于为学生创造认知不平衡，以便他们能够进行认知调整。

在第一部分的最后一篇文章中，为了向心理学学生讲授批判性思维，威廉·布斯克斯特（William Buskist）和杰西卡·G.艾恩斯（Jessica G. Irons）提供了各种简单的策略。他们认为这些策略可以促进科学推理。除了给他们的批判性思维方法下定义之外，两位学者还介绍了该过程的一般特征和主要特征。然后，他们探讨了学生在没有优秀教师明确指导（和温和鼓励）的情况下，逃避在课堂上进行批判性思考的一些原因。正如布斯克斯特和艾恩斯所展示的，通过一些努力和教学设计，教师可以在几乎所有心理学课程中融入批判性思维。

评估相关的问题

简·S.哈洛宁是心理学评估运动中的批判性思维学者和领导者。由她开场的第二部分专门讨论评估问题。正如大多数心理学家目前所知的，对待评估一事不该心存担忧，因为评估旨在如实反映我们的教学和学习是否会促成学生的预期成果。通过讨论她的教学经验和学术经历，哈洛宁就批判性思维评估活动如何提升心理学课堂教学质量提供了睿智和合理的建议。她呼吁开展的批判性思维评估会受到真实课堂氛围的影响，但不受教学目的的影响，因此，认真的尝试比担心能否准确评估当下的批判性思维更重要。哈洛宁认为，批判性思维有望使我们所有人，包括学生、教师和行政人员在内，追求让心理学知识在课堂内外都变得更有意义这一目标。

哈洛宁对评估的热情也延续到了由凯文·J. 阿普尔(Kevin J. Apple)、雪莉·L. 赛迪科夫(Sherry L. Serdikoff)、莫妮卡·J. 雷斯-伯根(Monica J. Reis-Bergan)和肯尼思·E. 巴伦(Kenneth E. Barron)巧妙构思并精心撰写的文章中。第二部分的第二篇文章以评估为重点,介绍了评估心理学课程中批判性思维的程序化方法,这一方法旨在利用批判性思维的若干成分来进行综合评估,而不是假定一个成分就足够了。作者提出的多模态取向不仅建立在可靠的心理测量实践基础上,而且有助于获得最佳的课堂实践。正如詹姆斯·麦迪逊大学一贯的学术传统,这群教师和学者提倡应该在心理学学生接受教育期间对批判性思维进行多次评估,仅评估一两次是远远不够的。他们的经验告诉读者如何最大程度地改善心理评估实践并避免可预知的陷阱。

在第二部分结尾,史黛西·M. 斯潘塞(Stacie M. Spencer)和马林·吉利斯(Marin Gillis)提出运用过程导向的方法来研究复杂心理学主题(如压力)的批判性思维。这两位学者提醒我们,由于语言在课堂和日常生活中所起的作用,教师必须小心审视学生是否使用适当的、基于实证的概念,而不是使用那些核心概念的日常含义。斯潘塞和吉利斯指出了后者可能带来的问题:语言的局限性导致对概念的理解受到具体语境的限制,这反过来又阻碍了学生将心理学信息正确地应用于新的环境或情境。为了解决这个问题,作者提供了一套有用的步骤,教师可以使用这些步骤帮助学生批判性地了解、理解和运用复杂的观点。

将批判性思维融入心理学课程

我们知道许多读者对本书感兴趣的一个原因是期待从中学习如何将批判性思维元素融入特定课程。第三部分可以很好地满足读者的这一期待。第三部分的第一篇文章中,戴维·W. 卡罗尔(David W. Carroll)、艾伦·H. 肯尼斯顿(Allen H. Keniston)和布莱恩·F. 佩登(Blaine F. Peden)为那些不清楚如何开始或者从哪里开始的教师提供了明智的建议。他们也提供了建议和范例给那些只想添加一两项批判性思维活动的教师,以及那些想要彻底改革某一课程以便将批判性思维融入其中的教师(几位作者通过考察认知课程和心理学史课程来说明其论点)。卡罗尔、肯尼斯顿和佩登在文章最后提醒读者,批判性思维的一般原则可以指导所有心理学课程的学习。

苏珊·L. 奥唐纳(Susan L. O'Donnel)、阿莉莎·L. 弗朗西斯(Alisha L. Francis)和谢莉·L. 马胡林(Sherrie L. Mahurin)主张使用普通心理学领域的畅销系列丛书《立场——辩证思维训练》(Slife, 2006)来帮助学生发展批判性思维技巧。他们列出了九个问题,学生可以使用这些问题帮助自己进行辩证的思考。奥唐纳和弗朗西斯让学生在阅读《立场——辩证思维训练》一书时使用这些问题。最后,他们基于学生的写作提供评估意见。

约瑟夫·A. 梅奥(Joseph A. Mayo)邀请教师借用乔治·凯利(George Kelly, 1955)人格建构理论中的概念,在课堂上创造批判性思维体验,这是理解人格最有趣也最缺乏相关研究的方法之一。在凯利之后,梅奥认为,运用批判性思维技能,学生可以学习充当"个人科学家",以进行心理学课堂中的理解过程。通过改编凯利提出的凯利方格技术,梅奥教学生使用这种具备创造意义的评价系统来检验心理学不同领域的关键理论和构念。他证明这种教学框架提高了学生对课程内容的理解,并有助于为特定的心理学课程(本文指毕生发展、历史与体系)构建一个有意义的、简单易行的和可评估的框架。

珍妮特·E. 屈布尔(Janet E. Kuebli)、理查德·D. 哈维(Richard

D. Harvey)和詹姆斯·H. 科恩(James H. Korn)提供了有用的思路,指导如何将批判性思维融入社会心理学、心理学本科高年级课程和研究生课程。此外,他们提出了一个批判性思维的教学框架,将学术能力、教学方法和批判性思维能力相互联系起来。

教授统计学和研究方法的课程通常需要批判性思维技能,并且往往教授起来最令人头疼。这是由布莱恩·K. 萨维尔(Bryan K. Saville)、特雷西·E. 津恩(Tracy E. Zinn)、娜塔莉·科尔·劳伦斯(Natalie Kerr Lawrence)、肯尼斯·E. 巴伦(Kenneth E. Barron)和杰弗里·安德烈(Jeffrey Andre)撰写的文章的主题。教师面临的挑战是让学生保持学习兴趣和学习状态,同时避免他们对该主题所要求具备的技能产生焦虑。作者明智地指出,基本的、初步的理解不是目的,学生应培养一种关键的敏锐性,理解心理研究和日常生活中的科学知识。他们提供各种经过深思熟虑的课程方法和教学选择,可以促进学生对心理学课程核心主题的学习和理解。

批判性思维与更广泛的心理学课程

批判性思维并非独属于任何一门单一的心理学课程。理想情况下,批判性思维应该贯穿整个课程体系,这是本书第四部分作者提出的颇有前景的一个观点。提出这个观点的第一批作者是达纳·S. 邓恩(Dana S. Dunn)和伦道夫·A. 史密斯(Randolph A. Smith),他们探讨了心理学专业的学生可以从不同的课程当中学习到写作这项最重要的技能。邓恩和史密斯讨论了批判性阅读在写作过程中的作用,提出了教师可以在教学中使用的一些写作实践活动,并探索了如何在心理学科的写作模式中(即美国心理学会风格的写作模式中)加强批判性思维的倾向性。

伊丽莎白·哈默(Elizabeth Hammer)讨论了与现在流行的服务性学

习这一课程创新有关的批判性思维的特质。哈默描述了她自己的蜕变历程——从仅仅将服务性学习活动添加到心理学课堂中,到设计有机融合心理学概念和理论的服务性学习目标。她建议通过为社区作出贡献来优化学生学习的具体策略,并解决由服务性学习带来的额外工作量的问题。她的讨论使得在心理学课程中加入服务性学习不仅合情合理,而且成为一个令人兴奋的补充性课程内容,用于提高学生对学科和社区活动的参与度。

乔丹·P. 李普曼(Jordan P. Lippman)、特瑞纳·C. 克肖(Trina C. Kershaw)、詹姆斯·W. 佩莱格里诺(James W. Pellegrino)和斯特兰·奥尔松(Stellan Ohlsson)撰写的内容反映了他们在认知心理学课程中进行的批判性思维活动,他们认为这些活动同样适用于其他高级课程。他们倡导让学生通过参与三个过程学会批判性思考:参与实验和反思数据的意义,分析实证研究论文及其与课堂内容的联系,根据课程所学概念解读日常生活事件。

接下来一篇文章中,伯纳德·C. 拜因斯(Bernard C. Beins)探讨了研究方法课程背后的含义,特别在培养批判性思维和科学素养方面展开了讨论。拜因斯认为,研究方法课程通过帮助学生培养批判性立场和科学素养作出真正的智力贡献。了解和学习应该相信什么并不是一件轻而易举的事情,拜因斯为教师提供了一系列精彩的例子,帮助学习研究方法课程的学生开始以更复杂的方式看待世界,同时思考如何通过实验简化实证研究。

在第四部分的结尾,保罗·C. 史密斯(Paul C. Smith)和克丽丝·瓦斯克斯(Kris Vasquez)探讨了当我们要求学生批判性地思考对他们而言根深蒂固的价值观时所面临的特殊挑战。史密斯和瓦斯克斯指出,当学生通过心理学课程取得进步时,他们可以相对轻松地从新手转向专家身份,但是当要求他们运用批判技能辩证地看待他们业已认定为真相或真理的信息时，他们会感觉受到极大的挑战。史密斯和瓦斯克斯就此提供了一些技巧，帮助学生将批判性思维技能从提升研究方法迁移到辩证看待深层次的价值观上。

超越课堂的批判性思考

第五部分用一篇独立的文章叙述如何帮助学生批判性地思考他们未来的职业生涯。黛博拉·S. 布里尔（Deborah S. Briihl）、克劳迪娅·J. 斯坦尼（Claudia J. Stanny）、基尔斯滕·A. 贾维斯（Kiersten A. Jarvis）、玛丽亚·达西（Maria Darcy）和罗纳德·W. 贝尔特尔（Ronald W. Belter）开发了两个级别的课程概述，旨在帮助学生了解完成本科学位后的多种可能性。西佛罗里达大学开设的一门职业课程提供了一个在线环境，学生可以在其中探索各种职业选择，更好地选择课程，并为剩下的其他课程做好准备。相比之下，瓦尔多斯塔州立大学开设的高级职业课程强调设计简历，练习面试技巧和了解如何进行人岗匹配，以帮助学生在本科学习结束时作出有效的职业决策。作者最后分别比较了两种方法的优势和劣势。这篇文章提供了一个有说服力的实例：开启心理学职业生涯，得益于对该学科良好的批判性思维能力。

关于批判性思维的重要简报

我们在筹备本书的过程中决定，除了纳入作者提交的传统篇幅的文章之外，还会邀请其他人撰写关于批判性思维教学的新颖练习和课堂活动的简短报告。这些简短的报告可以帮助普通读者以及从事批判性思维技能教学的教师深入了解和快速学习，然后将这些想法应用于教学。因此，我们相信这部分创新能为读者提供切实和快速的帮助。在每份简报中，作者针对最新的主题撰写了重要概述。此处对这些报告中包含的想法不作赘述,但我们将重点回顾一些主题:基于网络的批判性思维教学模块,教导学生像心理学家一样思考,在课堂上引入有争议的话题,通过实际应用案例教授批判性思维,以及撰写研究论文的模块化方法。我们相信这些简短而有针对性的报告既具备充分的可读性,也提供了良好的教学方法。

批判性思维教学的好处

尽管人人都认为教授批判性思维是一个好主意,但事实上正如一些作者所证明的,真要付诸实践可能很难。然而,作为心理学家和教育者,我们若是因为实践难度很大而逃避履行这一责任,那可能贻害无穷(Sternberg, 2007)。文章的最后,我们要提醒广大读者,批判性思维带来的好处远远大于它所需要的投入。例如,就学习的角度而言,将批判性思维实践融入心理学教学往往会激发学生对论证、思考、理论和结果更深层次的认知加工,这就会使得他们频繁地将知识应用于学科相关情境或非学科相关情境。一个不那么明显的教学成果是,我们的课堂氛围很可能变得更加活跃,也更受欢迎。正如近年来在许多校园中,讨论和小组活动与传统的课堂讲授方法取得了几乎并驾齐驱的地位。我们认为,批判性思维也可能改善学生缺乏主动学习的教学实践。最后,我们认为教授批判性思维的最大好处是,它同时吸引学生积极融入课堂,投入课前准备,在课堂上实践批判性思维。这使我们的课堂氛围焕然一新。

达纳·S. 邓恩,简·S. 哈洛宁,伦道夫·A. 史密斯

参考文献

Gilbert, E. W. (1958). Pioneer maps of health and disease in England. *Geographical Journal*, *124*, 172-183.

Gilovich, T., Griffin, D., & Kahneman, D. (Eds.). (2002). *Heuristics and biases: The psychology of intuitive judgment*. New York: Cambridge University Press.

Gilovich, T., Vallone, R., & Tversky, A. (1985). The hot hand in basketball: On the misperception of random sequences. *Cognitive Psychology*, *17*, 295-314.

Halpern, D. F. (2007). The nature and nurture of critical thinking. In R. J. Sternberg, H. L. Roediger, III, & D. F. Halpern (Eds.), *Critical thinking in psychology* (pp.1-14). New York: Cambridge University Press.

Johnson, S. (2007). *The ghost map: The story of London's most terrifying epidemic—and how it changed science, cities, and the modern world*. New York: Riverhead Trade.

Kelly, G. A. (1955). *The psychology of personal constructs* (Vols. 1-2). New York: Norton.

Meehl, P. E. (1973). *Psychodiagnosis: Selected papers*. New York: Norton.

Milgram, S. (2004). *Obedience to authority*. New York: Harper.

Risen, J., & Gilovich, T. (2007). Informal logical fallacies. In R. J. Sternberg, H. L. Roediger, III, & D. F. Halpern (Eds.), *Critical thinking in psychology* (pp.110-130). New York: Cambridge University Press.

Ross, L., & Nisbett, R. E. (1991). *The person and the situation*. New York: McGraw-Hill.

Slife, B. (Ed.). (2006). *Taking sides: Clashing views on psychological issues* (14th ed.). New York: Dushkin.

Sternberg, R. J. (2007). Critical thinking in psychology: It really is critical. In R. J. Sternberg, H. L. Roediger, III, & D. F. Halpern (Eds.), *Critical thinking in psychology* (pp.289-296). New York: Cambridge University Press.

Tufte, E. R. (1983). *The visual display of quantitative information*. Cheshire, CT: Graphics Press.

Tversky, A., & Kahneman, D. (1984). Extensional versus intuitive reasoning: The conjunction fallacy in probability judgment. *Psychological Review*, *91*, 293-315.

第一部分 心理学批判性思维教学案例

批判性思维：
比以往任何时候都更有必要

二十多年前，当我第一次开始谈论和撰写有关批判性思维的文章时，时不时会听到人们质疑的声音，他们告诉我说这必定失败，最多只是昙花一现。这种反应总让我感到惊讶，因为我相信帮助学生学会深入思考是教育的主要目的和核心。学生可能知道很多事实，但如果他们不能（或不愿意）根据充足的理由和证据，而是根据情感或轶闻来评估主张并作出判断，这能谈得上真正受过教育吗？

时至今日，很明显，当年的批评者们都作了错误论断，批判性思维绝对不是明日黄花。尽管所强调的具体技能可能有些不同或者大不相同，但是几乎所有的心理学教科书都在讨论这个主题。现在各地的学院、大学和高中都需要开设批判性思维课程，或在整个课程中融入批判性思维目标。二十年前，批判性思维主要是哲学家和修辞学教授们思考的主题，而今天，人们已然对批判性思维的本质和最好的教学方法进行了心理学研究。当我在PsycINFO（美国心理学会文摘索引数据库）上搜索标题中带有"批判性思维"的出版物时，我检索到941个结果，并且这些出版物中有很多（或许不是大多数）似乎都涉及实证研究。

这倒是个好消息。坏消息是，如果我们让学生以复杂的方式思考提问，定义术语，检查证据，分析假设，避免情绪化推理，防止过度简化，考虑其他解释，容忍不确定性……那么这仍然是一场艰苦卓绝的战斗。学科内外的发展使我们的工作比以往任何时候都更加重要，但也更具挑战性。我听过来自老师们的许多故事，这些故事一方面激励着我，另一方面也说明，强调批判性思维可以让学生融会贯通地思考问题。但在本文里，我将重点关注坏消息——日益妨碍批判性思维发展的阻力，以及为什么教师比以往任何时候都更需要帮助学生进行批判性和创造性的思考。

心理学实践中批判性思维的障碍

首先，某些心理学领域的发展阻碍了批判性思维。其中一个方面是用以解决心理学问题的非科学方法的增长。当心理学在19世纪后期被确立为正式学科时，心理学家希望用基于严格证据和推理标准的解释，来取代原先基于异想天开或一厢情愿的行为解释。科学心理学被设计为迷信的解毒剂和测试人的预感是否可靠的方法。它的目的是帮助人们（包括科学家在内）克服人类思维中最根深蒂固的偏见，即确认偏误（confirmation bias）：寻求和记忆能够证实我们所相信的内容，而忽视或忘记会挑战我们所相信的信息的倾向。

当然，从一开始，科学心理学就有许多伪科学的竞争者需要应对，包括占星学、笔迹学等。在20世纪，随着技术的发展，我们见证了形形色色披着科学外衣的非专业疗法的引入：神经语言程序学（neurolinguistic programming）、右脑训练计划（right-brain training programs）、经皮神经电刺激仪（Transcutaneous Electro-Neural Stimulator）、脑超级充电器（Brain SuperCharge）、全脑波形同步激发器（Whole Brain Wave Form Synchro-Energizer）。这些心理学呓语的吸引力并不令人惊讶：人们非常需要简单的答案以逃避不确定性，并且使自己免于过度思考。

然而，在过去二十年中，有的发展也不是什么好兆头。心理学呓语越来越多地渗透进心理学的专业领域。一些拥有心理学博士学位的人正在做出未经证实的，有时甚至可能会影响人们生活的荒唐论断。这源自一个让人忧心的趋势：在学科训练、方法和态度上，那些坚持科学原则的心理学家与越来越多的心理健康从业者产生分歧（Beutler, 2000; Lilienfeld, Lynn, & Lohr, 2003）。

心理学研究和临床实践之间的关系总是有些不稳定，这就是"心理学家—心理学从业者"（scientist-practitioner）培训模式当初产生的原因。现在，许多从业者仍然按照这种模式接受培训。这种培训模式的长处在于，心理学从业人员不仅要学习为什么以及什么时候治疗有效，也要学习哪些疗法对哪些问题最有效。但是"心理学家—心理学从业者"模式说起来容易，做起来难。在全国各地的一些独立心理学院和不附属于高等教育机构的学校，学生正在接受治疗培训，而这些培训往往在方法或研究成果方面都是站不住脚的。回顾临床心理学研究生培训的历程，唐纳德·彼得森（Donald Peterson, 2003）发现，那些质量较差的课程正在培养越来越多的不能满足社会要求的毕业生。在20世纪80年代后期，我不幸在一所这样的学校上课，当我试图讨论研究方法时，学生简直要奋起反抗。大多数学生真正想要的，只是一箩筐的"实用"技巧而已。

由于追求"实用"的趋势越来越明显，越来越多的从业者对实证证据的重要性缺乏认识。事实上，20世纪90年代对400名临床医生进行的一项调查表明,他们中的绝大多数很少关注实证研究,并表示他们从与来访者沟通的临床工作中获得了最有用的信息(Elliott & Morrow-Bradley,1994)。结果显示,所谓的"心理学家—心理学从业者"培养模式变得越来越像纸上谈兵,且心理学家和心理学从业者之间的鸿沟在逐渐加深。

当然,心理疗法从很多方面来说是一门艺术。科学不一定会告诉你如何处理人类复杂的精神、道德和困境是最有效的。科学不一定会让你成为一个明辨是非和深谙共情的治疗师,而治疗师则知道如何与来访者建立和谐的关系,维系相互尊重和信任的纽带。在试图减轻人类痛苦的治疗师身上,科学家般的超脱和公正并不总是好的品质。

但若缺乏对基本科学方法、科学发现以及人类固有的确认偏误这一弱点的了解,可能会导致治疗师难以胜任其职,甚至做出带有欺诈性质或有害的治疗实践。近年来对来访者行为不加批判的思考导致治疗师提出各种未经证实的,实际上甚至是虚假的主张。例如:

- 发泄愤怒等负面情绪可以有效减少它们的不良影响,而事实恰恰相反(Bushman, Bonacci, Pedersen, Vasquez, & Miller, 2005; Tavris, 1989)。

- 关于性虐待问题。孩子们从不撒谎或者也不会记错。事实上孩子很可能撒谎,也很可能记错,特别是当盘问他们的家长已经认定他们受到了侵犯时(Bruck, 2003; Ceci & Bruck, 1995; Garven, Wood, Malpass, & Shaw, 1998)。

- 孩子对仿真人玩偶的兴趣是孩子是否受到虐待的可靠提示。实际上,对玩偶游戏的兴趣并不能证明孩子经历过虐待(Bruck, Ceci, Francoeur, & Renick, 1995; Hunsley, Lee, &

Wood, 2003; Koocher, Goodman, White, & Friedrich, 1995; Wood, Nezworski, Lilienfeld, & Garb, 2003)。

- 大多数受虐待的孩子在一个"虐待循环怪圈"中成长为施虐的父母,而实际上大部分受虐者长大后并不会虐待自己的孩子(Kaufman & Zigler, 1987)。
- 那些在童年或成年期经历过创伤的人经常会压抑对它的记忆,而事实上更常见的问题是他们压根无法忘记创伤(Loftus & Ketcham, 1994; McNally, 2003)。
- 投射性测验在儿童监护权评估中是有用的,而事实并非如此(Emery, Otto, & O'Donohue, 2005)。
- 催眠是一种用来检索记忆的可靠方法,甚至包括那些可以回溯到婴儿期的记忆,实际上催眠会导致患者记忆混淆,甚至形成虚假记忆(Dinges et al., 1992; Kihlstrom, 1994; Nash, 1987)。
- 从学习成绩不佳、药物滥用到青少年犯罪,自尊是所有社会问题和个人问题的根源,而数百项研究表明这种观念没有令人信服的理论和实践支撑(Baumeister, Campbell, Krueger, & Vohs, 2003)。
- 危机事件应激晤谈可以防止悲剧和灾难的幸存者产生创伤后应激障碍及其他情绪问题,而事实上它要么根本无用,要么反而增加了创伤后应激障碍和抑郁症的发生风险(Gist, Lubin, & Redburn, 1998; Mayou, Ehlers, & Hobbs, 2000; van Emmerik, Kamphuis, Hulsbosch, & Emmelkamp, 2002; van Ommeren, Saxena, & Saraceno, 2005)。

- 分离性身份障碍(多重人格障碍)很普遍。实际上,这非常罕见,大多数情况下只是媒体制造的轰动效应和治疗师暗示的结果(Lilienfeld & Lynn, 2003; Piper & Merskey, 2004; Rieber, 2006)。

以上案例只是冰山一角。许多已经被广泛使用的临床技术并未遵循最重要的研究规则:与控制组作比较。即使经过可靠研究后证实某种技术根本无用,部分从业者或来访者依然会因为缺乏批判性思维而对此视若无睹。这种情况就像被桃木剑穿透心脏的吸血鬼,拒绝乖乖呆在棺材里,非要出来兴风作浪。以辅助沟通训练(facilitated communication,简称FC)为例。实施这一疗法的过程中,成人将自闭症或智障儿童带到键盘前面,将手放在孩子的手或前臂上。该疗法的支持者声称,以前从未使用过单词的孩子,在辅助沟通训练的帮助下,能够打出完整的句子。然而,二十年来的研究已经表明,辅助沟通训练疗法的工作原理实则跟"灵媒"无异。当"灵媒"引导生者的手通过占卜板从"亡灵"那里接收"信息"时,"灵媒"其实在无意识地将生者的手沿着预想的方向轻推(Mostert, 2001; Wegner, Fuller, & Sparrlow, 2003)。有德国的文献得出结论,辅助沟通训练"未显示临床有效性,反而显示出伪科学的某些特征,并且具有产生有害副作用的严重风险"(Probst, 2005)。尽管如此,辅助沟通训练疗法仍在使用中,成千上万的父母继续在未经验证的治疗上浪费时间和金钱。

不可靠、未经证实的临床技术或假设会产生严重后果。如果你认为孩子总是撒谎,那么你将无法调查他们的说法是真是假,这些孩子将被送回对他们实施身体虐待和性侵的父母身边。如果你认为孩子从不撒谎,你会将他们的一些幻想和想象作为真理,而无辜的父母和日托工作者将会为此付出代价。事实上,数百人已经因此锒铛入狱。如果你不知道如何治疗焦虑或不快乐最有效,那么你可能在无效的治疗上浪费金钱和时间,而如果你是治疗师,你将无法为来访者提供优质服务。关于虐待循环的伪科学理论剥夺了一些父母对子女的监护权,理由是他们有一天会不可避免地虐待自己的孩子,即使没有证据表明他们会这样做。一些教育策略打着提高儿童自尊的幌子,占用了原本属于阅读、写作和思维课程(教授孩子思考技能)的资源,而恰恰是后者才能帮助孩子们建立真正的自我效能感。

心理科学中批判性思维的障碍

为了避免读者误认为我刻意选出心理学实践进行特别研究,请允许我强调一下,科学心理学的最新发展也更加强调教师和学生要进行批判性思考。我特别想到了生物技术革命,以及正电子发射型计算机断层显像(Positron Emission Tomography,简称PET)和功能性磁共振成像(fMRI)等新技术的应用,这些技术用以研究人体最神秘莫测的器官——大脑。[14]

每个心理学学生都知道的是,脑成像扫描技术已经彻底改变了医学,并导致相关研究的爆炸式增长。这不仅发生在医学和认知神经科学领域,而且在许多其他领域也是如此。基于功能性磁共振成像的研究数量从1991年的10个增加到2001年的864个(Illes, Kirschen, & Gabrieli, 2003),现在有成千上万所研究机构使用功能性磁共振成像技术进行研究和评估。研究人员通过扫描大脑来研究记忆、种族态度、道德推理、决策、对疼痛的预期、冥想、性唤起等等。他们也通过扫描来比较青少年和成年人的大脑,以及精神分裂症患者和精神健康的普通人的大脑。在神经营销学等新应用领域,研究人员甚至可以识别出人们观看电视广告或竞选广告时被激活的大脑区域。

那么问题出在何处呢?答案是,每次科学革命最初都会引起不加批判的热情,这一次也不例外。正如在研究中使用磁共振成像技术的某一心理学家团队写道:"单凭脑成像并不意味着你可以停止用脑"(Cacioppo et al.,2003)。当我们使用大脑时,我们发现并非所有在大众媒体甚至科学期刊中报道的结果都基于良好的科学论证和批判性思维,无论它们催生了多么奇特或令人印象深刻的工具。

还有一些问题是关于方法论的。我们向学生展示并说明,色彩精美的彩色扫描图,甚至那些常常出现在报纸、杂志和网上的彩色扫描图片,可能会传达过于简单的,有时甚至是误导性的印象(Dumit,2004)。例如,通过操纵PET和MRI扫描中使用的色标,研究人员可以放大或最小化两个大脑之间的对比。本身不明显的对比可以看起来是戏剧性的,而本身夸张的对比也可以看起来微不足道。借助使用的颜色,研究人员甚至可以使同一个体的大脑看起来完全不同。

不只颜色可以任意改变。研究人员还可以使用某些算法将数值数据转换为视觉表征,并在此过程中设定标准,以确定界限究竟位于高神经活动区域和中度神经活动区域之间的哪个特定位置。在某些点,设置标准可能有充分的理由,但在大多数情况下,这些设定是任意的,它们将影响结果和这些结果的图形图像。正如威廉·乌塔尔(William Uttal)在他的颠覆性著作《新颅相学:大脑中认知过程定位的局限性》(*The New Phrenology: The Limits of Localizing Cognitive Processes in the Brain*,2001)中提到的那样,一位研究者可能会保守地划定界线,从而模糊局部活动的证据,而另一位研究者可能更随意地划定界限,从而产生明显的定位。后者显示的结果实际上是人为制造的。

脑部扫描的其他问题是概念性的。例如,尽管大脑区域的定义相当明确,但研究人员试图与这些区域联系起来的认知过程和操作通常并非如此。即使你不是一名行为主义者①,你也会承认心理学中最棘手的挑战之一,就是使我们正在努力研究的内容的定义能够让人人都认可。诸如对情感(如幸福)或心理操作(如回忆过去事件)的定义,通常取决于研究人员如何测量所讨论的概念。一旦超越了简单的感觉和运动反应,大多数心理结构的描述尽管可用一个单词或术语表示,但实际上却涵盖了一系列错综复杂的操作或过程。研究人员如果不赞同幸福的定义,又将如何确定大脑中用以加工幸福的位置?我们怎么知道大脑中产生爱情的位置在何处?爱情可能意味着罗密欧与朱丽叶的浪漫迷恋,查尔斯王子与卡米拉的持久依恋,或者是克特尔老夫妻(Ma and Pa Kettle)之间的甜蜜拌嘴。

即使是看待某事的简单行为,也包括注意力、感觉编码、记忆、模式识别和解释等操作或过程。这足以对识别任一心理过程的大脑物理定位构成挑战。并且,它也有助于解释为什么把大脑简单分割成一个个孤立部分的方法站不住脚。正如乌塔尔所指出的,心理过程越复杂,与大脑局部区域产生单一关联的可能性就越小。它更可能涉及多个神经回路的群体交互,这些神经回路以高度复杂的有时甚至是不可知的方式相互传递信息。

即使能够找到与独立的心理操作或心理状态相关的离散中心或大脑回路,我们也必须面对大脑神经回路和结构的个体差异这一事实。由于遗传差异,并且因为每个人一生的经验和感觉都在不断改变大脑的神经网

---

① 该学派的研究者强调概念的精确和操作性定义。

络，每个大脑都是独一无二的。你在心理学教科书中找到的那些漂亮的大脑原理插图，从教学目的角度来说都是必要的，但是它们都具有误导性，因为不存在这种标准化的大脑。弦乐音乐家大脑中制造音乐的区域大于平均水平，他们开启音乐演奏生涯的时间越早，大脑中制造音乐的区域就越大(Jancke, Schlaug, & Steinmetz, 1997)。出租车驾驶员的海马体中往往具有比平均水平更大的环境视觉表征区(Maguire et al., 2000)。罗杰·斯佩里(Roger Sperry, 1982)在诺贝尔奖的获奖演讲中说得很好："大脑网络固有的特性使得指纹或面部特征相较之下显得粗糙而简陋。"然而，在脑成像研究中，这种特性往往容易被忽视。相反，许多来自单一个体的脑扫描都被平均化或合并。这就可能导致一种结果，一个被明确划分出来的活跃脑区，实际上并不对应所研究的任一个体的大脑活动模式。

也许脑扫描研究中最重要的挑战与如何解释结果有关。这也是影响学生如何理解问题的关键。在脑部扫描的那个时间点，扫描结果只告诉我们某个特定点发生了某些反应。尽管可能描述精确，但扫描结果无法告诉我们接受扫描的人在精神上或生理上具体发生了什么。如果你知道当你对心爱之人产生性幻想(hot thoughts)时，你大脑中的哪些区域会被激活，那么这是传递了爱情、性欲吗？它们是如何在大脑中被"处理"的呢？一位研究人员做了这样一个类比：研究者可能会扫描咀嚼口香糖的志愿者的大脑，并在他们咀嚼时定位出他们的大脑中哪些部分是活跃的，但这并不意味着研究人员找到了大脑的"口香糖咀嚼控制中心"(引自 Wheeler, 1998)。同样，如果有人涂鸦时，他的脑扫描显示特定大脑区域"亮起"，这也并不意味着研究人员找到了大脑中控制涂鸦的位置。

这些例证看上去很愚蠢，但在神经科学中有时确实会发生类似的错误。几年前，一位著名的研究人员报告说，他已经找到了处理精神体验的大脑区域,该区域很快被记者称为"上帝脑区"(God Spot)。一些作家甚至推测成为无神论者或不可知论者的原因是他们大脑中的"上帝脑区"不如宗教人士发达。这才是名副其实的过度简化!

事实上,神经科学家处理的是相关联的数据,如果某些大脑区域在心理过程进行中被激活,那可能意味着许多种大脑活动:可能是某一大脑神经操作的唯一位置;可能是被其他一些同等重要或更重要的大脑区域激活的,即使那些区域本身没有那么活跃;该区域的大脑活动虽然对于这种心理操作是必要的,却不是充分的,除非把其他大脑区域(包括活动较少的区域)也包括进来(才可能共同产生这种心理操作);也可能所包含的神经元的运行效率低于其他区域的神经元,因此必须消耗更多的能量。这意味着,我们很难得知大脑扫描的图像是否真实地给我们提供了所讨论的神经动力学的"图景"。然而,当媒体扑向这些发现时,所有这些警告都会被抛诸脑后,特别是当研究结论抓住了公众的想象力,例如性别差异或宗教体验。

我讨论的问题,无论是方法论的还是概念性的,都不是学术问题。越来越多的人正在使用脑扫描技术,这是最初做脑扫描技术研究的人可能从未预料到或期望过的。例如,脑扫描开始在法庭上作为案件的证据引入,以争取责任减免,并在刑事案件中被提升到充当"谎言探测器"的高度;一家商业公司甚至开始为诈骗犯提供脑扫描测试。据报道,美国国防部和中央情报局已经为可能用于执法或情报的神经影像技术投入数百万美元。但是,由于人们不完全了解大脑反应的正常变化,无辜的但大脑神经反应迅捷的人可能会被这些看似科学的测试误认为有罪。这一判断原理跟测谎仪这类工具如出一辙,都是假设存在普遍的生物学情绪反应。

因此,我们需要教导学生进行批判性思考,学会在心理学学习和研究过程中去粗取精,去伪存真。如果他们打算成为治疗师,他们就会明白,好的治疗和对研究的兴趣并不是相互冲突的。如果他们打算使用神经科学技术，他们就会明白科学不仅仅是技术问题，它植根于对证据和解释的态度。这种态度需要他们在研究和实践过程的每个阶段进行批判性思考。

文化背景下的批判性思维障碍

上述问题应当被置于一个更宏大的背景下进行考量，因为在学术领域，不加批判的思维方式往往产生于一种不信任科学的文化中，并且在这种文化背景下，对科学和非科学观点的思考是含糊其辞的。当我们的学生说"嗯，这只是我的个人观点"时，我们从中听到了这种不信任和相对主义，好像所有的观点都是平等的。讨论戛然而止。

在公立学校中，相对主义已经体现在对创世论教学的重新讨论和审视中。这种创世论现在被重新包装为智能设计，被放置在学术争鸣和进步的对立面。我绝对不会因为某人有宗教信仰而对此人横加指责，恰好相反，我认为合理的观点是，在科学进步和宗教信仰之间没有广泛意义上的必然冲突。人类基因组计划主任弗朗西斯·柯林斯（Francis Collins）既是一名科学家，又是一名基督徒，他相信上帝利用进化机制来创造包括人类在内的世界，但他的科学家身份丝毫不会因为他的教徒身份而被削弱或抵消。然而，当人们误解科学领域中的术语"理论"的含义，并且认为智能设计和进化论与科学理论具有同等地位时，问题就出现了。这种误解在学生群体中很常见。

正如柯林斯（Collins，2005）在《时代》（*Time*）杂志上所述，几乎所有在职的生物学家，无论是不是宗教信徒，都接受这一解释：变异和自然选择的原则解释了多个物种在很长一段时间内是从共同的祖先进化而来的,这些过程足以解释地球上丰富多样的生命形式。实际上,进化是现代生物学的基础,在心理学理论中也发挥着越来越重要的作用。就像过去五年的流感病毒,每当病毒或细菌对药物产生抗药性时,每个人都可以看到进化的过程。20世纪,许多更复杂的物种发生了适应性变化,例如英格兰的白桦尺蛾和亚利桑那州的岩小囊鼠(Nachman, Hoekstra, & D'Agostino, 2003; Young & Musgrave, 2005)。在最近对人类和黑猩猩基因组的比较分析中,进化是显而易见的。相比之下,正如史蒂文·平克(Steven Pinker, 2005)所观察到的那样,智能设计的想法恰好迎合了人体的许多构造并未带来方便这一事实,比如视网膜长在眼球壁最内层,比如男性输精管就像花园里的一根软管钩在树上一样钩住输尿管,比如当我们感到寒冷的时候,我们身体表面会出现鸡皮疙瘩,这是因为鸡皮疙瘩试图通过弄松我们身上覆盖的浓密毛发来温暖我们,尽管我们身上的这些毛发早已伴随进化变得不复存在。尽管如此,在2005年皮尤民调(Pew poll)显示的结果中,由于很多人误解了科学的含义,38%的受访者赞成在科学课程中用创世论取代进化论。正如保守派专栏作家查尔斯·克劳萨默(Charles Krauthammer, 2005)在一篇文章中谴责公众对信仰与科学的混淆:"我们得重复多少次斯科普斯式的'猴子审判案'(the Scopes 'monkey trial')?"通常情况下,克劳萨默对宗教在美国人生活中的作用表示理解。

但是,宗教意识形态可能妨碍对包括心理学在内的科学研究的批判性思考。政治意识形态也是如此。近期,这种阻碍无论是在左翼政党抑或右翼政党中,都激化了尖锐的矛盾。由于这种意识形态,人们对心理学发现的反应,尤其是那些挑战传统信仰的反应,如性取向、性别、以禁欲为目的的性教育以及堕胎的情感反应,往往与研究的科学价值无关。具有科学素养的学生需要了解这一点。

其他社会趋势也降低了人们批判性思考的能力(或意愿)。正如弗兰克·乔菲(Frank Cioffi，2005)在《高等教育纪事报》(*Chronicle of Higher Education*)上所指出的，"辩论"已经贬值。许多电视节目和政治评论员，比如福克斯新闻的主持比尔·奥莱利(Bill O'Reilly)，其评论平均每分钟包含8.88个咒骂字眼(*The Week*，2007)。媒体和新闻人将政治话语拉低至泼妇骂街的水平，其中喊叫声最大、敢于说出最肮脏卑劣字眼的人获胜。因此，也难怪学生经常无法理解理智论证的概念，也无法理解提出反面论证的价值。

总之，心理学家和心理学从业者之间的鸿沟，意识形态对科学领域的入侵，文化中相对主义的思维方式，对生物技术革命不加批判的接纳，以及其他文化领域的发展，使心理学教师面临的挑战比以往任何时候都更加严峻。当然，我们每个人只能接触相对较少的学生，但总的来说，我们可以对一代人的智力和科学思维素养产生一些影响。如果我们能够促使学生避免过早下结论，考虑某个观点的证据，愿意在面对反证时修正他们的想法，质疑已有的观点并继续质疑，直到他们得到更好的答案，并容忍一定程度的不确定性——简而言之，让他们学会批判性思考，那我们就做好了教学工作。

卡罗尔·韦德

参考文献

Baumeister, R. F., Campbell, J. D., Krueger, J. I., & Vohs, K. D. (2003). Does high self-esteem cause better performance, interpersonal success, happiness, or healthier lifestyles? [whole issue]. *Psychological Science in the Public Interest*, 4(1).

Beutler, L. E. (2000). David and Goliath: When empirical and clinical standards of practice meet. *American Psychologist*, *55*, 997–1007.

Bruck, M. (2003, May). *Effects of suggestion on the reliability and credibility of children's reports*. Invited address at the annual meeting of the American Psychological Society, Atlanta.

Bruck, M., Ceci, S. J., Francoeur, E., & Renick, A. (1995). Anatomically detailed dolls do not facilitate preschoolers' reports of a pediatric examination involving genital touching. *Journal of Experimental Psychology: Applied*, *1*, 95–109.

Bushman, B. J., Bonacci, A. M., Pedersen, W. C., Vasquez, E. A., & Miller, N. (2005). Chewing on it can chew you up: Effects of rumination on triggered displaced aggression. *Journal of Personality and Social Psychology*, *88*, 959–983.

Cacioppo, J. T., Berntson, G. G., Lorig, T. S., Norris, C. J., Richett, E., & Nusbaum, H. (2003). Just because you're imaging the brain doesn't mean you can stop using your head: A primer and set of first principles. *Journal of Personality and Social Psychology*, *85*, 650–661.

Ceci, S. J., & Bruck, M. (1995). *Jeopardy in the courtroom: A scientific analysis of children's testimony*. Washington, DC: American Psychological Association.

Cioffi, F. (2005, May 20). Argumentation in a culture of discord. *Chronicle of Higher Education*, *51*, B6.

Collins, F. (2005, August 7). Can you believe in God and evolution? Compiled by David Van Biema, *Time*. Retrieved May 11, 2007, from www.time.com/time/magazine/article/0,9171,1090921,00.html

Dinges, D. F., Whitehouse, W. G., Orene, E. C., Powell, J. W., Orne, M. T., & Erdelyi, M. H. (1992). Evaluating hypnotic memory enhancement (hypermnesia and reminiscence) using multitrial forced recall. *Journal of Experimental Psychology: Learning, Memory, and Cognition*, *18*, 1139–1147.

Dumit, J. (2004). *Picturing personhood: Brain scans and biomedical identity*. Princeton, NJ: Princeton University Press.

Elliot, R., & Morrow-Bradley, C. (1994). Developing a working marriage between psychotherapists and psychotherapy researchers: Identifying shared purposes. In P.

F. Talley, H. H. Strupp, & S. F. Butler (Eds.), *Psychotherapy research and practice: Bridging the gap* (pp.124 - 142). New York: Basic Books.

Emery, R. E., Otto, R. K., & O'Donohue, W. T. (2005). A critical assessment of child custody evaluations: Limited science and a flawed system. *Psychological Science in the Public Interest*, *6*, 1 - 29.

Garven, S., Wood, J. M., Malpass, R. S., & Shaw, J. S., III. (1998). More than suggestion: The effect of interviewing techniques from the McMartin Preschool case. *Journal of Applied Psychology*, *83*, 347 - 359.

Gist, R., Lubin, B., & Redburn, B. G. (1998). Psychosocial, ecological, and community perspectives on disaster response. *Journal of Personal and Interpersonal Loss*, *3*, 25 - 51.

Hunsley, J., Lee, C. M., & Wood, J. (2003). Controversial and questionable assessment techniques. In S. O. Lilienfeld, S. J. Lynn, & J. M. Lohr (Eds.), *Science and pseudoscience in clinical psychology* (pp.39 - 76). New York: Guilford.

Illes, J., Kirschen, M. P., & Gabrieli, J. D. E. (2003). From neuroimaging to neuroethics. *Nature Neuroscience*, *6*, 250.

Jancke, L., Schlaug, G., & Steinmetz, H. (1997). Hand skill asymmetry in professional musicians. *Brain and Cognition*, *34*, 424 - 432.

Kaufman, J., & Zigler, E. (1987). Do abused children become abusive parents? *American Journal of Orthopsychiatry*, *57(2)*, 186 - 192.

Kihlstrom, J. F. (1994). Hypnosis, delayed recall, and the principles of memory. *International Journal of Clinical and Experimental Hypnosis*, *40*, 337 - 345.

Koocher, G. P., Goodman, G. S., White, C. S., & Friedrich, W. N. (1995). Psychological science and the use of anatomically detailed dolls in child sexual-abuse assessments. *Psychological Bulletin*, *118*, 199 - 222.

Krauthammer, C. (2005, August 1). Let's have no more monkey trials. *Time*. Retrieved March 12, 2008, from www.time.com/time/columnist/krauthammer/article/0,9565,1088869,00.html

Lilienfeld, S. O., & Lynn, S. J. (2003). Dissociative identity disorder: Multiple personalities, multiple controversies. In S. O. Lilienfeld, S. J. Lynn, & J. M. Lohr (Eds.), *Science and pseudoscience in clinical psychology* (pp.109 - 142). New York:

Guilford.

Lilienfeld, S. O., Lynn, S. J., & Lohr, J. M. (Eds.). (2003). *Science and pseudoscience in clinical psychology*. New York: Guilford.

Loftus, E. F., & Ketcham, K. (1994). *The myth of repressed memory*. New York: St. Martin's Press.

Maguire, E., Gadian, D. G., Johnsrude, I. S., Good, C. D., Ashburner, J., Frackowiak, R. S. J., & Frith, C. D. (2000). Navigation-related structural change in the hippocampi of taxi drivers. *Proceedings of the National Academy of Sciences*, 97, 4398 – 4403.

Mayou, R. A., Ehlers, A., & Hobbs, M. (2000). Psychological debriefing for road traffic accident victims. *British Journal of Psychiatry*, 176, 589 – 593.

McNally, R. J. (2003). *Remembering trauma*. Cambridge, MA: Harvard University Press.

Mostert, M. P. (2001). Facilitated communication since 1995: A review of published studies. *Journal of Autism and Developmental Disorders*, 31, 287 – 313.

Nachman, M. W., Hoekstra, H. E., & D'Agostino, S. L. (2003). The genetic basis of adaptive melanism in pocket mice. *Proceedings of the National Academy of Science*, 100, 5268 – 5273.

Nash, M. R. (1987). What, if anything, is regressed about hypnotic age regression? A review of the empirical literature. *Psychological Bulletin*, 102, 42 – 52.

Peterson, D. R. (2003). Uninte nded consequences: Ventures and misadventures in the education of professional psychologists. *American Psychologist*, 58, 791 – 800.

Pinker, S. (2005, August 7). Can you believe in God and evolution? Compiled by David Van Biema, *Time*. retrieved May 11, 2007, from www.time.com/time/magazine/article/0,9171,1090921,00.html

Piper, A., & Merskey, H. (2004). The persistence of folly: A critical examination of dissociative identity disorder. Part I: The excesses of an improbable concept. *Canadian Journal of Psychiatry*, 49, 592 – 600.

Probst, P. (2005). "Communication unbound — or unfound?" — Ein integratives Literatur-Review zur Wirksamkeit der "Gestützten Kommunikation" ("Facilitated

Communication/FC") bei nichtsprechenden autistischen und intelligenzgeminderten Personen. *Zeitschrift für Klinische Psychologie, Psychiatrie und Psychotherapie, 53*, 93 – 128.

Rieber, R. W. (2006). *The bifurcation of the self*. New York: Springer.

Sperry, R. W. (1982). Some effects of disconnecting the cerebral hemispheres. *Science, 217*, 1223 – 1226.

Tavris, C. (1989). *Anger: The misunderstood emotion* (rev. ed.). New York: Simon & Schuster/Touchstone.

Utall, W. R. (2001). *The new phrenology: The limits of localizing cognitive processes in the brain*. Cambridge, MA: MIT Press/Bradford Books.

van Emmerik, A. A., Kamphuis, J. H., Hulsbosch, A. M., & Emmelkamp, P. M. G. (2002, September 7). Single session debriefing after psychological trauma: A meta-analysis. *The Lancet, 360*, 766 – 771.

van Ommeren, M., Saxena, S., & Saraceno, B. (2005, January). Mental and social health during and after acute emergencies: Emerging consensus? *Bulletin of the World Health Organization, 83*, 71 – 76.

Wegner, D. M., Fuller, V. A., & Sparrlow, B. (2003). Clever hands: Uncontrolled intelligence in facilitated communication. *Journal of Personality and Social Psychology, 85*, 5 – 19.

Wheeler, D. L. (1998, September 11). Neuroscientists take stock of brain-imaging studies. *Chronicle of Higher Education*, A20 – A21.

Wood, J. M., Nezworski, M. T., Lilienfeld, S. O., & Garb, H. N. (2003). *What's wrong with the Rorschach?* San Francisco: Jossey-Bass.

Young, M., & Musgrave, I. (2005, March/April). Moonshine: Why the peppered moth remains an icon of evolution. *Skeptical Inquirer*, 23 – 28.

我们是否揭开了批判性思维的神秘面纱？

> 批判性思维学术研究处于一种神秘状态。没有一种批判性思维的单一定义是被广泛接受的。(Halonen，1995)

心理学教师们一致认为批判性思维教学很重要(Appleby，2006；Halpern，2002)，却无法就批判性思维的精确定义达成一致。批判性思维是一个"被神秘化的概念"(Minnich，1990)，这是哈洛宁(Halonen，1995)十多年前指出的一个问题。本文试图进一步揭开批判性思维概念的神秘面纱。我们首先考察学生和教师对批判性思维的看法。在哈洛宁(Halonen，1995)和哈尔彭(Halpern，2002，2003)的研究基础上，我们对提高批判性思维倾向性成分、认知成分和元认知成分的具体活动及技巧进行了说明。

学生和教师的批判性思维观

20名心理学教师和170名心理学专业的本科学生完成了关于批判性思维及其课堂教学的网络调查。除了开放性问题，我们还设置了一个必答题,要求受访者在批判性思维的四种定义中选择最佳选项。学生和教师一致认为最好的定义是哈洛宁(Halonen,1995)提供的:"在决定相信什么或做什么的时候,带有反思性的怀疑主义的倾向和技巧。"大多数学生和教师同意批判性思维对提升学习能力很重要。毫不意外的是,比起其他受访者,更多新生认为批判性思维不那么重要。而高年级学生以及接触过研究方法课的学生更有可能意识到批判性思维的重要性。

在教师看来,最能激发批判性思维的活动是对期刊文章进行评论,参与辩论,撰写研究论文,提交课堂讨论的问题,以及评价个案研究。在学生看来,排名前五的活动也包括评论期刊文章、参与辩论和评估个案研究。在大多数情况下,学生和教师在最有可能激发批判性思维的活动方面能够达成一致,$r_s(19)=.84, p<.01$。有趣的是,学生更有可能认为课堂活动"总是"或"经常"有助于培养批判性思维,而教师通常称这些活动"或许可以"激发批判性思维。教师的反馈表明,教师开展课堂活动的方式对于能否激发批判性思维至关重要。

我们的研究结果表明,激发批判性思维的活动更有可能发生在高年级的课堂上。令我们惊讶的是,我们还发现:一项活动激发批判性思维的可能性与教师在课堂上使用它的可能性之间呈负相关,$r_s(19)=-.47, p=.03$。这一发现可能是因为激发批判性思维的活动比其他活动更难以设计、实施和评分。实际上,教师可能不愿意将批判性思维活动纳入他们的课程,因为他们认为实施起来成本太高。在本文中,我们将介绍一些可以方便教师将批判性思维教学整合到任何心理学课程当中的具体活动和技巧。

批判性思维框架

哈洛宁(Halonen,1995)竭力主张教师关注批判性思维技能。她提出了一个框架来帮助揭开批判性思维的神秘面纱。我们借助哈洛宁的框架来寻找培养批判性思维的最佳做法(参见图1)。该框架包括批判性思维的认知成分和倾向性成分。哈尔彭(Halpern,2002,2003)提出了一种类似的用于培养批判性思维技能的教学模型。他建议开展如下学习活动：

(a)明确批判性思维的教学技能,(b)培养努力思考和学习的倾向性,(c)采用能促进跨场景迁移的学习活动(即训练认知结构),以及(d)开展明确和公开的元认知监测活动(Halpern,2003)。

和哈洛宁的框架类似,哈尔彭的模型也强调了批判性思维的认知成分和倾向性成分的重要性。此外,两位作者都认为元认知是批判性思维发展不可或缺的一部分。下面将讨论可以提高批判性思维的倾向性成分、认知成分和元认知成分的学习活动。

批判性思维的倾向性成分

像所有需要思考的人一样,拥有批判性思维技能的学生并不总是使用这些技能。学生在认知方面表现怠惰(Taylor,1981),他们既没有能力也没有动力去批判性地思考每一个问题。批判性思维需要付出努力,只有动机足够的学生才会付出努力。何种倾向性成分能够激发学生批判性地思考？作为教师,我们如何培养学生批判性思维的倾向性？

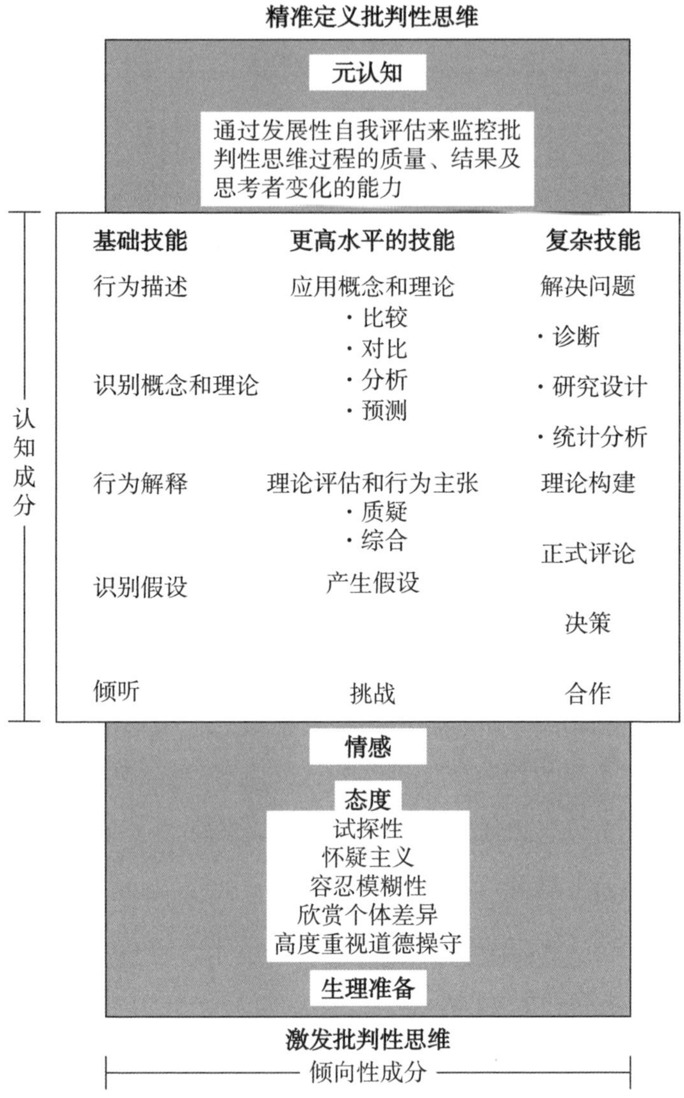

精准定义批判性思维

元认知

通过发展性自我评估来监控批判性思维过程的质量、结果及思考者变化的能力

基础技能	更高水平的技能	复杂技能
行为描述	应用概念和理论 ·比较 ·对比	解决问题 ·诊断
识别概念和理论	·分析 ·预测	·研究设计 ·统计分析
行为解释	理论评估和行为主张 ·质疑 ·综合	理论构建 正式评论
识别假设	产生假设	决策
倾听	挑战	合作

← 认知成分 →

情感

态度
试探性
怀疑主义
容忍模糊性
欣赏个体差异
高度重视道德操守

生理准备

激发批判性思维
—— 倾向性成分 ——

图 1　哈洛宁的批判性思维框架①

在学生进行批判性思维之前,他们需要认识到批判性思考者应有的态

---

① 摘自简·S. 哈洛宁的《揭秘批判性思维》一文。本文收录于《心理学教学》(*Teaching of Psychology*) 1991 年版第 80 页。1995 年版权归 Taylor & Francis 所有。经许可重印。

度或倾向。仅仅告诉学生"要批判性地思考啊!"是不够的,我们必须为学生定义批判性思维的概念,并提供进行批判性思考的具体指导。韦德和泰吾瑞斯(Wade & Tavris, 2002)指出,批判性思考者应该:(a)提出问题并乐于质疑,(b)明确界定问题,(c)检验证据,(d)分析假设和偏见,(e)避免情绪化推理,(f)避免过度简化,(g)考虑其他解释,(h)容忍不确定性。这些指导方针有助于学生揭开批判性思维的神秘面纱。

即使学生认识到批判性思考者应该持有何种态度,他们还需要主动地表现出这些态度。关于态度变化的文献表明,个人相关性(例如,Petty & Cacioppo, 1984)和任务重要性(例如,Maheswaran & Chaiken, 1991)能增加一个人仔细思考问题的可能性。这两个因素也可能增加一个人批判性思考的可能性。因此,教师应该尝试使课程材料和学生个人相关。为鼓励对研究过程的批判性思考,教师应当让学生参与研究过程中(以合作者或实验者的身份参与)。比如,为了鼓励学生对遵守规则进行批判性思考,教师可以创造一种学生可能会遵守规则的情境。教师也可以让学生写一篇论文,将心理学原理应用于他们的生活或当前时事中。还有很多其他方法可以帮助学生理解心理学和个人之间的相关性。让学生理解批判性思考重要性的原因或许是一项更困难的任务。不采取批判性思考所带来的危险是显而易见的。有许多骗子利用公众薄弱的批判性思维能力获利的例子可以说明这个问题,比如,那些自称"信仰治疗师"或者"包治百病"的医药贩子。包括上述例子在内的日常生活中的案例可以帮助学生理解"批判性思维不是一种学术热潮,而是生活在信息时代的基本技能"(Connor-Greene & Greene, 2002)。

情绪也可以激发批判性思维。实际上,惊讶情绪可能是批判性思维指导中最有用的工具之一。哈洛宁(Halonen, 1995)声称"以惊讶情绪为基础的认知失衡会直接触发批判性思维"。我们可以通过打破学生的预期来让他们感到惊讶并引发批判性思维。有时,课程内容本身就可能打破学生的预期(比如学生首次接触到弗洛伊德的想法时感到意外)。其他时候,教师可能需要采用令人惊讶的策略或演示实验。巴纳姆效应(the Barnum effect)就是这样一个经过验证的真实例子——每个人都会轻信一个针对自己的、笼统的、一般性的人格描述。即使这种描述十分空洞,人们仍然会认为反映了自己的人格面貌,哪怕自己根本不是这种人。你可以让你的学生提交他们的笔迹样本,并告诉他们,你将请某位笔迹学家分析每个样本。几天后,再发给每个学生一份"普适"的个性描述(Boyce & Geller, 2002),要求学生评估人格描述的准确性。许多学生的表现将会符合巴纳姆效应。当你揭开这个骗局时,学生会非常惊讶地发现每个人都有同样的性格描述。这个演示实验可以激发学生批判性地思考科学与伪科学之间的差异(Boyce & Geller, 2002)。

另一种激发批判性思维的方法是指出科学知识与学生自己不成熟的心理学知识之间的差异(Halonen, 1986)。指出差异应该相对容易,特别是在课程开始时。还有一种方法是让学生验证关于心理学的常见误解(例如,Taylor & Kowalski, 2004)。许多学生将了解到他们的一些深信不疑的信念是不准确的。这种经历会产生认知失衡,而认知失衡会激发批判性思维。正如哈洛宁(Halonen, 1986)所说:"好老师应该利用认知失衡开展教学。"

还有许多其他因素可以增强学生参与批判性思维的动机(例如,学生对该主题的兴趣以及教师对课程内容的热情)。这些因素在批判性思考者发展的各个阶段都值得关注。想提高学生批判性思维能力的教师也必须培养他们自己的批判精神(Passmore, 1967)。

基础技能

在实现培养批判性思维的教学目标时,教师必须考虑学生的认知水平。虽然作为教师,我们常常对批判性思维更高级的认知成分感兴趣(例如,假设生成、理论建构),但重要的是不能忽视学生所需的基础技能。研究表明,我们可能会高估学生的批判性思维能力(例如,Chamberlain & Burrough,1985),高估他们将批判性思维技能从一个领域迁移到另一个领域的能力(例如,Granello,2001)。因此,在学习更高层次的技能之前,应重点关注批判性思维的基础技能。

通常情况下,学生更关心从幻灯片中抄录下所有内容,而不在乎是否理解这些笔记。同样地,教师或许为了赶进度而匆匆地讲完内容,而忽视了学生的理解程度。麦基奇(McKeachie,2002)探讨了一种检查学生理解程度和鼓励学生理解阅读材料的方法——摘要写作。撰写讲座或阅读材料的摘要需要学生更多参与认知活动,重新组织和整合信息。这种方法还为学生提供了用自己的语言描述信息的机会,相比记住教师的用语,他们更可能记住自己使用的这些语言(Davis & Hult,1997)。研究表明,这样的摘要写作可以对学习产生重大影响(Davis & Hult,1997;Kobayishi,2006)。

以下几种方法可用于在课程中融入摘要写作。一种是在课程开始时告知学生,他们要在本课结束时总结学习要点。课程结束时,教师给学生3到5分钟总结要点。或者,你可以要求学生在课间休息时写一篇关于某个主题的简要综述(Davis & Hult,1997;McKeachie,2002)。最后,你也可以要求学生参加讲座,并报告他们从当天(或一周)的讨论中学到的最重要的事情(McKeachie,2002;Zinn,2003)。

麦基奇(McKeachie,2002)还提示了如何用摘要写作将学生塑造成更好的听众。例如,在课程刚开始时,给学生一分钟时间,要求他们写下想从本堂课中获得什么,或者他们在当天的讲座中阅读到的最有趣的话题。这项活动可以使学生思考得更加成熟并在课堂上更专注地学习,提高学生倾听的能力。如果你在课堂上讨论有争议的问题或进行辩论,可以使用"两栏目法"(two-column method)(McKeachie,2002)来总结不同的观点。在做完笔记、参加完辩论或课堂讨论后,学生可以总结每个论点的"赞同意见"和"反对意见"。除了训练基本的认知和倾听能力外,这项练习还可以帮助学生识别不同的观点。

通过参与摘要写作任务,学生可以学习描述和识别概念,识别替代观点,并提高他们的倾听技巧。此外,这些任务可以支持元认知(Halpern,2002)。基础技能的自我评估与高级技能的自我评估一样重要,如果你要求学生注意他们对这些基本技能的掌握情况,他们可以更好地考量自己的进步。正如哈尔彭(Halpern,2002)所说:"一旦养成审视自身理解程度和判断自身学习质量的习惯,学生可以成为更好的思考者和学习者。"能够总结学到的知识是这个过程的第一步。

摘要写作是培养学生基本的批判性思维能力的一种方式,除此之外,还有很多其他的方式。例如,让学生用自己的语言定义关键术语(Stoloff & Rogers,2004);要求学生使用漫画或多媒体材料中的例子来区分推理和行为(Halonen,1999);引入媒体的总结、解释和评论以帮助学生将所学技能推广到其他领域。为学生提供时间练习这些基本技能将为其形成良好的思维能力奠定更坚实的基础。

更高水平的技能

一旦学生具备批判性思维的基础,教师就可以专注于培养学生的高级技能。这些技能可能最适合中级课程,但教师也可以在入门课程中强调这些技能。教师可以使用多种教学工具来培养学生更高水平的技能。对于教师而言,重要的是要意识到:可以采用特定技术(例如,写作)来发展学生任何级别的技能。教师安排作业的方式决定了这种特定的技术是培养学生基础的技能,更高水平的技能,还是复杂的技能。

我们可以通过帮助学生在心理知识和日常生活之间建立联系来提高他们的高级技能。一种方法是让学生保持记日记的习惯。记日记在各种心理学课程中都是较受欢迎的作业(Bolin, Khramtsova, & Saarnio, 2005; Connor-Greene, 2000; Graham, 2006; Hettich, 1990)。一些教师要求学生撰写一份关于他们自己个人经历的日记。这些自传性日记有利于产生关于情感的内容,如自我认知和个人成长(Bolin et al., 2005)。也有一些教师要求学生将课程内容与电影、电视、书籍和时事等课外材料联系起来记日记。这类日记的重点则是关于认知的而非情感的(Connor-Greene, 2000)。

记日记的方式可以增强学生的学习能力,并且学生也将日记写作视为一种有价值的技巧。例如,康纳-格林(Connor-Greene, 2000)比较了编写 15 条、5 条,以及没有编写日记条目的三类学生的考试成绩。两个有记日记习惯的小组表现都优于不记日记的小组,两个记日记小组之间没有显著差异。撰写日记的学生也报告说,这种习惯有助于促进他们对课程材料的理解和应用。

教师可以通过许多不同的方式在课程中使用这种技巧。例如,可以在整个学期内分几次录入评分并提交评论和建议。如果你担心对所有日记录入评分会耗费太多时间,你可以将日记作为评判学生是否努力的标准,并以学分/零学分的标准对学生表现进行评价(Bolin et al., 2005)。

教师还可以使用多媒体来培养学生的高级技能。故事片(feature films)是心理学课程中流行且有效的工具(例如,Anderson, 1992; Boyatzis, 1994)。学生可以将课程材料应用于特定的电影。例如,《大话王》(*Liar Liar*)(Grazer & Shadyac, 1997)可以帮助学生找出正强化和负强化的例子。学生也可以分析电影当中和课程内容有关的部分。例如,教师可以让学生思考杰克·尼科尔森(Jack Nicholson)在电影《尽善尽美》(*As Good as It Gets*)中是否准确地刻画了强迫症状(Ziskin & Brooks, 1997)。学生还可以在其他"真实世界"来源(例如,报纸或杂志文章、网站、连环画、广告、心理建议专栏、电视节目和音乐视频等)中查找和分析关于课程内容的实例。

复杂技能

复杂的批判性思维技能包括正式评论、决策和合作等(Halonen, 1995)。使用结构化同行评审练习是评估学生是否学会这些批判性思维技能的一种方法。这项活动包括:让每个学生(a)阅读另一个学生的论文草稿,(b)根据草稿完成一个评审表,然后(c)与论文作者进行讨论。此活动适用于任何类型的课程,尤其适用于将书面沟通作为核心教学目标的课程。

教师可以将结构化同行评审练习安排为课堂活动,让学生带一份论文草稿并与另一名学生配对。评审者的目标是帮助作者写出更好的论文终稿。为完成此任务,评审者填写同行评审表(Serdikoff, 2006),表上列出论文必须包含的几个部分、每部分应包含的信息类型,以及如何评估论文的具体说明。在评审结束时,评审者应与作者讨论评审结果。

讨论之后,负责评审的学生将完成的同行评审表和草稿交给他们的合作伙伴(即论文作者),以便论文作者可以根据反馈完成论文终稿。接下来的一周,学生将提交论文终稿、同行评审表和被评审的论文草稿。为了让学生充分利用此活动提供的反馈,当他们根据反馈的评审意见修改最终论文时,他们获得的分数会比忽视同学评价的分数要多。同样,评审者提供的同行评审表将根据质量获得相应的分数。

人们常说,最好的学习途径是去教别人。结构化同行评审练习的设计就体现了这种说法。同行评审可以丰富学生的学习体验，让他们将所学知识付诸实践，同时为其他学生的学习作出贡献。阅读其他同学的心理学日记有助于学生参与写作并培养批判性阅读技能，这些技能是提高自身写作质量的必要条件。结构化同行评审练习要求学生参与合作、决策和正式评论，所有这些都是重要的复杂技能，是批判性思维的一部分(Halonen，1995)。

元认知

哈洛宁(Halonen，1995)和哈尔彭(Halpern，2002)都指出了元认知技能在培养学生批判性思维能力方面的重要性。研究表明，元认知判断（通常以自评形式加以测量）往往与更客观的知识、技能和能力测量有出入(Kruger & Dunning，1999)，这种差异被称为元认知校准误差(metacognitive miscalibration)。例如，肖内西(Shaughnessy，1979)以心理学导论课程客观测验中学生对每个项目的信心评级(confidence ratings)来对其元认知判断进行评测。这些数据显示，考试成绩和信心评级的准确性呈正相关，表明成绩较差的学生表现出更多的元认知校准误差。辛凯维奇(Sinkavich，1995)使用类似的方法来调查参加教育心理学课程的学生中存在的类似现象。他发现，相比成绩较差的学生（即最终考试成绩排名在后三分之一的学生），成绩更优秀的学生（即最终考试成绩排名在前三分之一的学生）能够更好地预测自己的行为。

赛迪科夫、法默、吉尔伯特、伦斯福德和诺尔(Serdikoff，Farmer，Gilbert，Lunsford，& Noll，2004)研究了美国心理学会风格研究报告中的元认知校准误差。参与这个研究方法课程的学生完成了四份实验室报告。学生使用与教师相同的评估表格对自己的报告进行评分。赛迪科夫等几名学者用学生的自评分数和教师分数之差除以两者相加得到的总分数,计算出校准误差分数。他们还根据整体课程成绩将学生分为三组——差生,中等生,以及排名前三分之一的优等生。

图 2 显示了四种报告中三种类型学生的校准误差分数。重复测量方差分析显示,这种相关性是显著的,$F(2,69)=3.76, p=.03$。所有学生的第一份报告的校准误差水平大致相同。所有学生的第二份和第三份报告的校准误差水平都有所下降,但优等生误差校准水平下降比中等生或差生更为明显。第四份报告采用的是一种不同的报告格式(海报对应论文),最终显示优等生与中等生的校准误差水平与第三份报告相同,但此时差生的校准误差水平又恢复到与第一份报告类似的程度。

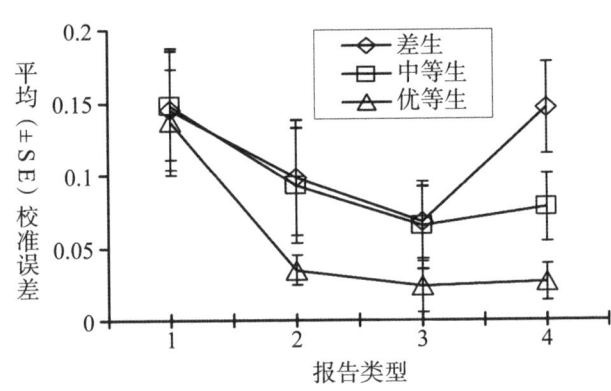

图 2　四个实验室报告中优等生、中等生、差生的平均校准误差

这些数据与肖内西的研究结果(Shaughnessy,1979)一致,显示了成绩优劣与元认知校准误差之间的关联。在实验室报告中获得较低分数的学生提供的自我评估准确度低于获得较高分数的学生。这些数据也与辛凯维奇的研究结果(Sinkavich,1995)一致,表明成绩优异的学生表现出比成绩较差的学生更少的校准误差。

此外,这些数据表明,所有学生都会根据反馈重新校准他们的自我评估。所有学生都在三篇论文中表现出较少的校准误差——但成绩优异的学生比中等生或差生表现更好。此外,数据表明,重新校准自我评估的技能进一步体现在了中等生和优等生新的报告格式上,而低水平学生则没有体现出这种知识技能的迁移。

这些结果强调了元认知技能对批判性思维和学业成绩的重要性。同时,这些结果还表明,一些学生在元认知任务中更擅长知晓自己所知。制订策略使学生能够监测自己对所学材料和技能的理解,也许可以提高他们在课堂上的表现。安杰洛和克罗斯(Angelo & Cross,1993)等人提出了多种课堂评估技巧,这些技巧将有助于培养学生的元认知技能。

结论

帮助教师和学生揭开批判性思维的神秘面纱非常重要。作为希望提升学生批判性思维的教师,我们可以从了解批判性思维的整体概念中有所收获。首先,了解批判性思维是什么,并使我们的学生明确其作用和重要性(Halpern,2003),这样有助于提供一个良好的学习背景,以便我们设计批判性思维课程活动。其次,认识到批判性思维涉及的认知技能和倾向性成分,可以帮助我们利用这两大元素设计有效的课堂活动(Halonen,1995)。再次,我们还应该在设计活动时考虑学生的认知水平。最后,我们也应该为学生提供在各个层面发展元认知技能的机会,这对于培养他们的批判性思维至关重要。

娜塔莉·科尔·劳伦斯,雪莉·L. 赛迪科夫,
特雷西·E. 津恩,苏珊娜·C. 贝克

参考文献

Anderson, D. D. (1992). Using feature films as tools for analysis in a psychology and law course. *Teaching of Psychology, 19*, 155–158.

Angelo, T. A., & Cross, K. P. (1993). *Classroom assessment techniques: A handbook for college teachers*. San Francisco: Jossey-Bass.

Appleby, D. (2006). Defining, teaching, and assessing critical thinking in introductory psychology. In D. S. Dunn & S. L. Chew (Eds.), *Best practices for teaching introductory psychology* (pp.57–69). Mahwah, NJ: Lawrence Erlbaum Associates.

Bolin, A. U., Khramtsova, I., & Saarnio, D. (2005). Using student journals to stimulate authentic learning: Balancing Bloom's cognitive and affective domains. *Teaching of Psychology, 32*, 154–159.

Boyatzis, C. J. (1994). Using feature films to teach social development. *Teaching of Psychology, 21*, 99–100.

Boyce, T. E., & Geller, E. S. (2002). Using the Barnum effect to teach psychological research methods. *Teaching of Psychology, 29*, 316–318.

Chamberlain, K., & Burrough, S. (1985). Techniques for teaching critical reading. *Teaching of Psychology, 12*, 213–215.

Connor-Greene, P. A. (2000). Making connections: Evaluating the effectiveness of journal writing in enhancing student learning. *Teaching of Psychology, 27*, 44–46.

Connor-Greene, P. A., & Greene, D. J. (2002). Science or snake oil? Teaching critical evaluation of "research" reports on the Internet. *Teaching of Psychology, 29*, 321–324.

Davis, M., & Hult, R. E. (1997). Effects of writing summaries as a generative learning activity during note taking. *Teaching of Psychology, 24*, 47–49.

Graham, S. M. (2006). Understanding the applicbility of social psychology: The benefits of a semiweekly journal assignment. *Teaching of Psychology, 33*, 54–55.

Granello, D. H. (2001). Promoting cognitive complexity in graduate written work: Using Bloom's taxonomyas a pedagogical tool to improve literature reviews. *Counselor

Education and Supervision, 40, 292 – 307.

Grazer, B. (Producer), & Shadyac, T. (Director). (1997). *Liar liar* [Motion picture]. United States: Universal Pictures.

Halonen, J. S. (1986). *Teaching critical thinking in psychology*. Milwaukee, WI: Alverno Productions.

Halonen, J. S. (1995). Demystifying critical thinking. *Teaching of Psychology*, 22, 75 – 81.

Halonen, J. S. (1999). On critical thinking. In B. Perlman, L. I. McCann, & S. H. McFadden (Eds.), *Lessons learned: Practical advice for the teaching of psychology* (pp.121 – 125). Washington, DC: American Psychological Society.

Halpern, D. F. (2002). Teaching for critical thinking: A four-part model to enhance thinking skills. In S. F. Davis & W. Buskist (Eds.), *The teaching of psychology: Essays in honor of Wilbert J. McKeachie and Charles L. Brewer* (pp. 91 – 105). Mahwah, NJ: Lawrence Erlbaum Associates.

Halpern, D. F. (2003). *Thought and knowledge: An introduction to critical thinking* (4th ed.). Mahwah, NJ: Lawrence Erlbaum Associates.

Hettich, P. (1990). Journal writing: Old fare or nouvelle cuisine? *Teaching of Psychology*, 17, 36 – 39.

Kobayashi, K. (2006). Combined effects of note-taking/-reviewing on learning and the enhancement through interventions: A meta-analytic review. *Educational Psychology*, 26, 459 – 477.

Kruger, J., & Dunning, D. (1999). Unskilled and unaware of it: How difficulties in recognizing one's own incompetence lead to inflated self-assessments. *Journal of Personality and Social Psychology*, 77, 1121 – 1134.

Maheswaran, D., & Chaiken, S. (1991). Promoting systematic processing in low motivation settings: Effect of incongruent information on processing and judgment. *Journal of Personality and Social Psychology*, 61, 13 – 25.

McKeachie, W. J. (2002). *Teaching tips: Strategies, research, and theory for college and university teachers*. Boston, MA: Houghton Mifflin.

Minnich, E. (1990). *Transforming knowledge*. Philadelphia: Temple University Press.

Passmore, J. (1967). *On teaching to be critical*. Boston: Routledge & Kegan Paul.

Petty, R. E., & Cacioppo, J. T. (1984). The effects of involvement on response to argument quantity and quality: Central and peripheral routes to persuasion. *Journal of Personality and Social Psychology*, 46, 69–81.

Serdikoff, S. L. (2006). *Psychological research methods student laboratory manual*. Unpublished manuscript, James Madison University.

Serdikoff, S. L., Farmer, T. A., Gilbert, J. C. Lunsford, M. A., & Noll, N. E. (2004, August). *Relations between students' self-assessments and instructors' assessments of writing*. Poster presented at the annual meeting of the American Psychological Association, Honolulu, HI.

Shaughnessy, J. (1979). Confidence-judgment accuracy as a predictor of test performance. *Journal of Research in Personality*, 13, 505–514.

Sinkavich, F. J. (1995). Performance and metamemory: Do students know what they don't know? *Journal of Instructional Psychology*, 22, 77–87.

Stoloff, M. L., & Rogers, S. (2004). Understanding psychology deeply through thinking, doing, writing. In B. Perlman, L. I. McCann, & S. H. McFadden (Eds.), *Lessons learned: Practical advice for the teaching of psychology* (Vol. 2, pp. 221–229). Washington, DC: American Psychological Society.

Taylor, A. K., & Kowalski, P. (2004). Naïve psychological science: The prevalence, strength, and sources of misconceptions. *The Psychological Record*, 54, 15–25.

Taylor, S. E. (1981). The interface of cognitive and social psychology. In J. H. Harvey (Ed.), *Cognition, social behavior, and the environment* (pp. 189–211). Hillsdale, NJ: Lawrence Erlbaum.

Wade, C., & Tavris, C. (2002). *Invitation to psychology* (3rd ed.). Upper Saddle River, NJ: Prentice Hall.

Zinn, T. E. (2003, February). *Using frequent student feedback to modify and improve course content*. Poster presented at the annual meeting of the Southeastern Teaching of Psychology conference, Kennesaw, GA.

Ziskin, L. (Producer), & Brooks, J. L. (Director). (1997). *As good as it gets* [Motion picture]. United States: TriStar Pictures.

作者说明

有关本文的信函可发送至娜塔莉·科尔·劳伦斯(Natalie Kerr Lawrence),地址:Department of Psychology, MSC 7401, James Madison University, Harrisonburg, VA 22807。电子邮件可发送至 lawrennk@jmu.edu。[33,34]

学生准备好了吗？
教授批判性思维过程中会遇到的发展性问题

无论教师的课堂教学水平如何，学生之间存在的差异既可能是教学的一大乐趣，也可能成为教师面临的最困难的教学问题。通常，在第一次正式评估之前，我们就能通过学生的提问，他们对我们提出的问题给出的答案，甚至他们的注意力，以及对我们正在做的事情的看法，清楚地发现学生之间存在的差异。一旦我们给学生做一次测试或让他们提交一篇论文，我们的直觉通常会得到确认：一些学生确实参与了课堂活动，另外一些则没有；有些学生确实听懂了，有些则没有；一些学生确实在踏实地学习，而一些学生早就自我放弃了。

我们的教室里是具有不同认知能力、学习方法、教育背景和学习动机的学生。学生的各种反应有时令人费解。例如，在针对教师的课程评估中，我们会收到学生的赞美，但同时，也会遇到另外一批接受同样的教学方法却对我们横加指责的学生。一些学生认为我们的课程改变了他们的生活，而另一些学生则声称这是浪费时间。学生对我们培养批判性思维的教学作出的反应至少与他们在测试和其他任务中一样表现得千差万别。试图教会学生像心理学家一样思考，而不是简单地记住心理学家的想法，这可能是一件令人沮丧的事情。也许我们需要更清楚地了解我们正在努力实现的目标，以及涉及这些目标的发展性问题。

定义和分类

要教导学生成为有效的批判性思考者，需要有一个清晰的批判性思维概念。对明确的批判性思维概念的教学需求似乎是显而易见的，但许多教师、心理学院系和高等学府虽然指出教授批判性思维是一个主要的教育目标，却没有规定批判性思维的含义。在批判性思维现有的定义中，有些规定了良好思维的规范性原则（Fisher & Scriven，1997；Paul，1995），有些描述了可能通往成功结果的共同的思维过程（Baron & Sternberg，1987；Edman，2000；Halpern，1998）。不过，大多数对批判性思维所做的严格理论定义都强调了有目的、自我调节的判断。这种有证据支撑，并且随特定情境而异的判断被当作是批判性思维的核心（American Philosophical Association，1990；Edman，2000；Kurfiss，1988；Morgan，1995）。

教授学生使用以上判断的最常见方法往往侧重于培养作出判断所需的核心技能。这些思维技能通常包括以下方面：(a)解释文本或其他交流形式；(b)分析这些文本中提出的问题和论点；(c)根据上下文和适当的操作标准评估这些论点；(d)辨别论点的含义以及提出论点的前提；(e)在做以上思考时调节和评价自己的思维过程（American Philosophical Association，1990；Ennis，1987）。当然，这些是我们的学生在纷繁复杂、信息丰富的世界中生活所必不可少的能力。阐明这些能力有助于教师和学术机构为学生制订更明确的教育目标，并更好地规划教学和评估策略，以实现那些更难以企及的目标。

倾向性理论

基于技能的批判性思维教学方法有着悠久的历史和大量文献基础,但是超过25年的批判性思维理论和教学研究已经清楚地表明,仅仅教授学生一套思维技能似乎是不够的(Halpern,1998;Kuhn,1999)。学生可以学习在一门课上写一篇适当的文章评论,但无法在另一门课上使用这些技巧。他们可以评估其他学生研究设计中的研究方法,但完全忽略了自己研究设计中的缺陷。他们可能学会识别课堂上的思维偏见,但当自己需要决策推理时却漏洞百出。很多时候学生认为我们的课程设置仅仅需要他们记忆大量学习资料,或者学习教学游戏的规则,或者只是多玩一个别具一格的教学游戏。学生经常无法理解我们正尝试教授他们的内容,或者他们未能在不同教学背景和课程中转移和概括思维技能。

单纯教授技能的思维教学方法的不足导致了批判性思维倾向性理论的发展(Facione & Facione,1995;Perkins, Jay, & Tishman,1993)。这些理论认为,学生光是学习如何使用解释性、分析性或评价性的思维能力是不够的,还必须学会重视这些技能。仅仅学习如何在自己不赞同的论点和立场中找到缺陷是不够的,良好的思考需要人们在自己的思想、意识形态和观点上运用这些分析和评价技巧(Paul,1995)。要成为优秀的批判性思考者,学生必须培养出几种基本思维倾向。尽管关于重要思想倾向有许多不同的分类(Ennis,1987;Facione & Facione,1995;Perkins et al.,1993),但大多数分类包括诸如以下特质:(a)寻求真理——即使这一过程是令人不愉快的;(b)求知欲——为学习而学习的兴趣;(c)饱含谦虚涵养的智慧——承认自己的理解和掌握的信息有限;(d)开放的思想——愿意考虑不同的观点;(e)对理性的信任——对理性起作用的信心;(f)智力成熟——容忍模棱两可,拒绝轻易下判断以及认识到大多数知识并不是颠扑不破的。

有充分的证据表明,这些倾向与许多积极的教育成果相关,包括使用批判性思维技能的能力(Halpern,1998;Hofer & Pintrich,1997;Klaczynski,2000;Kuhn & Weinstock,2002;Sa,Stanovich,& West,1999)。问题在于如何引导这些倾向性?这种倾向性能够被引导吗?学生的态度有多大可塑性?到目前为止,关于批判性思维倾向的所有探讨几乎都是理论性的,实证研究很少。而与批判性思维倾向相关的最有前途的理论和研究路径之一是个人认识论。

个人认识论

从哲学的角度来看,认识论涉及人类知识的起源、性质、限制、方法和理由(Hofer,2002)。而对个人认识论的研究涉及个体如何建立知识的概念——知识的本质,知识是如何产生的,以及人们如何知道自己所知道的。这些问题涉及学生的学习方式,他们在课堂上是如何以及多大程度上重视同学的作用,他们对教师的期望以及他们来上学的理由。个人认识论影响理解、认知加工、概念变化和学习(Hofer,2004 a)。也许个人认识论的差异是尝试向学生传授高阶思维技能的大部分教师产生挫败感的根源。不仅学生的认识论水平参差不齐,而且,总体而言,他们与教师存在非常大的水平差异。教师对知识和学习的假设与学生的假设之间往往存在很大的脱节。教育理论的一个重要规律是,决定学生能否吸收新的学习内容的最重要因素是他们既有的知识储备。对个人认识论的研究表明,学生对他们所知道的东西的信任可能比他们实际知道的东西更为重要(Klazsynski,2000;Sa et al.,1999;Schommer-Aikens & Easter,2006)。

对个人认识论的研究始于佩里(Perry,1970)的著作,并在过去15年中得到了广泛的发展(Moore,2002)。虽然这方面的研究吸引了来自各个领域、采取各个研究范式和对不同领域感兴趣的学者,但认识论研究有两个主要方向(Hofer,2002)。一个方向遵循皮亚杰(Piaget,瑞士儿童心理学家)的范式,即绘制认知变化的发展序列;另一个方向则将个人认识论作为一种在四维或五维空间里的非同步发展的独立信念系统(Schommer,1994)。

发展理论

佩里(Perry,1970)在20世纪50年代和60年代通过问卷调查和对哈佛大学本科生的访谈,开创了发展理论取向并构建了有影响力的认识论发展框架。佩里断言,本科学生的个人认识论可以按照连续的四个阶段或四个集群来进行分类,这又可以进一步细分为九个连续阶段。处于前几个基础阶段的学生将知识视为具体的、绝对的并具有权威性的(例如,"我们知道宇宙已存在了137亿年,因为专家是这么说的,学习就意味着记住专家所说的"),而处于高级阶段的学生则认为知识并不是颠扑不破的,需要证据来证明(例如,"几个领域的现有证据表明宇宙大约有137亿年的历史,但可能会发现新的证据来挑战这一理论,我们应该接受当下来看最可靠的证据")。这一重要的早期认识论发展理论已由许多研究人员使用不同方法针对不同人群进行了修订和发展(Baxter Magolda,1992;Belenky,

Clinchy, Goldberger & Tarule, 1986; Kuhn, 1999; Kuhn & Weinstock, 2002)。虽然与其他理论在研究取向、认识论的定义以及结论上有重要的差异,但佩里研究成果的基本要点仍然被后来的认识论发展理论所继承(Hofer & Pintrich, 1997)。

反思性思维模式

对个人认识论研究得最彻底,也许也是最严格的经验主义发展理论是金和基奇纳的研究(King & Kitchener, 1994, 2002, 2004)。金和基奇纳的反思判断模型侧重于信念的正当性,这是辨别某人认识论立场的关键因素。在这种方法中,理解学生的认识论发展程度最好的方式是,请他们解释自己为什么觉得问题有争议而不是问题答案的实际内容。也就是说,应当考察他们为什么相信他们所相信的东西,而不是考察他们所相信的东西。

金和基奇纳使用独创的反思性判断访谈设计并验证了他们的理论模型。这是一个长达一小时的访谈,他们通过这次访谈考察参与者给出的答案和他们为何针对结构不良问题如此作答(这些问题没有非常完整的定义,也不能明确地得到解决,例如,"我们怎样才能使关于地球上物种起源和生物多样性的多种矛盾说法达到基本一致?")。25 年来,超过 8 000 名不同年龄、性别、教育程度、背景和种族的受访者共参与了数十项研究,研究表明,人们对知识的基本假设存在显著差异,这些差异与人们如何作出判断和证明判断有关,也和受访者的年龄和教育程度所致的发展阶段有关(King & Kitchener, 2002, 2004)。

前反思性思维。金和基奇纳(King & Kitchener, 1994)将反思性思维分为三个不同层次的七个阶段。前三个阶段又被称为前反思性思维,指的是倾向于认为知识是肯定的和绝对的,并且相信所有问题都存在单一正确答案。对于处在第一阶段或第二阶段的人来说,某些事情是非黑即白的。这两个阶段的人认定的东西仅需极少证明,甚至无需任何证明,因为对他们而言,他们认定的事实和真实存在之间构成绝对的一一对应关系。他们认定的权威人物掌握着真理,而他们只需从权威人士那里学习真理。因此,对他们而言,信念或信仰得到证实的过程主要是被重复告知的过程。处于这些阶段的学生将好老师认作是那些明确提供记忆材料然后测试记忆的权威人士。当处于前反思性思维阶段的学生被要求分析他们的思想并证明他们的意见时,他们往往会感觉到无从下手或者感到愤怒。这些学生认为批判性思维练习和小组活动是多余的。他们只是想要正确的答案和良好的学习指南,以便他们能够准确记住测试的材料。他们会问,"这是否会出现在测试中?"因为任何不属于测试范围的东西都是不必要学的。

第三阶段的学生虽然仍然处于前反思性思维阶段,但是比第一阶段或第二阶段的学生技高一筹。这些学生能理解所学知识可能存在暂时不确定的领域,但所有正确的知识都是确定的。因此,在不确定的知识领域,一切都只是"观点"。对于这些学生来说,所有观点的可靠程度都是相同的,因为没有人知道真相(至少目前还不知道)。因此,陈述一个人的观点足以证明这种观点的可靠,因为这个观点是最新提出的。他们会以"这只是你的想法"将某人所陈述事物的合理性大打折扣,或将"这只是我的意见"作为他们自己观点的论据。"根据支撑证据来判断,观点也有好坏之分"这一说法对他们来说没什么意义,他们认为没有必要进行批判性思考。一个处于第三阶段的学生可能会坚持说:"除非有足够明确的证据说服每个人都相信进化论是正确的。现在,没有人知道进化论的真伪,因为所有人都只是在猜测。"根据金和基奇纳(King & Kitchener,2003,2004)的数据,普通高中毕业生的思维状态平均处于2.7阶段,普通大学新生平均处于思维状态的第三阶段。

准反思性思维。准反思性思维即第四阶段和第五阶段,包括意识到不确定性也是知识习得过程的一部分。处于这些阶段的学生能够将知识视为构造的抽象概念。这是思维走向复杂的重大进步。从这一阶段开始,信念开始由内部衍生,而不仅仅是从权威专家那里接受,证据是知识习得过程的重要组成部分,并且可以替代原来教条式的观点。同时,这一阶段的学生开始意识到存在不同的方法和观点以及不同的举证规则,并且建构问题的不同方式是由相关背景决定的。从某种程度而言,他们开始意识到"认知钟摆"的存在。处于前反思性思维阶段的学生倾向于认为知识是绝对的和确定的,而处于准反思性思维阶段的学生则可能认为知识是相对的,通常是未知和不可知的。

第四阶段的学生往往认为知识是因人而异的,因为每个人都有自己的视角,可能会看到不同的证据,或者获得不同的信息。获取知识的过程具有强烈的模糊性,尽管必须给出理由和使用证据来证明某种观念,但是哪些理由和哪些证据至关重要则是因人而异的。这一阶段的学生倾向于选择支撑他们预反思观念的证据,而不是根据证据(例如,年轻地球创造论)来持有某些观念。

第五阶段的思考者认识到不同的观点可能来自不同的情境和主观因素,但某些情境确实有统一的举证规则,可以作出判断。第五阶段的学生也明白绝对真理可能永远不可知;只有对证据、事件或问题作出的不同解释可能会为人所知。因此,他们认为,在特定情境下以特定的举证规则来看某种观念是合理的,这种情况下假定观念与特定情境相关,并且和现有证据的其他解释相比较而言更合理。一个处在第五阶段的学生可能断言:"我知道有力的证据表明全球变暖,但其他人也有证据反对这一观点。由于不同的人有不同的举证规则,没有人能真正说出谁对谁错。这只是大家看待问题的角度不同罢了。"

处在准反思性思维阶段的学生(特别是第四阶段的学生)可能将教育视为一种游戏。在这场游戏中,为了获得好成绩,他们必须弄清楚每个教授"想要什么"。然后,学生的学习任务就是一起参与游戏并开始模仿教授的言谈,因为每个人都有自己独特的世界观。或者学生可能会认为某些学科是"科学的",因此能够提供明确的真理;而其他学科是"主观的",因此充斥了对证据的个性化解释和"纯粹"的观点。处于这些阶段的学生倾向于持有"说得通"的认识论,并且难以准确地批判自己或他人的不当思维方式。然而,他们愿意承认不当思维方式的确存在,并且比前反思性思维阶段的学生更能理解对思维的批评。准反思性思维阶段的学生认为需要学习如何成为批判性思考者;然而,他们可能会利用批判性思维的技能来捍卫他们自己的预反思观点并抛却他们认为不能苟同的论点。学习如何利用他人的思维技巧重新考虑自己的观点对这些学生来说是非常具有挑战性的。

反思性思维。处于第六阶段和第七阶段的学生是反思性思维者,他们能够游刃有余并且一以贯之地使用证据和理由来支持判断。具体情境对于这一思想层次的学生来说很重要,他们承认大多数结论只是暂时的;然而,他们也认识到,不同情境之间的连贯性、一致性和相应的证据确实可以使人们得出有力的结论并作出明智的判断。这一层次的学生愿意根据新证据重新评估结论和对知识的观点。

处于第六阶段的学生倾向于通过比较各种来源的证据和观点以及不同背景下的不同观点来证明观念的合理性,并通过证据的权重和解决方案的有用性来构建和评估解决方案。第七阶段的学生更清楚地理解解决不良结构问题的概率性质。他们根据目前可用的证据、观点和调查工具,用最合理或最可能的方法评估解决方案的恰当性。出现新的证据或论据时，必须重新评估结论。一个观点是否合理，可以通过检查证据来证明，包括验证各种解释的效力，具体情境、历史和方法论的考量，其他结论所产生的影响，以及以上要素相互关联的方式。在理解决策过程的或然性时，能够反思的人承认他们可能是错的，但却试图推断出结论。这时得到的结论是现有背景和现有证据所允许的条件下最完整、最合理、最有说服力的。一个处在第七阶段的学生可能会说："尽管存在一个全球气候变化的反例，但许多具体情境、学科和研究范式都普遍存在支持气候变化的证据，并且该领域的专家大多数支持气候变化理论。所以除非出现更有力的相反证据，我不得不假定原有理论是正确的。"

对于大学教育工作者来说，有一个问题可能令人担忧但普遍存在：虽然普通大学生在第三阶段开始上大学，但他们在第四阶段就结束大学阶段的学习了。这可能就是为什么对第六和第七阶段思维的描述听起来跟我们的很多学生不太沾边。该研究表明，博士生平均处于 5.5 至 6.2 阶段，而鲜少有人可以到达阶段 7(King & Kitchener，2002，2004)。学生往往时断时续地跨越各个阶段，而不是以连续的线性方式前进。并且学生在较低阶段的进步比较高阶段更快。在七个纵向研究当中不断重复出现的模式是，高中阶段的学生在 10 年内平均上升了 2.5 个阶段；在同一时期，大学生平均上升 1.29 个阶段，博士生平均上升 0.54 个阶段（King & Kitchener，2004）。这些数据表明，高中学生始终处于前反思性思维阶段，他们根据未经评估的观点作出决策，但大学生转向准反思性思维阶段，学生从"懵懂的确定感"转变为"清醒的困惑感"（King & Kitchener，2004）。

大多数发展认识论理论家认为这些推理阶段是复杂的，呈波浪式演进，而不是线性发展（Baxter Magolda，2004；Hofer & Pintrich，1997；

King & Kitchener，2004）。人们并非处于特定阶段，更常见的情况是，人们有一种最典型的推理模式，但也会同时处于两三个思维阶段。发展是不平衡的，并伴随着典型思维阶段的循环往复。金和基奇纳（King & Kitchener，2004）发现，在反思判断实验中，大多数人三分之二的反应倾向于使用他们的主要推理策略，其他三分之一的反应大致均匀分布在高于和低于他们所处的典型思维阶段之间。然而，参与金和基奇纳研究的数千人里，无一人表现出不相邻阶段的推理模式（例如，第三阶段和第五阶段的推理）。

认识论发展中的性别差异

巴克斯特·迈功达（Baxter Magolda，1992，2004）在一项纵向研究中探讨了认识论发展中的性别差异。她在超过 16 年的时间里，每年对 101 名男性和女性进行访谈。她的研究结果证实了可以识别出认识论信念的发展顺序，在此过程中存在几个与性别相关（但不是性别决定）的变化。巴克斯特·迈功达提出了四种认知发展顺序，其中认识论的研究是基于学习过程而不是知识的本质。与之前的理论一样，这一理论假定学生获取知识和学习的方法逐渐发生变化，从认为知识具有确定性和从权威人士那里获得知识的绝对认识论拥护者，转变为倡导通过证据构建和评估知识的语境认识论拥护者。

通过访谈法，巴克斯特·迈功达发现了知识和认识过程中的性别差异。虽然男性倾向于遵循男性模式，女性倾向于遵循女性模式，但男性和女性都会使用彼此的模式。在较低层次的思维阶段，男性认知模式倾向于掌握和展示知识。在男性看来，辩论、挑战和被他人挑战，以非个人化和不感情用事的方式运用逻辑，是学习和展示知识的适当形式。而女性认知模式往往侧重于接收、聆听和记录，而不是掌握知识。她们认为知识和学习跟处理人际关系及讨论相关;不确定性要通过个人判断来解决,而不是诉诸辩论或逻辑。

在认识论发展的较高层次上,尽管个体间与个体内认知方法之间存在一些不同,但性别差异开始消失。个体间取向(女性模式)倾向于关注与他人的联系,并在评估他们的思维之前理解其他人为什么会这样做。个体内取向(男性模式)倾向于在尝试理解他人为何会展现出相关思维方式之前,评估某人的思维质量来展示独立思考和情境意识。

这些与性别相关的差异对于思考如何帮助学生学习更复杂的思维方式非常重要。使用仅与男性相关或与女性相关的思维模式可能会妨碍一些学生的发展。如果我们想要帮助学生扩展他们的思维方式,我们应该寻求符合男性和女性认知模式的通用策略,同时激发学生以高于现有典型思维阶段的方式思考(Clinchy,2002)。

独立信念系统理论

对整体发展阶段理论的一种批评是,这一理论倾向于过度简化认知发展,并漏掉了更为微妙的个体差异。玛莲尼·朔默(Schommer,1994;Schommer-Aikens,2004)研究个人认识论的方法独树一帜,她没有将其作为一个单一的信念系统,她认为不是所有人都以一致的模式同步发展,而是相对独立的信念以不同的速度发展出不同的模式。她的理论包括关注关于知识本质和学习本质的信念(Schommer-Aikens & Easter,2006)。与旧的一维发展理论相比,这种方法目前激发了更多的研究兴趣,产生了更多的相关研究。

虽然独立信念的性质存在多种变式(Jehng, Johnson, & Anderson, 1993; Schraw, Bendixen, & Dunkle, 2002; Wood & Kardash, 2002),但大多数理论都包含五种关于知识和学习的独立信念,其中包括从简单信念到复杂信念的连续体(Hofer & Pintrich, 2002)。

关于知识本质的信念包括:

- 关于知识结构的信念:相信知识由孤立的零星碎片(这就需要分别加以记忆),以及更复杂的理解组成,即知识可以整合到复杂和相互关联的概念中。也许这可以通过对比两类学生加以说明,一组学生认为学习统计学意味着记忆公式,而另一组学生知道统计学涉及理解逻辑关系,以及概率和研究方法的性质。

- 关于知识稳定性的信念:从相信知识是不变的、永恒的(因此真实的永远真实,虚假的也就永远是虚假的),发展为更复杂的理解,认识到知识是暂时的,可以改变的。关于这点,处于较初级思维阶段的学生对问题的发展历史或以不同方法创建的多种解决方案不感兴趣。他们只想知道哪种解决方案是正确的。

- 关于知识来源的信念:从相信知识来自无所不知的权威(因而学习意味着倾听和记忆),发展到更为复杂的理解,即使用理性和实证证据在具体环境和语境中构建知识。

关于学习性质的信念包括:

- 关于学习速度的信念:从认为要么能迅速掌握新知识,要么就永远也掌握不了(这意味着如果你不能立马理解某些东西,后来再花时间试图理解是不起作用的),发展到更复杂的观念,认为学习是一个渐进的过程,通常需要持续的努力。这种信念会影响学生坚持完成困难任务的意愿。

- 关于个人学习能力的信念：一种想法认为人的学习能力是天生的，不可改变的（有就有，没有就没有——有的人天资聪颖）；另一种更复杂的理解是，人的学习能力可以提高。这种信念可能与控制点（locus of control）有关，与智力理论无关。例如，处于初级思维阶段的学生可能会认定他们"不擅长数学"，因此不会在统计课上进行必要的尝试，而统计学考试分数低和理解能力一般可能会反过来证实他们对自身数学能力的假设。

以上提到的多种认识论信念可能导致思维的非同步发展，因此可以用来更加细致地理解学生如何区分他们对知识的了解。例如，学生有可能相信知识是高度复杂和相互关联的，但也有可能相信知识是永恒不变的。这种情况启示我们，为了更好地理解学生的认知发展需求，我们需要考虑一个更复杂的模型来检验所有这些不同的信念系统。

教学意义

这些对信念的研究支持了相对自主的信念系统以及它们对教学效果的重要影响（Bendixen & Rule, 2004; Hofer, 2004b; Schommer-Aikens, 2004; Schommer-Aikens & Easter, 2006）。例如，当学生能够回忆起一些事实时，他们越是认为知识简单，就越认为自己已经掌握了知识，不过，思想层次更高的学生则希望看到知识之间的联系并能够应用他们所学（Schommer-Aikens, 2004）。认为知识简单的学生对文本的思考较少，文本理解能力较差，并且不太可能使用综合学习策略；相信知识确定性的学生更容易误解暂时性的信息；相信学习可以速成的学生阅读理解能力更差，平均绩点较低（Hofer & Pintrich，1997；Klaczynski，2000；Schommer-Aikens，2004）。

对认识论信念的研究正脱离描述阶段，进入预测和实操阶段（Hofer，2002；Schommer-Aikens，2004）。目前，新的模型已进入开发和研究阶段，这一研究最终会将发展理论和独立信念系统结合到一个单一模型中（Bendixen & Rule，2004；Hofer，2004b；Schommer-Aikens，2004）。但是，教育工作者面临的首要问题是，当我们掌握了这些信息，该如何利用它们呢？如何通过我们对学生个人认识论的了解，使他们成为更好的思考者？从这项研究中我们可以得出的一个重要启示是，个人认识论的变化是缓慢的。由于认识论与一个人重视和运用批判性思维技能的能力密切相关，我们可以推断，批判性思维能力的发展同样是一个缓慢的过程（King & Kitchener，2004）。仅仅借助一门优秀的思维课程，一系列强大的研究方法，甚至是开发和执行自己研究项目的机会，学生可能并不会成为跨情境的出色的批判性思考者。即使将批判性思维技能的教育纳入整个研究计划，进展仍可能是缓慢的。批判性思维的发展要求大多数学生进行相当规模的认知重组，也需要教师对教学作出非常大的投入。要想在培养批判性思维方面取得较大突破，可能需要能够涵盖整个课程的长期策略，而不只是局限于在我们的课程中添加一些新练习，或在教科书中添加批判性思维的补充材料（当然这些并不是坏事）。

好消息是，（大学）教育对学生成长进步大有裨益（King & Kitchener，2002）。即使排除社会经济地位和智力水平因素的作用，那些经历大学教育的人也比那些没有上过大学的人进步更快，走得更远。问题是：我们如何帮助我们的学生做得比现在更好？皮亚杰（Piaget）假设，人们需要一种令人不适的（认知）失衡，以便调整他们现有的认知模式来适应新信息。目前的研究表明,认识论的变化的确需要类似的失衡(Hofer,2004b;King & Kitchener,2004)。这表明我们的教育方法应该挑战学生朴素的认识论,并支持他们尝试新的思维模式。实现这一目标的重要方法之一是创新课程设计,使单纯记忆学习材料的学生不会取得成功。即使当教师针对某个困难或存疑的问题提问时,前反思性思维阶段的学生还是经常指望教师提供正确答案。当我们提供"正确"答案而不是帮助解决学科的问题和含糊之处时,我们会强化学生的低水平思考。教导学生的一个重点是,心理学中的每一个陈述句都是对某个问题的回答。指导学生像心理学家一样思考,意味着教会他们提问并寻求回答问题的方法。

然而,佩里(Perry,1970)发现,如果认知不平衡变得太不舒服,学生又将回归到早期的思维模式。这意味着如果我们希望我们的学生成长,他们必须感觉我们的课程不仅具有挑战性,而且一定程度上来说是"安全"的(不至于过于引起不适)。由此可见,学生不会因为被贬低、被轻视或被嘲笑而被迫成为好的思考者(Baxter Magolda,2004)。学得最好的学生往往可以信任他们的老师。轻视或嘲笑学生所珍视的信念或想法可能不会产生必要的信任。

也许我们应该在学生面前塑造良好的思考范式,并要求他们在我们面前思考。我们应该向他们展示我们思考的过程,而不仅仅是我们思考的产物,以消解掉他们对权威人士的偏听偏信,以及结论要么可以轻而易举得出,要么根本不可能得出的错误认知。虽然对这个观点的研究支持很少(目前来说是这样的),但我认为学生需要了解我们思考的过程,我们的作业和评估的重点应该放在他们思考的过程而不是他们思考的结果上。我们应该设计一些作业让我们能够看到他们的思考,并且我们应该与学生分享关于我们自己在学习和理解方面越挫越勇的故事。如果我们希望学生真正理解我们的学科,并发展出更为复杂的认识论,我们应该帮助学生理解(和批判)心理学家是如何创造知识的,而不仅仅是学习心理学家所创造的知识。

元认知

关注元认知(关于思考本身的思考)可能是基于思维的教学法有效而重要的组成部分。帮助学生获得更好的元认知策略被认为是提高学生的批判性思维技能和跨语境转移教学的关键方法(Halpern,1998)。人们也认为元认知意识是理解个人认识论的重要方式——了解认知过程本身(Hofer,2004b)。批判性思维本身被定义为"评价性元认知"(Edman,2000),也就是说,通过思考一个人的想法,使思维变得更好。也许我们主要的课程目标应该包括:帮助学生考虑如何选择,以及监控他们的认知策略;思考他们所知道的内容以及他们是如何知道的过程;解决更广泛的问题,包括人类是如何获得认知的,学习知识究竟意味着什么,以及在不同的背景下知识是什么。

为了达到上述效果,哈尔彭(Halpern,1998)建议,我们应该首先考虑思维过程。当学生在课堂上回答问题时,我们应该经常问他们:"你是如何知道的?"而当我们提出研究的理论或结论时,我们又应该常常问:"他们怎么知道呢?"我们可以要求学生在回答问题时,按照从最重要到最不重要的顺序分析信息;以几种不同的方式组织信息;列出问题的几种可能的解决方案,并定义如何评估解决方案;探讨问题、方法和结论的含义或假设。我们也可以要求学生评估他们解决问题的过程(Halpern,1998):解决这个问题需要多长时间?我们对这个问题了解多少?解决这个问题的目标是什么?我们怎么知道什么时候解决了这个问题或得出结论?帮助学生思考,然后引导他们评估自己的思维,是帮助学生在认识论上更加成熟并寻求更好的思考的关键。受到支持和鼓励,学生可以在常规思维策略以外更进一步,因为思维越精细复杂,越能利用好教学提供的思维"脚手架"(即辅助策略)(King & Kitchener,2004)。

最后,也许鼓励采用元认知意识和复杂思维最困难和最重要的策略之一,是在课堂上明确良好思维的标准并不时地强化这些思维。我常常将批判性思维定义为"思考我如何思考",学生很快就会发现这一点。因此,当我的学生在课堂讨论或论文撰写中开始重现我的思维风格时,我认为他们一定是在好好思考。摒弃了错误的、可能具有破坏性的、不加反思的方法后,比较适当的选择是明确学生讨论和作业中所期望达到的思维标准,并为学生示范这些标准。这些标准应包括期望获得的适当技能,判断证据和推理的标准,以及在一名优秀思考者身上所期望看到的思维倾向(Bean,1996;Edman,1996)。

明确制订良好思维的标准并定期强化和重申这些标准,对于帮助学生更好地培养自我评估的技能很关键。几乎所有批判性思维的定义都包括"自我调节"或"自我反思"两大组成部分。发展批判性思维能力,并跨情境地运用批判性思维,学生应该能够评估自己和他人的思维。如果没有明确的思维评估标准,学生只能从教师评论和同学反馈中梳理出这些标准。

了解学生的发展状况是优质教学的基础。有些学生将复杂的问题简化为"非黑即白"的术语,也有些学生由于纷繁复杂的观点而茫然不知所措,教师常常因此而感到沮丧。于我们而言,重要的是,了解学生对我们习以为常的思维方式有何不同看法。在课堂上有效的教学法应该考虑学生的发展阶段和路径,包括学生在批判性思维道路上的停滞和退步,以及在培养良好思维能力上艰苦而缓慢的进步。知道学生的真实水平,按照他们的真实水平培养他们,并不断在前进的道路上引导他们,这才是高质量教学的一部分。这也是我作为一名教育工作者的最大乐趣。

莱尔德·R. O. 埃德曼

参考文献

American Philosophical Association. (1990). Critical thinking: A statement of expert consensus for purposes of educational assessment and instruction. *The Delphi Report: Research findings and recommendations prepared for the committee on pre-college philosophy.* (ERIC Document Reproduction Service No. ED 315 - 423).

Baron, J., & Sternberg, R. (1987). *Teaching thinking skills: Theory and practice.* New York: W. H. Freeman & Co.

Baxter Magolda, M. B. (1992). *Knowing and reasoning in college: Gender-related patterns in students' intellectual development.* San Francisco: Jossey-Bass.

Baxter Magolda, M. B. (2004). Evolution of a constructivist conceptualization of epistemological reflection. *Educational Psychologist, 39,* 31 - 42.

Bean, J. (1996). *Engaging ideas: The professor's guide to integrating writing, critical thinking, and active learning in the classroom.* San Francisco: Jossey-Bass. 46

Belenky, M. F., Clinchy, B. M., Goldberger, N., & Tarule, J. (1986). *Women's ways of knowing: The development of self, voice, and mind.* New York: Basic Books.

Bendixen, L., & Rule, D. (2004). An integrative approach to personal epistemology: A guiding model. *Educational Psychologist, 39,* 69 - 80.

Clinchy, B. M. (2002). Revisiting women's ways of knowing. In B. K. Hofer & P. R. Pintrich (Eds.), *Personal epistemology: The psychology of beliefs about knowledge and knowing* (pp.63 - 88). Mahwah, NJ: Erlbaum.

Edman, L. (1996). Teaching teachers to teach thinking. *The National Honors Report, 16,* 8 - 12.

Edman, L. (2000). Teaching critical thinking in the honors classroom. In L. Clark &

C. Fuiks (Eds.), *Teaching and learning in honors* (pp.45 – 64). Radford, VA: The National Collegiate Honors Council.

Ennis, R. H. (1987). A taxonomy of critical thinking dispositions and abilities. In J. Baron & R. J. Sternberg (Eds.), *Teaching thinking skills: Theory and practice* (pp.9 – 26). New York: W. H. Freeman & Co.

Facione, P. A., & Facione, N. (1995). The disposition toward critical thinking. *The Journal of General Education*, 44, 25 – 50.

Fisher, A., & Scriven, M. (1997). *Critical thinking: Its definition and assessment*. Point Reyes, CA: Edgepress.

Halpern, D. F. (1998). Teaching critical thinking for transfer across domains. *American Psychologist*, 53, 449 – 455.

Hofer, B. K. (2002). Personal epistemology as a psychological and educational construct: An introduction. In B. K. Hofer & P. R. Pintrich (Eds.), *Personal epistemology: The psychology of beliefs about knowledge and knowing* (pp. 3 – 14). Mahwah, NJ: Erlbaum.

Hofer, B. K. (2004a). Introduction: Paradigmatic approaches to personal epistemology. *Educational Psychologist*, 39, 1 – 3.

Hofer, B. K. (2004b). Epistemological understanding as a metacognitive process: Thinking aloud during online searching. *Educational Psychologist*, 39, 43 – 55.

Hofer, B. K., & Pintrich, P. R. (1997). The development of epistemological theories: Beliefs about knowledge and knowing and their relation to learning. *Review of Educational Research*, 67, 88 – 140.

Hofer, B. K., & Pintrich, P. R. (Eds.). (2002). *Personal epistemology: The psychology of beliefs about knowledge and knowing*. Mahwah, NJ: Erlbaum.

Jehng, J. J., Johnson, S. D., & Anderson, R. C. (1993). Schooling and students' epistemological beliefs about learning. *Contemporary Educational Psychology*, 18, 23 – 35.

King, P. M., & Kitchener, K. S. (1994). *Developing reflective judgment: Understanding and promoting intellectual growth and critical thinking in adolescents and adults*. San Francisco: Jossey-Bass.

King, P. M., & Kitchener, K. S. (2002). The reflective judgment model: Twenty years of research on epistemic cognition. In B. K. Hofer & P. R. Pintrich (Eds.), *Personal epistemology: The psychology of beliefs about knowledge and knowing* (pp. 37 – 61). Mahwah, NJ: Erlbaum.

King, P. M., & Kitchener, K. S. (2004). Reflective judgment: Theory and research on the development of epistemic assumptions through adulthood. *Educational Psychologist*, *39*, 5 – 18.

Klaczynski, P. A. (2000). Motivated scientific reasoning biases, epistemological beliefs, and theory polarization: A two-process approach to adolescent cognition. *Child Development*, *71*, 1347 – 1366.

Kuhn, D. (1999). A developmental model of critical thinking. *Educational Researcher*, *28*, 16 – 26, 46.

Kuhn, D., & Weinstock, M. (2002). What is epistemological thinking and why does it matter? In B. K. Hofer & P. R. Pintrich (Eds.), *Personal epistemology: The psychology of beliefs about knowledge and knowing* (pp. 121 – 144). Mahwah, NJ: Erlbaum.

Kurfiss, J. (1988). *Critical thinking: Theory, research, practice, and possibilities*. ASHE-ERIC Higher Education Report No. 2. Washington, DC: Association for the Study of Higher Education.

Moore, W. (2002). Understanding learning in a postmodern world: Reconsidering the Perry scheme of ethical and intellectual development. In B. K. Hofer & P. R. Pintrich (Eds.), *Personal epistemology: The psychology of beliefs about knowledge and knowing* (pp.17 – 36). Mahwah, NJ: Erlbaum.

Morgan, W. (1995). "Critical thinking" —What does that mean? Searching for a definition of a crucial intellectual process. *Journal of College Science Teaching*, *24*, 336 – 340.

Paul, R. (1995). *Critical thinking: What every person needs to know to survive in a rapidly changing world* (3rd ed). Santa Rosa, CA: The Critical Thinking Foundation.

Perkins, D. N., Jay, E., & Tishman, S. (1993). Beyond abilities: A dispositional theory of thinking. *Merrill-Palmer Quarterly*, *39*, 1 – 21.

Perry, W. (1970). *Forms of intellectual and ethical development in the college years: A scheme*. New York: Holt, Rinehart.

Sa, W. C., Stanovich, K. E., & West, R. F. (1999). The domain specificity and generality of belief bias: Searching for a generalizable critical thinking skill. *Journal of Educational Psychology*, 91, 497–510.

Schommer, M. (1994). Synthesizing epistemological belief research: Tentative understandings and provocative conclusions. *Educational Psychology Review*, 6, 293–319.

Schommer-Aikens, M. (2004). Explaining the epistemological belief system: Introducing the embedded systemic model and coordinated research approach. *Educational Psychologist*, 39, 19–29.

Schommer-Aikens, M., & Easter, M. (2006). Ways of knowing and epistemological beliefs: Combined effect on academic performance. *Educational Psychology*, 26, 411–423.

Schraw, G., Bendixen, L. D., & Dunkle, M. E. (2002). Development and validation of the epistemic belief inventory (EBI). In B. K. Hofer & P. R. Pintrich (Eds.), *Personal epistemology: The psychology of beliefs about knowledge and knowing* (pp. 261–275). Mahwah, NJ: Erlbaum.

Stanovich, K. E. (1993). Introduction. *Merrill-Palmer Quarterly*, 39(1), i–vi.

Wood, P., & Kardash, C. (2002). Critical elements in the design and analysis of studies of epistemology. In B. K. Hofer & P. R. Pintrich (Eds.), *Personal epistemology: The psychology of beliefs about knowledge and knowing* (pp. 231–260). Mahwah, NJ: Erlbaum.

作者说明

关于本文的所有信函请寄莱尔德·R. O. 埃德曼博士,地址:Northwestern College, 101 7th St. SW, Orange City, IA 54041。电子邮件可发送至 ledman@nwciowa.edu。

教授学生批判性思维的简单策略

如果有一项技能是所有大学和大学教师都希望他们的学生学习的,那一定是批判性思维。那些希望挑战并因此进一步发展学生的智力技能的教师,很少会通过要求学生记住他们的教科书和课堂笔记来达到这一教学效果。可以肯定的是,高效教学的教师会意识到与学科相关的基本事实和数据会随着时间而变化,所以只教这些东西远远不如教导学生如何思考(Buskist,2004)。因此,只有那些徒有虚名的名师在教授批判性思维技能的过程中使用事实和数据。

在教授心理学的过程中,这些教师试图教他们的学生在理解基本心理学原理以及这些原理如何应用于日常生活方面,像科学家一样思考,或者更具体地说像心理学家一样思考。然而,正如斯赖夫、雷伯和理查森(Slife,Reber,& Richardson,2005)所告诫的那样,心理学家需要注意自身批判性思维方法中所包含的假设和价值观,以免对于批判性思维作出误导性的评论。

在本文中,我们将探讨批判性思维的一般特征以及批判性思维有效教学所涉及的关键要素。我们的目标是对批判性思维的本质提供一些见解,反思为什么学生有时会抗拒批判性思考,以及为什么教师可能会拒绝要求他们的学生进行批判性思考,并提出将批判性思维融入所有心理学课程的建议。

什么是批判性思维?

在过去十年中,关于批判性思维的书籍和文章并不少见。其中一些文献旨在从广义的角度理解批判性思维(例如,Diestler,2001;Fisher,2001;Halpern,2003;Levy,1997),还有一些文献专注于从批判性思维与心理学之间的特殊联系来理解批判性思维(Bensley,1998;Smith,2002;Stanovich,2007)。有趣的是,随着批判性思维涉及的领域不断扩大,相关文献似乎开始普遍认同批判性思维的内涵和外延,以及人们所说的"有效"批判性思考者所拥有的品质。

批判性思维的定义

哈尔彭(Halpern,2003)在她广为人知的著作《思想与知识:批判性思维导论》(*Thought and Knowledge: An Introduction to Critical Thinking*)的最新版本中,将批判性思维定义为"使用能增加理想结果概率的认知技能或策略……(这种思维模式)被认为是有目的、合理的,并且具备目标导向的"(第6页)。将此定义与批判性思维的其他三个常见定义进行比较:

- 涉及评估与某一观点相关的证据,以便得出可靠结论的反思性思维。(Bensley,1998)

- 使用特定标准来评估推理和作出决定。(Diestler, 2001)
- 一种积极的、系统的认知策略,用于检查、评估、理解事件、解决问题,并在可靠推理和有效证据的基础上作出决策。(Levy, 1997)

所有这些定义都突出了过程和结果。显然,教授批判性思维的最终目标是帮助学生在仔细权衡现有证据的基础上作出正确判断。然而,批判性思维是一项复杂的工作。它要求学生一并学习几个子任务,其中包括:(a)开发对解决问题和决策持怀疑态度的方法;(b)将问题分解为最简单的组成部分;(c)寻找支持和反驳某一结论的证据;(d)对可能影响客观决定的个人偏见、假设和价值观保持警惕态度。

可以肯定的是,希望教他们的学生发展批判性思维技能的教师面临的任务并不轻松,尤其是要在短短一个学期的时间内完成这项任务的情况下。然而我们发现,我们的学生学习的最终目的在于反映批判性思维的品质或特征,带着这种目标开启批判性思维学习是有益的。那么在教授学生批评性思维时,我们希望他们能够拥有哪些态度和行为呢?

批判性思考者的素质

如果遇到批判性思考者,你能辨认出来吗?毕竟,他们的额头上没有纹着"批判性思考者"的标志,他们也不会身着印着"我是一个批判性思考者"字样的T恤衫,并且,他们通常也不会在派对和社交活动中现场展现批判性思维能力。然而,在需要解决问题的情况下,批判性思考者确实展示了显而易见的各种行为和技能。有文献(例如,Bensley, 1998; Diestler, 2001; Fisher, 2001; Halpern, 2003; Levy, 1997)指出,批判性思考者可以准确地解释他们的决定;考虑任一事态的替代解释;遏制自身对他人论点的情绪反应;确定假设的真实性或虚假性;发展并提出合理且有说服力的论点;区分主要和次要信息来源;将可信的(例如,美国心理学会)与不可信的信息来源区分开来;将证据与意见、常识、轶事和对权威的诉求区分开来;区分意见与事实;得出推论;设计并提出适当的问题;从与要解决的问题或要做出的决定相关的多个来源收集数据;识别他们对重要问题的先入之见;了解数学和统计信息在决策中的合理使用和滥用。

所有这些特性都和教师的教学方法以及学生如何在日常生活中解决问题有关。当然,如果大学应该教授学生一种技能,那就是如何将他们在课堂上学到的东西应用到他们的生活中。

虽然一系列观点和行为展示了批判性思维对学术和日常生活的重要性,但学生并没有表现出对学习批判性思维基础知识的强烈诉求。批判性思维甚至是许多大学生避之唯恐不及的"硬骨头"。事实上,布斯克斯特、西科尔斯基、巴克利和萨维尔(Buskist, Sikorski, Buckley, & Saville, 2002)的研究表明,在学生认为对大学教学有效性至关重要的学习内容列表里,批判性思维接近榜底(幸运的是,相较之下,教师认为批判性思维应该接近这个列表的榜首)。

学生不愿意进行批判性思考

作为教师,有时很容易将学生身上表现的缺陷归结为纯粹的懒惰。这当然是具有误导性的归因,尽管确实有些学生像某些教师认为的那样是懒惰的。然而,学生对学习批判性思维技能的抵触可能不仅仅是因为懒惰。在与奥本大学(Auburn University)和其他地方学生的互动中,我们发现了另外几个阻碍学生学习批判性思维的因素:

- 合理决策的结果与他们的个人偏好不符。换句话说,有时候学生参与特定行为的愿望高于探究为什么这样的行为可能有益或可能无益。

- 有些学生习惯于被告知该做什么以及何时做。对于那些习惯听从其他人（父母、教师、教练和其他权威人士）决定的学生来说，这一点表现得尤为突出。因此，从这些学生的角度来看，他们缺乏足够的理由进行批判性的思考。

- 让其他人作出决定可以减轻学生的责任感。在这种情况下，缺乏批判性思考与仅仅遵循命令事出同因："因为有人告诉我该做什么，而且我这样做，就不用对我的行为负责——我只是听从了别人的意见而已。"

- 有些学生可能认为他们的判断力不如权威人物。许多学生生活在被要求服从权威的环境下，这在某种程度上意味着"我不准备自己作出决定——我需寻找更老练、更聪明、更有见识的人告诉我该怎么做"。

- 许多学生，特别是大一和大二学生，思考问题时容易陷入非黑即白的绝对境地，而不懂应该多角度、多层次地考虑问题。佩里（Perry，1970）关于大学生智力发展的研究证实了这一点——许多大学生更喜欢被告知什么是真的，什么是假的，而不是自己去发掘这些信息。

- 有些学生习惯于记忆信息而不是思考、加工信息。记住事实和数据的确需要花费时间和精力，但这却免除了思考带来的不确定性——而不确定性可能会让一些学生感到不安。

- 有些学生可能会低估自己的决定所导致的后果。这些学生之前从未面对过不良决策带来的真正后果，因为其他人一直在保护他们免受这些后果的影响(例如,一位学生的父母承担了这位同学因为酒驾所受的经济处罚)。

- 有些学生没有时间投入真正的批判性思维。除了承担全部学术任务之外,一些学生还在挣钱贴补家用,并在从事兼职或全职工作的同时获得学位。这些学生通常认为他们没有时间参加需要大量课外工作的课程,如写论文、准备演讲,以及需要深思熟虑和知识整合的其他作业。
- 有些学生缺乏批判性思维所需的基本知识。他们根本不具备相关学术背景(缺乏基本的基础知识)来理解他们目前正在学习的主题,更不用说分析、整合和应用这些主题。

有效教授批判性思维的部分困难在于,教师需要认识到,有些学生不仅没有为学习批判性思考作好准备,甚至背道而驰。他们的个人经历或学术背景中没有任何东西教会他们批判性地思考或者使他们愿意学习如何批判性地思考。对一些学生来说,他们的个人经历和学术背景阻碍他们进行批判性思考,特别是学生学会依赖他人的建议和判断来指导他们自身的行为以后。

追求有效教学的教师应当了解,导致学生对批判性思维产生抵触心理的因素是如何影响课堂学习氛围的(Riggio & Halpern, 2006)。实际上,这类教师会积极主动地设计课堂环境,以克服这些障碍。

教师不愿意教授学生批判性思维

正如学生可能对批判性思维避犹不及一样,教师也可能避免将批判性思维作为课程的一部分,以此来逃避任务。大多数大学教师都希望教学生进行批判性思考,但这样做并非易事。开发具有挑战性的智力活动、基于问题的场景以及其他严格的任务本身就是一项具有批判性的思考任务。尽管许多教师乐于接受这一挑战，但部分教师可能选择不教学生批判性思考的原因有多种，其中包括：

- 学术研究可能是一项要求苛刻且耗时的职业，往往需要教师在教学、服务和研究之间实现微妙的平衡。当时间紧张时，教学准备可能会让位于其他更紧迫的任务。

- 一些教师可能会放弃教授批判性思维的原因是他们无法轻易地衡量教学工作的效果，以证明它的有效性。作为教师，我们常常将成绩作为评估学生是否学到知识的指标，或者说我们自己是否成功履行教学任务的指标。评估批判性思维技能并不像典型的课程内容评估那么容易实施，因此，如果学生正在学习我们试图教授给他们的批判性思维技能，那么他们当下可能并不会表现出明显的变化。开发评估批判性思维的方法是另一项艰巨的任务，需要添加到教师的日程中去。

- 因为学生经常不乐意被要求批判性思考，而教师通常希望被学生所喜欢，所以一些教师可能会牺牲批判性思维教学来换取学生的欢迎。

- 并非所有教师都是批判性的思考者。有些教师可能没有足够的能力来要求学生批判性地思考。持有硕士学位或博士学位并不能保证人们能够批判性地思考。

- 许多教师可能不知道如何教授批判性思维技能，尽管他们重视这些技能并希望他们的学生成为批判性思考者。

尽管在教授批判性思维方面，学生和教师双方都存在障碍，但教师仍可以学习如何营造有利于批判性思维的课堂氛围。在下一节中，我们概述了几种简单的方法,这些方法有助于创设能促进学生批判性思考的学习环境。

有效地教授批判性思维

教师不会在学期中间突然决定教授批判性思维并贸然开始:批判性思维教学必须经过规划才能最大限度地发挥作用。因此,规划越早开始越好,这就意味着教师可能需要在学期开始之前很久,就仔细思考如何在课程中培养批判性思维。

学期前的准备工作

当你开始整合课程大纲时,请考虑如何在课程中发展学生的批判性思维。选择教科书或其他教学素材(例如,纸质媒介、视频)时,需要思考它们能否反映你希望采用的批判性思维方法,并经得起如下考验:文本和多媒体资料是否有助于批判性思维教育(例如,能否作为学生对主题的理解、分析和应用的练习)?如果有帮助,它是否反映了你希望学生获得的批判性思维的深度或水平?当你阅读材料时,可以寻找特别适合融入批判性思维的地方,并标注笔记。这些笔记将提醒你在阅读日常材料(例如,报纸、杂志)时寻找体现批判性思维或缺乏批判性思维的有趣案例。

研究发现,学生欣赏将课堂学习与日常生活联系起来的教师(Buskist et al.,2002)。根据计划,你应该储备相当数量的日常案例,且可以在课堂上使用这些案例来教授批判性思维。这种方法还可以提高你将心理学原理应用于日常生活的能力。

最后，在新学期开始之前，你还应该创建一系列问题情境，供学生在课程学习时解决（例如，Connor-Greene，2006）。这些情境应与你的主题直接相关，这样就能让学生参与解决有趣但具有挑战性的问题、困境，甚至是解答更深层次的难题。你可以选择让学生个人参与或者以小组的形式参与。通常，我们喜欢将这些方法结合起来。首先，给每个人几分钟时间来解决问题，然后将他们组织成两到三个小组来讨论他们各自解决问题的方法，比较差异。然后，我们将让全班同学一起讨论问题情境及其可能的解决方案。

因此，当学期开始时，你必须已经完成大量的准备工作，并充分了解你在课文和其他教学素材中可用的各种批判性思维练习。在批判性思维活动中，你还应提出大量令人信服的问题情境与学生分享。这样的计划也将迫使你找到在教学中树立批判性思维范式的方法，这对提高你的教学技能大有裨益。从学生的角度来看，作为教师，你也将成为批判性思考者的典范。

课程第一周

你应该在课程的第一周向学生介绍批判性思维的概念，让他们知道课程的核心部分将集中在帮助他们发展批判性思维能力上。可以大胆预知的是，大多数学生，甚至是高年级课程中的许多学生，都不知道究竟何为批判性思维，也不明白批判性思维与他们的关联。因此，在第一周，我们会为学生提供一些批判性思维的定义，并与他们分享批判性思考者具备的六个左右的关键属性。我们也会与他们分享我们课程的主要目标之一：我们希望他们在学期结束时拥有所有或部分这些属性。

我们还将强调批判性思维对于作出合理决策的重要性，也会提供一个与课程材料相关的批判性思维的简单例子。我们在入门课程中最喜欢的一个例子是关于如何归因的。我们在课堂上给出类似下面的场景:"假设你走过校园,作为一个友善的人,你对一名经过你身边的女同学说:'嗨。'这时,她的反应则是,直接看着你,皱着眉头一副不悦的表情,也不跟你打招呼。你认为她为何会以如此恶意回报你的友善举动?"许多学生立即就被调动了情绪,并带着强烈情绪对这个问题迅速作出回答。通常情况下,他们把这个女同学称为"混蛋"或"势利眼",并在解释其行为的潜在原因时提及该女同学的性格。然而,还有一些学生可能思考得更细心全面,他们注意到,可能存在情有可原的情况可以解释该女同学的反应——也许她刚收到一些坏消息或者目前身体感觉不舒服。这个快速练习的作用是让学生思考行为的多种解释,并理解他们自己的情绪是如何影响对他人作出的评价的。

这是我们最喜欢的例子之一,因为:(a)学生非常感兴趣,(b)这是一种学生经常(但经常在不知不觉中)参与的心理现象,(c)不恰当归因的缺陷是明确和引人注目的,(d)这是我们在课程早期将批判性思维与心理学联系起来的一种方式。

进入正轨后的课程教学安排

当你按照学期进行教学活动安排时,请在课程的第一周跟进你对学生的批判性思维教学。我们试图以两种不同的方式完成这项任务。第一种方式是,我们每周都会留出时间让学生进行批判性思维练习,重点关注这种思维模式如何应用于当前正在探讨的主题。每周我们都会为学生提供批判性思维课外作业,让他们完成并上交。我们会在课堂上对这些作业进行评价。第二种方式是,我们只是要求学生在课堂上基于问题的场景解决这些问题。尽管第一种方法使用的课堂时间较少,但这两种方法对我们来说都非常有效。不过,第二种方式不要求学生利用课外时间,在这种方式下进行讨论的深度和讨论质量相应地就会大打折扣。

无论采用以上哪种方法(或其他方法)来教授批判性思维,关键在于将批判性思维融入课堂。传授一点零星散乱的批判性思维技巧根本不起作用,你应该试着让你的学生每周批判性地思考你提供的主题,这样,你可以不断地提醒学生批判性思维在解决问题和决策当中的重要性。这种不间断的提醒也有助于学生习惯在课堂上批判性地思考,同时,这也许会增加他们将批判性思维应用于课外生活的可能性。

总结和结论

针对整个学期的批判性思维教学,我们主要有五个建议:

1. 针对班级的每个核心主题,为学生提供用以分析或解决的问题。你是否要求学生在课堂内或课堂以外解决这些问题并不重要,重要的是他们有机会批判性地思考这些问题。

2. 通过讲义(纸质或电子版)引导学生发展他们的批判性思维技能。讲义中包含在寻求解决问题和作出明智决策方面你认为特别有效的批判性思维技能信息(例如,考虑多种解释、衡量证据、确定假设的真实性)。

3. 花时间在课堂上将批判性思维技能应用于你给出的主题,以便为学生建立有效的批判性思维示范。你的教学应该让你的学生有机会以你为榜样,观察如何实际运用批判性思维。

4. 你应该把学期开始之前就一直在收集的体现批判性思维（或缺乏批判性思维）的日常例子带到课堂上，并确保这些例子与主题相关。

　　5. 为学生提供大量机会练习正在发展中的批判性思维技能，包括考试和会被纳入评分的作业。对于许多学生来说，如果所学内容不纳入考核，那他们压根儿就不会去学。此外，对你自己看重的课程关键要素进行测试是很有意义的。换言之，你应该用测试的方式让学生知道你所言非虚！

　　对所有大学教师而言，批判性思维能力是学生最重要的学习成果之一。这种能力帮助学生在仔细权衡证据的基础上作出合理的判断。包括其他许多技能在内，受过大学教育的学生应该学会将在课堂上学到的知识用于解决生活中遇到的问题。糟糕的是，作为一项复杂的任务，批判性思维能力往往会受到许多因素的阻碍，包括学生对学习如何作出明智决定所产生的抵触心理。

　　教师应该预想到学生的确会经常抵触批判性思维，并相应地创设课堂学习环境以克服这个障碍。教师应该早早开始教学准备，特别注意在课程的哪个阶段可以加入批判性思维练习并教授批判性思维技能。教师应该从日常生活中收集批判性思维（或非批判性思维）的例子，并设计基于问题的场景，供学生在一整个学期的学习过程中解决。在课程的第一周，教师应明确地将批判性思维作为课程的主要主题，回顾批判性思维的基本原则和批判性思考者的素质，并提供运用批判性思维作出生活中重要抉择的例子。

　　随着课程教学的有序进行，教师应不断将批判性思维融入每周的主题，并为学生提供大量经过精心设计的批判性思维练习。这些练习可以在课堂上完成或作为家庭作业分配给学生课后完成。教授学生成为熟练的批判性思考者的关键在于,不断地为他们提供机会(包括考试等评价性活动)练习正在学习的内容。

虽然学生的智力水平差异很大,但所有学生应该都能学会在某种程度上批判性地思考课堂材料以及日常生活中的决策。大学教师的主要责任是帮助学生挖掘自身潜力,以成为更好的思考者和决策者。本文概述了从入门心理学课程到高阶课程中践行这一责任的一般策略。当然,采用这种策略并不能保证你的学生成为更好的批判性思考者,但确实会增加这种结果的可能性。毕竟,这种可能性是所有教师都希望得到的最好的教学成果——让学生更可能成为受过良好教育的公民。

威廉·布斯克斯特,杰西卡·G.艾恩斯

参考文献

Bensley, D. A. (1998). *Critical thinking in psychology: A unified skills approach*. Pacific Grove, CA: Brooks/Cole.

Buskist, W. (2004). Ways of the master teacher. *APS Observer*, 17(9), 23–26.

Buskist, W., Sikorski, J., Buckley, T., & Saville, B. K. (2002). Elements of master teaching. In S. F. Davis & W. Buskist (Eds.), *The teaching of psychology: Essays in honor of Wilbert J. McKeachie and Charles L. Brewer* (pp. 27–39). Mahwah, NJ: Erlbaum.

Connor-Greene, P. (2006). Problem-based learning. In W. Buskist & S. F. Davis (Eds.), *Handbook of the teaching of psychology* (pp. 70–77). Malden, MA: Blackwell.

Diestler, S. (2001). *Becoming a critical thinker: A user friendly manual* (3rd ed.). Upper Saddle River, NJ: Prentice-Hall.

Fisher, A. (2001). *Critical thinking: An introduction*. New York: Cambridge University Press.

Halpern, D. F. (2003). *Thought and knowledge: An introduction to critical thinking* (4th ed.). Mahwah, NJ: Erlbaum.

Levy, D. A. (1997). *Tools of critical thinking: Metathoughts for psychology*. Boston: Allyn & Bacon.

Perry, W. G., Jr. (1970). *Forms of intellectual and ethical development in the college years: A scheme*. New York: Holt, Rinehart, and Winston.

Riggio, H. R., & Halpern, D. F. (2006). Understanding human thought: Educating students as critical thinkers. In W. Buskist & S. F. Davis (Eds.), *Handbook of the teaching of psychology* (pp.78 – 84). Malden, MA: Blackwell.

Slife, B. D., Reber, J. S., & Richardson, F. C. (2005). Introduction: Thinking critically about critical thinking. In B. D. Slife, J. S. Reber, & F. C. Richardson (Eds.), *Critical thinking about psychology: Hidden assumptions and plausible alternatives* (pp.3 – 14). Washington, DC: American Psychological Association.

Smith, R. A. (2002). *Challenging your preconceptions: Thinking critically about psychology* (2nd ed.). Belmont, CA: Wadsworth.

Stanovich, K. E. (2007). *How to think straight about psychology* (8th ed.). Boston: Allyn & Bacon.

第二部分 评估批判性思维

衡量标准：
批判性思维评估面临的挑战

我是阴差阳错进入批判性思维研究领域的。

在本科阶段，我是那种很典型的一眼看上去就乐于助人的"好学生"。我认为研究方法和统计学是获得真才实学的途中所必须克服的拦路虎。事实上，我本科阶段的导师建议："简，如果你期望进入研究生阶段的学习，起码要假装你喜欢研究。"所以我照做了，但在学术生涯初期，研究对我来说绝不是一件甘之如饴的事。

所以，在我准备进入临床研究时，发现自己竟然非常喜欢教学，这对我来说是一件不可思议的事。我尽量避免和我研究生阶段的朋友谈论这件事，因为这会让他们觉得我愈发古怪。但是，我认为在每周的学术讨论期间做些教学改良来提升学生的学习能力是很有意思的。我对我事实上参与了早期阶段的教学研究这件事浑然不觉。

虽然我尝试了临床研究，但是我非常想念课堂，所以当阿尔维诺学院（Alverno College）在 1981 年以高达 15000 美元的薪资准备聘请我回到课堂时，我感到非常激动。如约履职时，我还没有意识到，我正在为一所将推动高等教育发生翻天覆地变化的大学提供服务。他们很久以前就放弃了传统的评分，转而采用学生表现评估。这完全与我自己关于主动学习的想法不谋而合。

与今天许多优秀的心理学研究生课程相比，我所从事的教学或许学术附加值并不可观。在一学年之后，当阿尔维诺学院的系主任（他本人亦是心理学家和历史学家）给我提供了一个千载难逢的机会时，我作出的回应不甚体面，至少我事后觉得这应该归咎于自己缺乏职业准备。话不多说，在上述的小插曲之后，为了帮助新教师优化批判性思维教学实践，我们将引入几个关键概念：

妙点子 1：当您的院长或系主任要求您做某事时，按下批判性思维的暂停键可能会改变你的人生轨迹。

当时，我所在院系的系主任奥斯汀·多尔蒂（Austin Doherty）召集了一个负责书写拨款申请的团队，以获得高等教育改进基金会（Fund for the Improvement of Postsecondary Education，简称 FIPSE）的支持。他们的目标是针对一石激起千层浪的《国家风险报告》（National Commission on Excellence in Education，1983）提出解决方案，因为该报告得出的结论是：大学和学院都未履行其应有的职责。这种论调听起来应该并不陌生，因为最近探讨高等教育的畅销书《每况愈下：高等教育面临的风险》（*Declining by Degrees*）中也出现了类似主题（Hersch & Merrow，2005）。为了回应批评，阿尔维诺学院召集了四个学科的教师和专家来讨论和推广提升批判性思维课堂教学的策略。系主任让我选择并协调一个由 10 名心理学家组成的团队去往密尔沃基,并讨论哪些策略和框架可以阐明如何最大限度地教导心理学学生进行批判性思考。

在讨论的早期,批判性思维评估开始出现苗头。我记得我们的一位成员戏称自己为批判性思维界的"约翰尼·阿普尔西德"(Johnny Appleseed)。他分享说,他认为自己的角色是"种下批判性思维的种子",这种思维将在学生的职业生涯后期盛放。可悲的是,他本人却为自己无法直接见证劳动成果而感到无能为力。虽然在教学方面我相对算是一名新手,但他的想法让我感觉他缺乏想象,甚至不负责任。为什么我们不能制订可以让我们直接评估的教学策略?我的大部分学术著作都致力于解决这个问题。

当年申请高等教育改进基金会资助的经验后来仍然启发着我的教学实践,并引出妙点子2。来自西卡罗来纳大学(Western Carolina University)的布鲁斯·亨德森(Bruce Henderson)曾在一次热切的讨论当中表示……

妙点子2:为什么要学习心理学?因为学了之后你不至于成为一个糊涂人!

我把这个观察称为心理学的超级结果(überoutcome)。如果对这个陈述进行解构,它会揭示我们在学生身上寻求的最终状态。避免糊涂状态意味着:

- 践行温和的怀疑主义
- 寻求证据支持自己的想法或观点(Halonen & Gray, 2001)
- 理解他人的观点
- 认识到自己并不能完全掌控现实,从中产生适度的谦逊

帮助我们的学生避免成为糊涂人是课堂活动的合理目标。

我们高等教育改进基金会拨款申请团队早期讨论的一个争议性话题，是关于为何要确定批判性思维的完美定义。哲学家认为批判性思考者的特有属性通常表现为个性特征。例如，保罗和埃尔德（Paul & Elder, 2002）提出的关于"深层次意义的批判性思维"（critical thinking in the deep sense）概念就是这种观点的例证。这种全盘肯定或全盘否定的评估方法让我感到不适，因为我个人作为批判性思考者的能力就经常表现得摇摆不定、时有时缺。我更倾向于将批判性思维定义为一系列行为，这就引导我们进入下面的部分。

妙点子3：我们应该把批判性思维视为一种状态，而不是一种特质。

我们拨款申请团队（Halonen，1986）建构的框架目前仍然推动了我自己的大部分课堂教学设计。图3中的模型是针对如何强化批判性思维的基本特征这一问题的。该模型承认，学生进入心理学课堂时，他们在对行

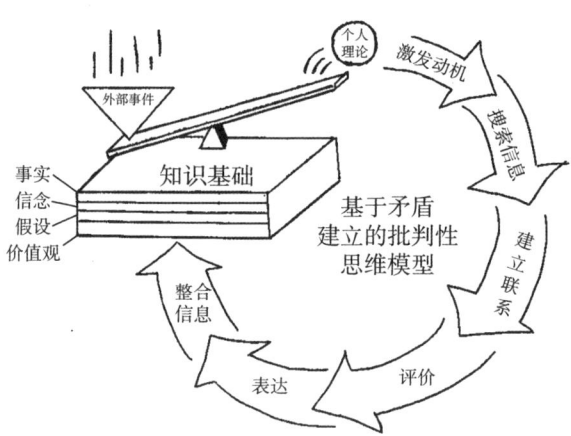

图3 由高等教育改进基金会拨款申请团队提出的批判性思维教学模型①

---

① 引用自 Halonen, J. (Ed.), (1986), *Teaching Critical Thinking in Psychology*, Milwaukee, WI: Alverno College Productions, p.7.

为的理解方面并不是一张纯粹的白纸。他们有一系列认定的事实、信念、假设和价值观,作为他们构建针对行为的个人理论的基础。作为教师,我们提出了我们认为能够也希望能够吸引学生的外部刺激。当外部刺激导致认知失衡时,让学生批判性地参与课堂活动也许是最容易的。认知平衡是皮亚杰(Piaget)很久以前描述的一种力量,它是学习的主要驱动力。让学生在认知上失去平衡,他们将参与批判性思维以恢复认知平衡。

在学生开启心理学学习之旅时,外部刺激需要成为一个巨大的推动力。例如,在最近的课程中,我在班上介绍了早间新闻中播报的一些信息,我相信这将成为课堂讨论的完美外部刺激因素。某个早间新闻团队对吊裆裤进行了激烈的讨论,这种穿衣时尚的要义是保持裤子松松垮垮地荡在腰部以下而不会彻底掉下来。一位新闻播报员自信地总结道:"裤裆越低,智商就越低。"学生们对这位播报员言论之大胆而感到震惊。我们讨论了这一观点的真实性,这是引入"相关性不代表因果关系"重要概念的绝佳方式。当时大家都热情讨论,积极发言,为批判性思维教学模型所预测的思维发展进程奠定了基础。对新闻播报员发表的个人观点提出挑战,应该有助于培养学生更具批判性的思维模式。根据高等教育改进基金会拨款申请团队提出的模型,随着学生批判性思维技能的提高,触发批判性思维的外部事件可能会变得更加细微而不易觉察。

这个模型也激发了我的个人兴趣,让我着迷于从心理学新手到心理学专家的过程(例如,Bosack, McCarthy, Halonen, & Clay, 2004;Halonen, 2003)。分离出一套技能,并描述它从生涩到成熟的发展过程能获得极大的满足感。这种细致的分析能够帮助我明确学生需要获取何种知识和技能。与此同时,也可以鼓励我对这一领域的学习者保持耐心。基于对现状的观察,能够自然引向以下观点……

妙点子 4：批判性思维是有赖于情境的，学科和发展水平都对其有影响。

一些学科常常用独特而深奥的方式定义批判性思维（Halonen，1995）。然而，以直白的方式定义批判性思维也有一定意义。当某所学校找到通俗的语言来表达其对批判性思维的教学期望时，就可以提升课程的实用价值。找到批判性思维的跨学科定义可以达成以下重要结果。

- 连贯的课程设置：当教师阐明一个共同的目标时，教学要素以合乎逻辑的方式组合在一起，并指导课程设计时的合理决策。

- 学生元认知：当我们明确表达对学生学习成果的期望时，学生可以更好地理解我们期望他们达成的目标。如此一来，他们应该能够在就业面试和研究生院竞赛的自我陈述当中脱颖而出。

- 制度认同：当我们提出共同的目标时，就可以促进教学制度形成"品牌"。在后现代高等教育的竞争氛围中，对那些寻求理想院校的学生而言，一个有辨识度的教学品牌更具市场优势。

- 认证成功：当你必须提供有效证据来说明自己符合某学术机构的愿景时，持有共同的目标可以得到认证机构的积极回应。在美国南方学院和大学协会（Southern Association of College and Universities，简称 SACS）对西佛罗里达大学进行的最近一次认证中，我们惊喜地发现，我们的连续评估提案深深地吸引了与会者，这远远超出了我们对积极合作的期望。附录 1 中说明了西佛罗里达大学为对批判性思维进行制度性定义提供的跨学科方法，这为我们的认证团队成功实施评估计划奠定了基础。

妙点子5：即使在心理学中，批判性思维也有多种形式。

即使在心理学学科中，也不是只有一种批判性思维形式。我试图在《批判性思维指南》(*The Critical Thinking Companion*, 1996; Halonen & Gray, 2001)一书中提出的观点是，我们应当在不同的课程中追求不同的批判性思维目标，包括：

- 模式识别
- 解决实际问题
- 创造性解决问题
- 科学解决问题
- 心理推理
- 观点采择

每个过程都有独特的发展道路。例如，如果我们希望学生运用心理学理论来解释行为，我们必须认识到新手在一开始并不会熟练掌握这种技能。他们需要熟悉基本的心理学概念，并认识概念在何时适用，然后观察这些概念如何联系起来，从而根据心理学理论进行更复杂的预测。随着专业知识的增长，他们的理论技能变得更加复杂，包括获得批评现有理论甚至提出新理论的能力。如果我们试图阐明心理学课程中（学生的）能力是怎样得到明显提升的，那么会发现新手到专家的进程可能如下面所示：

概念识别→

概念应用→

理论识别→

理论应用→

理论评估→

理论创造

虽然我从未在任何学术刊物上正式发表过上面的这个进展图,但它源于我与保罗·史密斯(Paul Smith)和阿尔维诺学院的其他同事分享的文章。这个认知进展示意图可与安德森和克拉斯沃尔(Anderson & Krathwohl,2001)最近完成的布卢姆认知分类重组媲美。

然而,作为心理学家,无论我们选择培养什么样的批判性思维,我们仍然面临着如何衡量学生在这个模糊目标下发展程度的挑战。我想提出三类测量策略,首先是下面的第六点。

妙点子 6:学生充满求知的眼神应该能衡量一些东西,即便这从心理测量学的角度来看并不可靠。

测量学生眼中是否"有光"是有力而有意义的,我们可以据此积极跟踪教学反馈。然而,如果我们陷入试图教授该学科所有内容的陷阱(Eriksen,1983),我们则更有可能鼓励学生一直不停地抄写笔记,而不是用心思考。这种情况下,学生会对教师进行细致到头发丝的全面观察,并假装在仔细研读讲义,以免教师在课堂上抽他们来回答问题。虽然学生眼里是否"有光"从正式的评估角度看来显得荒谬,但对于教师的自我激励而言,这是一个必要的策略。

第二大衡量标准是学生表现评估,这种方法已经成为我在学术方面的关注焦点。

妙点子 7:学生表现评估证明了其衡量批判性思维的可行性和价值。

在提出合理的行为描述,表述智力活动在学生从新手到专家的连续思考过程中所扮演的角色方面,谁能比心理学家更能胜任?学生表现评估强调的是,在我们设计的认知任务中期待看到的学生表现,应该以特定行为参数进行描述,并且通常使用一套评判标准进行评估(Trice,2000)。使用评判标准提供了评价者乐意看到的证据,因为与单纯的成绩相比,评判标准对课堂活动的描述更加丰富。但是,有一些指标却与优化学生表现评估策略的结果相关。

要求学生进行课前准备。当代大学生活中最令人沮丧的一个因素是,学生似乎没有多少时间进行课堂准备。我几乎不好意思承认我已经花了25年的时间,在一些非常聪明的女性的帮助下(Connor-Greene,2005;Walvoord,2004)来解决这个问题。我已将她们群策群力的意见纳入附录2,这是我用来激励学生做好课前阅读以及准备课堂讨论意见的策略。无论是阐述应用实例还是提出问题,每个班级的学生都需要提交一张能够证明使用了批判性思维的单页作业纸。虽然我这种作业很容易回顾和评分,但我用了足够长的时间才认识到,当我让学生为自己提交的作业负责时,他们提交的问题质量是我取得的最令人满意的教学回报之一。虽然我对他们的作业进行评分的时间比仅仅将他们完成作业与否简单标记为"完成"或"未完成"(正如我在设计家庭作业时所预期的那样)所需要的时间更长,但这样做的回报就是,因为学生提出的问题质量更高,我们收获了更热烈的课堂讨论。

阐明对学生表现的期望。预先回答"你从这个项目中想要获得什么?"可能会让学生产生更令人满意的表现。正如任何高水平读者都会告诉你的那样,建立和持续应用一套评判标准并不容易。但是当我们提供更明确的指导时,学生会非常专注地回应。附录3包含一些用于绪论课程中沟通作业的实例。

要求学生自我评估。当学生使用了这些自我评判标准之后,他们可以学会很好地评判自我表现,并因承担这项重要职责而有所收获(Dunn,McEntarffer,& Halonen,2004)。我的目标是让学生学会自我导向,因为我无法在他们的余生中持续提供反馈意见。简而言之,向初学者询问他们的项目或测验成绩在哪些方面表现最佳,然后询问如果他们有更多时间,他们会改进哪些方面。通过引入自我评价,学生可以快速学会运用评判标准来提升自身表现。

追求完美(或至少追求进步)。采用以学生表现评估为中心的评估策略还意味着不断修改你的标准,因为学生表现提供了一个反馈环路,你可以依照反馈不断优化评价策略。

学生学习成果的概念已经成为"最佳实践示例"。从那些勇气可嘉的高中教师开始,我们看到各级教育工作者不仅制订了具有开创性意义的《美国国家入门心理学标准》(American Psychological Association,2000),还尝试合作建立学生的学业表现标准。关于这个问题的更广泛讨论,可见邓恩、麦卡锡、贝克、哈洛宁、希尔发表的文章(Dunn, McCarthy, Baker, Halonen, & Hill,2007)。《本科心理学专业指南》(*The Guidelines for the Undergraduate Psychology Major*)(American Psychological Association,2007)已获得美国心理学会批准,并影响了对美国各相关机构实行问责制的要求。社区大学教育工作者开创了一个项目,将本专业不同水平的主要工作联系在一起,以填补《本科心理学专业指南》中关于职业发展的空白(Puccio,2006)。一些临床心理学系主任通力合作,为受过科学训练的治疗师制订胜任标准(Bieschke, Fouad, Collins, & Halonen,2005)。这一系列行动表明,从基础阶段到更高层次的心理学课程都已将学生表现评估纳入其中。

妙点子8:如果你必须对学生群体的表现进行测量,客观的测量选择比比皆是,并且每年都变得更加丰富。

你可能无法通过学生表现评估来解决你在批判性思维教学方面遇到

的问题。如果你必须使用客观的测量方式,有各种可靠的心理测量方法可以为你所用,见附录4。

妙点子9:许多变量可能会影响你对测量策略的选择。

如何选择正确的标准来衡量你帮助学生成为批判性思考者的尝试是否成功?资源、时间、专业知识、学生动机和对测量的内在热情都会影响学院或教师对正式评估策略的选择。不过要记住还有最后一个要点:

妙点子10:衡量批判性思维的难题没有一个完美的解决方案。

图4 学生对批判性思维所涉风险的看法①

无论你选择何种衡量标准,都不能完美地反映学生的真实表现。尽管存在不完善之处,但我们还是不能畏葸不前。心理学研究者和教员们应该抓住目前的问责制环境为我们提供的机遇,成为理解和衡量批判性思维的领航者。

在此分享本文的最后一个想法。我带着这张卡通图(图4)已经20年了。它出自我的一位学生之手,他让我提醒那些正在听我探讨批判性思维的教师和研究者们,学生的心灵是脆弱的。有时候,太过用力创造认知不

---

① 引用自 Halonen, J. S. (1986). *Teaching critical thinking in psychology* (p.165). Milwaukee, WI: Alverno College.

平衡,可能会导致学生心灵受到创伤,因此,我们需要精心制订教学计划,使他们达到最佳的批判性思维水平。

简·S. 哈洛宁

参考文献

American Psychological Association. (2000). *National standards for the teaching of high school psychology*. Washington, DC: American Psychological Association. Retrieved March 17, 2008, from www.apa.org/ed/natlstandards.html

American Psychological Association. (2007). *APA guidelines for the undergraduate psychology major*. Washington, DC. Retrieved March 17, 2008, from www.apa.org/ed/psymajor_guideline.pdf

Anderson, L. W., & Krathwohl, D. R. (Eds.). (2001). *A taxonomy of learning, teaching, and assessment: A revision of Bloom's Taxonomy of educational objectives*. New York: Longman.

Bieschke, K. J., Fouad, N. A., Collins, F., & Halonen, J. S. (2005). The scientifically-minded psychologist: Science as a core competency. *Journal of Clinical Psychology, 60*, 713–725.

Bosack, T. N., McCarthy, M. A., Halonen, J. S., & Clay, S. P. (2004). Developing scientific inquiry skills in psychology: Using authentic assessment strategies. In D. S. Dunn, C. M. Mehrotra, & J. S. Halonen (Eds.), *Measuring up: Educational assessment challenges and practices for psychology* (pp.141–170). Washington, DC: American Psychological Association.

Connor-Greene, P. A. (2005). Fostering meaningful classroom discussion: Student-generated questions, quotations, and talking points. *Teaching of Psychology, 32*, 173–175.

Dunn, D. S., McCarthy, M., Baker, S., Halonen, J. S., & Hill, G. W., III. (2007). Quality benchmarks in undergraduate psychology programs. *American*

Psychologist, *62*, 650 – 670.

Dunn, D. S., McEntarffer, R., & Halonen, J. S. (2004). Empowering psychology students through self-assessment. In D. S. Dunn, C. M. Mehrotra, & J. S. Halonen (Eds.), *Measuring up: Educational assessment challenges and practices for psychology* (pp.171 – 186). Washington, DC: American Psychological Association.

Ericksen, S. C. (1983). Private measures of good teaching. *Teaching of Psychology*, *10*, 133 – 136.

Halonen, J. S. (Ed.). (1986). *Teaching critical thinking in psychology*. Milwaukee, WI: Alverno Productions.

Halonen, J. S. (1995). Demystifying critical thinking. *Teaching of Psychology*, *22*, 75 – 81.

Halonen, J. S. (1996). *The critical thinking companion for introductory psychology*. New York: Worth.

Halonen, J. S., Bosack, T. N., Clay, S., & McCarthy, M. (with Dunn, D. S., Hill IV, G. W., et al.). (2003). A rubric for authentically learning, teaching, and assessing scientific reasoning in psychology. *Teaching of Psychology*, *30*, 196 – 208.

Halonen, J. S., & Gray, C. (2001). *The critical thinking companion for introductory psychology* (2nd ed.). New York: Worth.

Hersh, R. H., & Merrow, J. (Eds.). (2005). *Declining by degrees: Higher education at risk*. New York: Palgrave Macmillan.

National Commission on Excellence in Education. (1983). *A nation at risk: The imperative for educational reform*. Washington, DC: U.S. Department of Education.

Paul, R. W., & Elder, L. (2002). *Critical thinking: Tools for taking charge of your professional and personal life*. Upper Saddle River, NJ: Prentice Hall.

Puccio, P. (January 2, 2006). *Undergraduate psychology major competencies: Start to finish and everything in-between*. Symposium presented at National Institute for the Teaching of Psychology, St. Petersburg Beach, FL.

Trice, A. (2000). *A handbook of classroom assessment*. New York: Longman.

Walvoord, B. E. (2004). *Assessment clear and simple: A practical guide for institutions, departments, and general education*. San Francisco: Jossey-Bass.

附录 1：

批判性思维的通用测量标准（西佛罗里达大学学术基金会，2005 年）

分析/评估	优秀	达标	不合格
应用基于学科的概念和框架			
提出相关及有用的问题			
提出以证据为基础的论点			
应用基于学科的标准来作出明智的判断			
整合恰当的、多样化的信息来源			
准确评估高阶技能的质量			

解决问题	优秀	达标	不合格
恰当地定义问题			
制订基于学科的策略来解决问题			
在选择最有价值的策略时提供理由			
成功应用所选策略			
评估解决方案的质量并进行适当的修改			

创造力	优秀	达标	不合格
描述传统方法			
提出新的解决方案			
解释独特的贡献			
确定评估成功的相关标准			
准确评估创新型解决方案的质量			

(续表)

信息素养	优秀	达标	不合格
识别可接受的材料类型			
执行适当的搜索策略			
使用标准确定原始资料的适宜性			
提供足够多可选择的资源			
评估支撑材料的总体质量			

附录 2:

快速工作表

#1:研究方法

每 12 个学生里有 10 个达到最高分 50 分

课程总分的 1/6

姓名_____

水平:5＝课前准备充分

3＝基本做好课前准备

1＝做了最低限度的课前准备

展示与表达:在流行的新闻或广告中找到一个例子,这个例子须包含有问题的因果关系论证。你将如何使用实验设计来支持或驳斥该观点?

针对本文的问题:

讨论本文内容所得分数:

附录3：

心理学导论荣誉　　　　演讲者_____

演讲标准　　　　　　　话题_____

评论员_____

以下每个标准最多可获得5分。使用以下等级来判断每个标准：

5＝卓越　　　　　　　2＝有严重困难

4＝有一点困难　　　　1＝付出些微努力/获得些微成就

3＝困难中等　　　　　0＝没有成就

在每个标准下方的空白处添加详细信息，以证明你的结论。

有逻辑地组织信息（有重点/准确/符合时间限制）　　　_____

对信息有掌控力；能很好地回答问题　　　_____

能提供研究证据　　　_____

引用特定专家的观点来支持你的观点　　　_____

通过有趣或富有想象力的内容吸引听众　　　_____

适当关注受众的知识水平　　　_____

表达专业（有良好的语法） _____

有效地使用多媒体 _____

（在适当的时候）开展公平有效的合作 _____

准确判断表现的水平；识别优势和劣势 _____

对于未来发展有何建议？

附录4：

批判性思维的客观评估

学术概况（1998）

高等教育评估，教育考试服务（Educational Testing Service，简称ETS）

目标人群：完成大学二年级学业的学生（当然也可用于其他阶段）。

评估形式：评估大学生在人文学科、社会科学和自然科学背景下阅读、写作、批判性思维和数学水平的多项选择测试。简短模式：40分钟内完成36个多项选择题。加长考试模式：2小时30分钟内须完成144个多项选择题。

推理与沟通评估（1986）

大学学业成果测量计划（College Outcome Measures Program）

目标人群：大学毕业生，但也可用于其他阶段的学生。

评估形式：开放式问题模式，要求学生撰写三篇短文和三篇简短的演讲。总分由各分测验分数加上社会推理、科学推理和艺术推理中的部分分数构成。

加利福尼亚批判性思维技能测验：大学水平（Peter Facione，1990）

目标人群：大学生，可能也适用于高水平和有学术天赋的高中阶段学生。

评估形式：多项选择，包括解释、论证分析和评估、演绎、脑筋急转弯、归纳（包括基本统计推断）。

网站：http://www.insightassessment.com/test-cctst.html。

加利福尼亚批判性思维倾向问卷（Peter & N.C. Facione，1992）

目标人群：大学生、成人、专业人士。

评估形式：用于评估批判性思维倾向的多项选择题。可能对自我评价有用，用于研究的话需要提供匿名信息。

网站：http://www.insightassessment.com/test-cctdi.html。

康奈尔批判性思维测验：X & Z 模式（Robert H. Ennis & Jason Millman，1985）

目标人群：模式 X：4—14 年级；模式 Z：大学生和成人，也可能适用于高水平或有天赋的高中学生。

评估形式：模式 X：多项选择题，选项关于归纳、可信度、观察、推理和假设识别；模式 Z：多项选择题，选项关于归纳、可信度、预测和实验计划、谬误（特别是模棱两可的谬误）、推理、定义和假设识别。

网站：http://www.criticalthinking.com/getProductDetails.do? code=c & id=05512。

剑桥思维技能评估(1996年)

目标人群:高校学生。

评估形式:包含两部分,30分钟内须完成的15道针对论点评估的多项选择题和1小时的论文测试,要求对论点进行批判性评估并进一步论证。

网站:http://tsa.ucles.org.uk/index.html。

批判性思维访谈(Gail Hughes & Associates,1998)

目标人群:大学生和成人。

评估形式:针对受访者话题选择中表现出来的知识水平和推理能力,进行大约30分钟的一对一访谈,重点关注受访者表达的清晰度,具体语境的分析能力,重点是否清晰,内容的可信度,内容来源,对主题的熟悉程度,假设识别,适当使用推理策略进行概括的能力,是否能推理出最佳解释,演绎推理,价值推理和类比推理。

批判性思维测试(1989)

目标人群:可能适用于其他阶段,但最好请学生在大学二年级结束时完成。

评估形式:基于文本阅读的多项选择题,内容关于识别结论,判断前后是否一致,逻辑是否严密;判断支持的立场,理由的强弱和数据代表性;作出预测;注意到其他替代方案;对人物的想法提出假设。

恩尼斯-维尔批判性思维论文测试(Robert H. Ennis & Eric Weir, 1985)

目标人群:通用。

评估形式:包含获取观点,识别原因和假设,陈述观点,提供充分理由,看到其他可能性(包括其他可能的解释),以及回应和避免模棱两可的情况、不相关的情况、循环论证、颠倒条件—结果关系（或其他条件性关系）、过度概括、可信度问题、使用情绪化语言来论证的情况。

网站：http://faculty.ed.uiuc.edu/rhennis/tewctet/Ennis-Weir_Merged.pdf。

国际思维评估中心批判性思维论文测试（1996）

国际思维评估中心（International Center for the Assessment of Thinking 简称ICAT）

目标人群：通用。

评估形式：提供八个标准（可以向学生提前展示，也可由经过培训的评分者使用，对学生进行评分）。学生通过撰写总结文章，确定其重点并评论其优势和劣势来回应现有论点（由测试管理员选择）。

网站：http://www.criticalthinking.org/about/internationalCenter.shtml。

学术水平和进步的衡量标准（Measure of Academic Proficiency and Progress，简称MAPP）

教育考试服务

目标人群：大学生（对通识教育评估特别有帮助）。

评估形式：它允许学校或研究机构衡量阅读、写作、批判性思维和数学的熟练程度；无须单独测试和多次管理。阅读和批判性思维是在人文学科、社会科学和自然科学背景下进行衡量的。

网站链接：http://www.ets.org/portal/site/ets/menuitem.1488512 ecfd5b8849 a77b13bc3921509/？ VGNEXToID＝FF3AAF5E40DF4010V GNVCM100000 022F9519RCRD

反思判断方法

明尼苏达大学

目标人群：通用。

评估形式：逻辑错误分析。

日常推理测试(Peter Facione，1998)

目标人群：通用。

评估形式：源自加利福尼亚批判性思维技能测验(上文已列出)，同时增加了理由选项。多项选择测试。

沃森-格拉泽批判性思维评估(Goodwin Watson & E. M. Glaser，1980)

目标人群：通用。

评估形式：多项选择题，选项关于归纳，假设识别，推理，判断结论是否超出合理怀疑范畴，评估论点的可行性、合理性和学生反应的现实性。根据被判定为有效的回答数量(从0到4)进行评分，得到子测试总分，加上在社会推理、科学推理和艺术推理各部分的分数。

网站：http://harcourtassessment.com/haiweb/cultures/en-us/productdetail.htm? pid=015-8191-013。

改编自伊利诺伊大学(University of Illinois)罗伯特·H. 恩尼斯(Robert H. Ennis)编写的思维测试注释列表。

http://www.criticalthinking.net/CTTestList1199.html [75,76]

批判性思维的程序化评估

评估批判性思维是一项艰巨的任务,因为这一概念本身难以定义。在对批判性思维的程序化评估中,我们努力评估该概念的不同成分。我们的方法类似于盲人摸象的寓言故事(Saxe, 1878)。这个寓言中,一群盲人在一起触摸一头大象的身体,每个人触摸到大象身体的不同部位,因此对大象产生了不同的印象。例如,其中一名男子触摸了长而尖锐的牙齿,这个人确信大象就像一把长矛。触摸大象身体一侧的人确信大象就像一堵墙。触摸躯干、腿、耳或尾的人坚持认为大象分别类似于蛇、树、扇子或绳子。根据寓言,当这些盲人争论大象的真实本质时,每个人都坚称自己才是对的,没有意识到其他人对大象的其他描述也是准确的,只是他们说的是大象身体的不同部位而已。如果这些人彼此合作并根据彼此的经验将大象的图像拼凑在一起,他们就会创造出更准确的大象形象。

从这个寓言可以学到的是,对某个概念的多维测量要好于单维测量(Campbell & Fiske, 1959)。虽然批判性思维难以定义,但我们可以尝试通过评估其不同组成部分来准确地衡量它。具体而言,我们尝试通过不同的工具评估学生在不同时间的批判性思维能力,以此来进行准确的测量。

在本文中,我们将研究如何在学生的不同教育阶段评估批判性思维。

詹姆斯·麦迪逊大学的评估文化

詹姆斯·麦迪逊大学拥有独特的评估文化(Stoloff, Apple, Barron, Reis-Bergan, & Sundre, 2004)。作为校规的组成部分,该校每年都会对所有课程(包括非学术课程)进行有效性评估。除了收集每年的评估数据,教师也会使用评估数据来为部门决策提供意见。

为了便于系统分析,我们选择在学生学业生涯的三个阶段对他们进行评估:大一开学时,学业中期时和大学学业结束时。第一次学生评估选在新生正式开始学习课程之前。而到了大学二年级或三年级,学生会在特定的评估日完成他们的中期学业评估:每年2月中旬的某一天,学生不需要上课,可以利用这天完成评估。前两个评估侧重于学生对通识教育学习目标的掌握。最后,高年级学生在评估日完成院系评估(departmental assessments)。高年级评估侧重于学生对专业学习目标的掌握。

通识教育中的批判性思维评估

与大多数美国大学一样,詹姆斯·麦迪逊大学提供所有本科学生都必须完成的核心课程,无论他们的专业、辅修科目或职业预科课程是什么。教师将通识教育课程安排成课程包,分为五个教育主题,这些主题为学生接受良好的教育打下了基础。

- 第一组:21世纪的必备技能(3门课程)

- 第二组：艺术与人文（3门课程）
- 第三组：自然世界（3—4门课程）
- 第四组：社会和文化进程（2门课程）
- 第五组：人类社会中的个人（2门课程）

我们基于第一和第三组的课程进行批判性思维评估。在詹姆斯·麦迪逊大学的评估文化背景下，我们能够从进行通识教育的同事收集的数据中受益。第一组课程设置的目的很明确，是为了教授批判性思维（21世纪的必备技能），所有学生必须参加5门课程中的一门课程。这套课程的评估计划一直在不断改进。多年来，教师们一直使用着差强人意的各种标准化测试，例如康奈尔批判性思维测验的模式Z（The Critical Thinking Company，n.d.）。自2005年以来，教师一直在使用批判性思维综合测试（Comprehensive Test of Critical Thinking，简称CTCT；James Madison University，Center for Assessment and Research Studies，2006），这套测试由詹姆斯·麦迪逊大学的哲学系教师开发，专门研究批判性思维。他们设计这项测试以探讨学生对观点、可信度、结论、证据和论证的理解。批判性思维综合测试包含55个与第一组课程学习目标相关的多项选择题。该测试的克隆巴赫系数（Cronbach's alpha）为$\alpha=.66$（2005年秋季）和$\alpha=.70$（2007年春季）。2005年秋季开始上课前完成此项测试的学生（$M=27.6$，$SD=5.72$），系数明显低于2006年春季期间完成测试的学生（$M=29.8$，$SD=6.12$），$t(888)=5.51$，$p<.001$。批判性思维分数的增加可能归因于学生自詹姆斯·麦迪逊大学开学以来完成的课程。学校的评估和研究中心将相关数据分享给了批判性思维课程的教师，研究中心还对相关数据作了详细分析，指出哪些课程中学生可能需要更多帮助，或者哪些课程需要调整以便更好地介绍批判性思维的核心概念。

除了第一组课程的数据,我们还受益于同事收集的第三组课程(自然世界)的数据。我们的立场是,批判性思维和科学推理至少是相关的,科学推理的改进在某种程度上提升了批判性思维,而且对学生科学推理能力的测量可以告诉我们学生批判性思维能力的相关信息。我们认为,詹姆斯·麦迪逊大学心理学专业的学生,其批判性思维能力之所以能够提高,不仅是因为学校开设了关于批判性思维知识、技能和能力(Knowledge & Skill & Ability,简称 KSA)的通识教育课程(即,第一组关于 21 世纪必备技能的课程),也是由于开设了关于科学推理知识、技能和能力的课程(即第三组与自然世界相关的课程)。据此推论,我们也可以使用测量工具评估学生的科学推理能力,以此作为衡量学生批判性思维能力的指标。

第三组自然世界(Natural World,简称 NW)课程主要包括数学课程和科学课程,以培养学生的定量研究能力和科学素养。通识教育计划旨在为所有学生提供基础的知识、技能和能力。学生还可以从他们的主修专业、辅修专业和职业预科课程中获得更专业的知识、技能和能力。

自然世界课程评估工具由 50 个客观问题组成。随着评估工具的不断改进,其信度在稳步提高。我们的评估专家选择早期实践中的最佳评估项目修订成了第五版(简称 NW-5)。NW-5 的信度是目前为止最好的,大学新生 $a=.67$,大学二年级学生 $a=.75$(Horst, Lottridge, Hoole, Sundre, & Murphy, 2005)。

为了检验心理学专业学生的科学思维,我们研究了心理学专业两次 NW-5 测试的表现:2001 年秋季(大学生涯初始)评估测试和 2003 年春季(学业中期)评估测试。41 名心理学专业的学生在 2001 年秋季完成了 NW-5 测试,70 名心理学专业学生在 2003 年春季完成了 NW-5 测试。有 22 名同学是参与了这两次测试的,因此我们能够观察单一组(只参加过一次测试)和重复组(同时参与了两次测试)学生在不同学业阶段成绩的差异。

图 5 显示了 NW-5 测试的数据汇总。50 项测试的每个正确答案均代表 2 分,学生可以获得 0—100 分之间的分数。

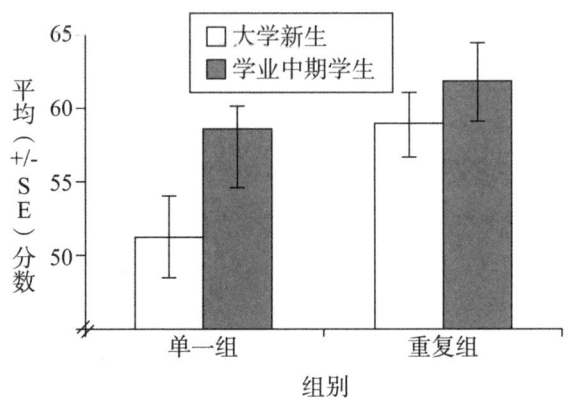

图 5　大学新生和学业中期学生 NW-5 测试的平均得分①

图 5 中,左边一组条形图反映了单一组心理学专业新生或学业中期学生参加测试的平均分数,右边一组条形图则反映了重复组学生参加测试的平均分数(总结的是同一批人在不同阶段的差异)。在这两种情况下,处在学业中期的学生表现均优于大学新生,单一组的独立样本 t 检验证实了这种能力差异:$t(65)=-2.49, p=.015, d=.68$。但从受试人群更少的重复组测试中,针对他们在不同阶段测试分数的 t 检验未能确认统计学意义上的显著性差异,具体数值为:$t(21)=-.99, p=.33, d=.25$。

学业中期的学生得分显著提高,这一结果与詹姆斯·麦迪逊大学心理学专业学生在前两年科学推理能力的提升保持一致。但是,有几点需要注意。首先,这种差异仅对单一组有意义,重复组的数据未能体现统计学意

---

① 图中的 SE 是 Standard Error 的缩写,统计学概念,指"标准误"。

义的显著性差异(尽管这可能是因为样本量较小,$n=22$)。其次,除了科学推理技能提升以外,有很多原因可能导致学业中期学生的批判性思维能力更强(例如,学生身心日臻成熟,完成的课程数量逐渐增多,科学和数学能力最差的学生已退学)。

虽然无法证实统计学意义上的显著改善,但重复组数据仍体现了积极的变化。同时,单一组学业中期学生的分数高于新生的分数。这些事实验证了一个假设——詹姆斯·麦迪逊大学心理学专业学生的科学推理能力确实在大学前两年有所提高,这种能力的提升在低($d=.25$)到中等($d=.68$)幅度之间。此外,鉴于科学推理与批判性思维相关,这些数据支撑了如下论断——我们学生的批判性思维技能在大学前两年时间内得到改善。

与使用批判性思维综合测试的数据一样,教授自然世界通识课程的教师从自然世界课程评估工具中获取数据。他们利用这些信息对课程作出改进,以更好地满足学生在该领域的需求。此外,教师继续改进科学推理能力的评估工具。目前,教师正在研发第八版的自然世界课程评估工具。

总体而言,目前的数据令人鼓舞,我们认为这些基于通识教育的评估是有教育意义的。批判性思维不仅仅属于心理学的范畴,从一定程度上而言,其他大学课程中遇到类似问题时,这些评估结果也可以提供有意义的参考。着眼于超越心理学课程之外的大局,我们可以更全面地了解心理学学生的知识、技能和能力。此外,可以使用更一般性的测试来检查心理学课程的特定组成部分。例如,自然世界课程评估工具可能适用于在统计和研究方法课程开始前和完成后评估学生的技能。因此,这一工具虽然用于评估一般技能,但也适用于评估心理学的特定技能。

评估心理学专业学生的批判性思维

除了评估参与通识教育课程的心理学学生的批判性思维能力以外,我们还在学生本科学习结束时测试他们的批判性思维。一些高级评估侧重于心理学专业学生的知识、技能和能力。我们用于评估的测试工具侧重于评估心理学专业学生的批判性思维以及其他重要的学习目标和结果(Halonen et al.,2002)。

使用行为检查表评估批判性思维

学术技能—经验量表(Academic Skills-Experience Inventory,简称ASI;Kruger & Zechmeister,2001)测量了与心理学专业和通识教育目标相关的10个技能领域。每个技能领域有9个问题,因此整个测试由90个问题组成,每个问题都描述了一个特定的行为。学生必须在"适用于我"或"不适用于我"两个选项中二选一。虽然这个由90个问题组成的评估测试题目列表看上去比较冗长,但学生能够快速完成,因为他们只需针对每个问题作出"是"或"不是"的选择。

批判性思维/解决问题技能也是10个技能领域之一。批判性思维技能测试包括3个部分:评估研究,评估成本、收益,以及在作出决策时将人的偏见考虑在内。每个部分都有3个相关问题。例如,与评估研究相关的问题之一是:"我已经针对已发表的研究报告进行了批判性评价。"这个评估量表的可能范围是0—9,数字越大表示学生参与了更多活动。克鲁格和切赫梅斯特(Kruger & Zechmeister,2001)报告,根据他们的教育经历,大四学生在批判性思维项目上的得分显著高于大一新生。

我们发现这种评估工具有助于测量批判性思维技能,原因有如下几个。首先,我们能够将我校大四学生的批判性思维分数与其他学校的学生进行比较。根据克鲁格和切赫梅斯特(Kruger & Zechmeister,2001)的文章,我们了解到詹姆斯·麦迪逊大学的心理学高年级学生($M=4.91, SD=1.67$)与芝加哥洛约拉大学(Loyola University of Chicago)的学生反映出类似的批判性思维体验($M=4.59, SD=2.06$),$t(232)=0.41, p>0.05$。其次,我们能够检测出专业课程上的调整变化是否会对学生的批判性思维技能分数产生影响。我们近期修改了心理学课程设置。由于我们已经使用学术技能—经验测试多年,我们能够判断专业课程计划的调整是否会影响学生的批判性思维分数。因为目前还只是新专业开设的第一年,现在判断新课程是否会增加学生的批判性思维经验还为时过早。但是,我们确实制订了评估策略来衡量可能发生的任何变化。

通过学生的反思来评估批判性思维

2002年,针对本科心理学专业的学习目标和成果,本科心理学专业能力工作组发布了他们提出的建议(Halonen et al.,2002),该工作组是由美国心理学会教育事务委员会任命的。具体而言,工作组提出了10个目标清单,以反映学生在完成心理学本科学业后应达到的目标。其中最值得注意的是将目标3(批判性思维)纳入本科学习的10个重要目标之一。

简·哈洛宁曾担任本科心理学专业能力工作组主席和詹姆斯·麦迪逊大学心理学系主任,她与我们的评估委员会商讨并与之合作,开发出一种可用来衡量学生10个目标达成情况的评估工具。这一挑战促成了美国心理学会本科学习目标自我反思练习的发展,其中具体采用了多种方法

(Creswell，2002)，使我们能够收集10个目标中每个目标的定量和定性数据。我们为学生提供了每个目标的简要定义以及与该目标相关的学习成果示例列表。然后，为了获得定量数据，学生们评价了他们目标达成的程度，并评估了他们认为詹姆斯·麦迪逊大学的本科心理学课程提供实现目标机会的程度。随后，为了获取定性数据，我们要求学生提供开放式反馈，解释他们之前为每个目标所做的定量式评价，并列出自身实现这一目标所需要的经验或建议。(有关美国心理学会目标自我反思练习的一般指导原则，请参阅附录1；有关如何向参与者展示批判性思维目标，请参阅附录2。)

根据自我评估的定量数据，学生们普遍认为他们已经实现了目标3(批判性思维)。具体来说，2004年($M=4.38, SD=.76$)受试的学生和2005年($M=4.19, SD=.77$)受试的学生对第一个问题("我认为我实现了这个目标")的评分非常高。同样，学生对第二个陈述的评分("詹姆斯·麦迪逊大学的心理学课程提供了实现这一目标的机会")也很高。总之，2004年($M=4.17, SD=.95$)和2005年($M=4.10, SD=.85$)的学生评分是一致的。

我们应该注意到，学生没有像对目标3(批判性思维)那样对所有10个目标作出好评。因此，我们根据学生在其他目标上较低的评分对本科阶段课程作出了调整。我们在总课程中添加了新课程，以帮助学生实现那些他们评价较低的目标。除了强调课程的哪些方面需要改进之外，每年针对美国心理学会学业目标的自我反思练习进行评估的另一个好处是，我们可以使用定量数据来追踪该教育计划的调整是否在随后的几年中按照预期提高了学生的评分。

此外，美国心理学会自我反思练习的定性数据使我们深入了解我们的课程如何影响每个目标的学习，如目标3(批判性思维)。在对开放式数据进行编码时，我们遵循约翰·W. 克雷斯韦尔(John W. Creswell, 2002)的建议,首先阅读文本,将文本划分为更有意义的片段,用一两个单词编码每个文本片段,并将编码数量减少为只剩下主题。在我们第一次对目标3(批判性思维)的数据进行类似的文献梳理时,我们特别注意了一个趋势,即对我们院系促进学生批判性思维能力的教学,学生的评价究竟是积极的、消极的,还是毁誉参半的。例如,

- 积极评价——"我认为詹姆斯·麦迪逊大学总能让你思考。很多情况下,你必须提出自己的想法。我认为211号研究项目就是一个很好的例子。我也喜欢我的第400号课程!我修的497号课程使我的思考能够不落俗套,并与全班同学分享我的想法。"

- 消极评价——"在我选择的课程中,这些(批判性思维的相关)问题并没有经常出现。我参与的很多课程并没有要求我创造性地思考,而且我不觉得这些课程的教师对学生提出批判性论点持鼓励态度。"

- 毁誉参半的评价——"有些课程对此很有帮助,有些课程要求我做的批判性思考很少(更多情况下通过死记硬背便可取得高分)。"

为了衡量定性数据的影响,我们测出了以上三类评价出现的频率。2004年,67%的评价为正面的,9%为负面的,24%为毁誉参半的。2005年,这一评价比例并未发生明显变化,其中66%的评价是正面的,10%为负面的,24%为毁誉参半的。

接下来,我们查看了定性数据更详细的代码列表和主题。从学生的开放式回应中可以看出七个清晰的主题,反映了批判性思维在专业以及课程设置中(不)经常出现的场合。这七个主题分别是:特定的心理学课程(例如,研究方法),特定的课堂形式(例如,课堂讨论),特定的课堂作业或活动

(例如,写作或实验室项目),特定的教授方式,一般的心理学课程,其他非心理学课程(例如,哲学),或机会的缺乏。表1列出了我们2004年和2005年样本中每个主题出现的频率。与促进批判性思维相关的,最常被引用的主题是特定的心理学课程和特定的课堂作业或活动。詹姆斯·麦迪逊大学促进批判性思维的心理学课程是基于圣玛丽模型设立的(St. Mary's Model, Brewer et al., 1993)。学生通过入门心理学的基础课程开始学习,接下来是统计学和研究设计的方法论课程,然后是具体的内容课程,最后是高阶课程。虽然学生们提到教师在课程的各个阶段都提倡批判性思维,但其中最为突出的两个阶段是方法论课程和高阶课程阶段(见表2)。同样值得注意的是,学生也提到了特定的课程形式。学生注意到,培养批判性思维的最好方式是课堂讨论,而不是教师讲授。例如,一名学生注意到:

> 我觉得我参与的很多课程并未提供机会让学生批判性思考。很多课程只是要求学生坐在报告厅做笔记,并进行多项选择测试。不过,我非常喜欢我现在的高阶研讨课程,因为我们可以讨论并表达想法和意见。

表1 学生开放式回应中与批判性思维相关主题的编码频率

	2004 年	2005 年
特定的心理学课程	28%	26%
特定的课堂形式	12%	13%
特定的课堂作业或活动	17%	27%
特定的教授方式	9%	10%
一般的心理学课程	14%	15%
其他非心理学课程	12%	2%
机会的缺乏	9%	6%

表2　学生开放式回应中与批判性思维相关的特定课程的编码频率

	2004 年	2005 年
较低级别的选修课	0%	8%
方法论课程	31%	30%
分支学科课程	14%	16%
高级选修课	24%	11%
高阶课程	31%	35%

最后,许多学生强调非心理学课程(特别是哲学课程和通识教育的第一组课程)是提升他们批判性思维技能的关键。这说明了使用通识教育课程培养学生批判性思维的重要性。

我们还在学生的开放式回应中得到了一些意想不到的有趣发现。例如,学生通常专注于创造性思维。虽然我们最初认为学生误读了目标3并且混淆了"创造性"和"批判性"这两个标签,但我们很快意识到美国心理学会目标3的定义确实同时强调了批判性思维和创造性思维(见附录2),并且我们的学生确实认真考虑了评估工具里提供的定义。然而,当我们讨论批判性思维是什么(而不是什么)时,我们需要仔细考虑我们的衡量标准是否符合美国心理学会的批判性思维学习目标,或者是否需要修改批判性思维的学习目标定义以符合批判性思维的最佳评估方法。另一个有趣的发现是,一名学生评论:"我被告知要批判性地思考,但没人告诉我具体该怎么做。"这表明我们的教学可能过于抽象,或者集中在批判性思维的术语而不是批判性思维的实践上。最后,我们很惊讶地发现,许多学生要求课程难度加大,更具挑战性,以促进他们批判性思维能力的提升。

总之,我们的开放式定性数据提供了一个"秘诀",用于优化心理学课程中的批判性思维教学,这一"秘诀"看上去相对直白:

- 以课堂讨论为基础(而非教师讲授为基础)
- 通过写作、小组项目和研究论文评估等形式(而不是多项选择测试)使课程建立在活动基础上
- 像教授一样示范批判性思维方式,并要求学生也这样做

但是,其中一些实践需要时间、资源和相关培训。我们如何平衡我们的教师角色并同时提升批判性思维教学？我们定义以及评估由本科心理学专业能力工作组提出的美国心理学会10个学习目标,最终目的在于呼吁行政部门提供更多资源,而这些资源是优质教育和实现10个目标的必要条件。

批判性思维评估的建议

在詹姆斯·麦迪逊大学,我们通过各种手段评估批判性思维。心理学以外学科的教师负责评估通识教育课程中的批判性思维技能。通过詹姆斯·麦迪逊大学的共享数据,我们能够从测量相同概念的不同方法中受益。或许,来自其他学校的教师可以将本校其他院系对批判性思维的评估融入他们的课程计划。

即使在我们院系自己开展的评估中,我们也会采用多种测量方式评估批判性思维。我们已经通过行为核查表和自我反思练习获得了有用的信息。这些评估工具易于管理。没有设立正式评估日的学校可以将这些评估工具嵌入高级课程。

虽然我们的测量方法是多方面的,但我们意识到这仍是有限的。我们可以评估心理学课堂中的批判性思维。许多同事使用写作作业、考试题目

和项目对一种或多种批判性思维技能进行评估。我们可以随机选择任务和项目样本,并对其成果进行回顾,将其作为判断学生批判性思维技能的证据。另一种策略是将批判性思维写作活动作为评估日活动的一部分,所有学生都参与其中。从理论上讲,这些方法似乎很有前景,但实际上它们可能存在问题。寻找合适的教师来回顾和评估这些作业或许是一个挑战。

另一个值得用作未来评估计划的策略可能是标准化的批判性思维测试,这类测试不是针对特定学科内容的。目前有各种适合大学生参与的测试,每种测试都涵盖不同的批判性思维技能。有些测试只是多项选择,还有些测试包括论文写作部分(Norris & Ennis, 1989)。对我们专业发展而言,这种方法的限制在于所用评估工具的成本。目前,我们每年约有 225 名毕业生,支付评估工具的费用很高。我们鼓励读者权衡每种策略的利弊,并查阅网络上可用的其他资源,例如美国心理学会教育理事会提供的本科心理学专业学生的学习目标和成果评估网络指南(http://www.apa.org/ed/guidehomepage.html),或通过其他读物来获取信息(例如,Halonen et al., 2003)。

结论

与本文导言中提到的盲人摸象寓言中的盲人不同,我们并不会对"大象"的雄伟整体视而不见。我们评估批判性思维的方法只考察了批判性思维的部分成分,我们并不急于得出结论,也不敢贸然认定我们已经完全定义或理解了批判性思维的方方面面。相反,我们使用有限但有价值的信息向教师和管理部门报告我们计划的优缺点。评估信息提供了关键证据帮助我们的部门负责人向上级争取额外的资金和资源。我们还利用我们对学生反应的了解,与当代大学生讨论特定类型课程的价值,并向他们介绍美国心理学会的 10 个学习目标。我们的评估计划是动态的,并且不断受到部门需求以及材料成本、学生群体规模和教职员工精力的影响。评估批判性思维本身并不容易,但我们乐于尝试这一挑战。

凯文·J. 阿普尔,雪莉·L. 赛迪科夫,

莫妮卡·J. 雷斯-伯根,肯尼思·E. 巴伦

参考文献

Brewer, C. L., Hopkins, J. R., Kimble, G. A., Matlin, M. W., McCann, L. I., McNeil, O. V., et al. (1993). In T. V. McGovern (Ed.), *Handbook for enhancing undergraduate education in psychology* (pp. 161 - 182). Washington, DC: American Psychological Association.

Campbell, D. T., & Fiske, D. W. (1959). Convergent and discriminant validation by the multitrait-multimethod matrix. *Psychological Bulletin*, 47, 15 - 38.

Creswell, J. W. (2002). *Educational research: Planning, conducting, and evaluating quantitative and qualitative research*. Upper Saddle River, NJ: Merrill/Pearson.

The Critical Thinking Company. (n. d.). *Cornell Critical Thinking Test Level Z Software*. Retrieved July 27, 2007, from http://www.criticalthinking.com/getProductDetails.do? code=c & id=05511.

Halonen, J. S., Appleby, D. C., Brewer, C. L., Buskist, W., Gillem, A. R., Halpern, D., et al. (Eds.). (2002). *Undergraduate major learning goals and outcomes: A report*. Washington, DC: American Psychological Association. Retrieved May 1, 2005, from http://www.apa.org/ed/pcue/taskforcereport2.pdf.

Halonen, J. S., Bosack, T., Clay, S., & McCarthy, M. (with Dunn, D. S., Hill IV, G. W., et al.). (2003). A rubric for learning, teaching, and assessing scientific inquiry in psychology. *Teaching of Psychology*, *30*, 196 – 208.

Horst, S. J., Lottridge, S., Hoole, E., Sundre, D. L., & Murphy, K. (2005). *Spring 2003 cluster 3 assessment report*. Harrisonburg, VA: James Madison University, Center for Assessment and Research Studies.

James Madison University, Center for Assessment and Research Studies. (2006). *Spring 2006 cluster 1 assessment report*. Harrisonburg, VA: James Madison University, Center for Assessment and Research Studies.

Kruger, D. J., & Zechmeister, E. B. (2001). A skills-experience inventory for the undergraduate psychology major. *Teaching of Psychology*, *28*, 249 – 253.

Norris, S. P., & Ennis, R. H. (1989). *Evaluating critical thinking*. Pacific Grove, CA: Midwest Publications.

Saxe, J. G. (1878). The blind men and the elephant. In W. J. Linton (Ed.), *Poetry of America: Selections from one hundred American poets from 1776 to 1876* (pp.150 – 152). London: George Bell & Sons.

Stoloff, M., Apple, K. J., Barron, K. E., Reis-Bergen, M. J., & Sundre, D. A. (2004). Seven goals for effective program assessment. In D. Dunn, C. Mehrotra, & J. Halonen (Eds.), *Measuring up: Assessment challenges and practices for psychology* (pp.29 – 46). Washington, DC: American Psychological Association.

附录1：

美国心理学会心理学专业学习目标的自我反思练习指南

美国心理学会心理学专业学习目标的自我反思练习

说明

在本次评估中，心理学本科项目组要求你反思你在詹姆斯·麦迪逊大学心理学专业的学习经历，有两个目的：

- 为心理学课程提供真实的反馈，以帮助我们改进未来学生的课程。

- 让你有机会在毕业前整理这段有意义的学习经历。

具体来说，我们希望你对美国心理学会最近确定的本科心理学的10个学习目标作出判断。对于每个学习目标，你将看到一个简短的定义，然后列出可以实现这一目标的方法。然后，我们要求你：

- 判断你是否认为自己已实现这一目标。

- 判断你是否认为詹姆斯·麦迪逊大学的本科心理学课程为你实现这一目标提供了机会。

- 提供开放式反馈，解释你的前两个评级。

在开放式反馈中，请表达你认为最有意义的内容，无论是积极的还是消极的。你还可以为课程提供建议，帮助未来的学生更加成功地实现学习目标。

附录 2：

目标 3 的示例以及需评估的定量和定性问题

目标 3　心理学中的批判性思维技巧

学生能尊重并使用批判性和创造性思维，持怀疑态度地进行探究，并在可能的情况下，采用科学方法来解决与行为和心理过程相关的问题。例如，达到此目标的学生应该能够：

- 有效地运用批判性思维。
- 运用创造性思维。
- 使用推理来识别、形成、辩护和反驳论点及其他有说服力的申诉。
- 有效地解决问题。

	强烈反对	非常赞同
1. 我认为我实现了这个目标。	1—2—3—4—5	
2. 詹姆斯·麦迪逊大学的心理学课程提供了实现这一目标的机会。	1—2—3—4—5	

3. 在下面的空白处，提供你上述两个评级的理由。例如，列举帮助你实现此目标的学习经历，并为我们提供建议，以便我们更好地帮助学生实现此目标。

作者说明

我们感谢卡拉·马卡拉(Kara Makara)和香农·威利森(Shannon Willison)为本文的数据分析提供帮助。我们也感谢詹姆斯·麦迪逊大学评估和研究中心的唐娜·桑德(Donna Sundre),苏·洛特里奇(Sue Lottridge)和艾米·特尔克(Amy Thelk)提供通识教育的评估数据。同时,感谢简·哈洛宁对这个项目的支持。

本文读者来信请寄凯文·J. 阿普尔,地址:Department of Psychology, MSC 7404, James Madison University, Harrisonburg, VA22807。电子邮件发送至:applekj@jmu.edu。

用过程导向的方法批判性地思考复杂概念

作为教师,我们花费大量时间来给概念下定义,并讨论如何使用日常用语来解释学科中的复杂概念。学生善于记忆考试中会出现的定义,许多人可以根据自身经验举出概念的具体例子。然而,当学生被要求应用新概念完成练习时,他们往往疲于应付。很明显,他们对这些概念的理解是肤浅的。教授心理学概念的挑战之一是,许多我们在心理学中使用的术语和在日常用语中的表述大相径庭。另一个挑战是,在心理学文献中,概念可能有多个定义,或者在许多情况下,概念可能在根本没有定义的情况下使用。学生如果要学习心理学中的新概念,就必须了解教师是如何使用概念并将定义纳入其概念图式中的。本文的目的是描述我们成功克服这些挑战和培养批判性思维技能的方法。我们将概念测量作为一种工具,从而使学生可以更深入地理解概念,并培养批判性思考的认知技能。

和我们在心理学中教授的许多概念一样,批判性思维可以通过多种方式加以理解(Appleby,2006;Halonen,1995)。为达到本讨论的目的,本文将采用阿普尔比(Appleby)对批判性思维的定义,该定义侧重用于做决策的认知技能(Appleby,2006)。基于布卢姆(Bloom)认知领域教育目标分类法(转引自 Appleby，2006)，阿普尔比提出批判性思考者的六项技能，包括记忆(记忆能力)、理解(理解意义的能力)、应用(利用所学知识解决问题的能力)、分析(审视和理解部分如何组成整体的方式)、综合(使用单独的组成部分创建新整体的能力)和评估(为了评估有效性而对信息进行判断的能力)。这六项技能反映了思维和知识由浅到深的不同水平。

用过程导向的方法教授批判性思维技能

表3总结了教学概念的过程取向，可专门用于加深理解，也可用于教授可迁移的批判性思维技能。在这种方法中，学生通过参与开发特定概念的测量工具，系统地学习阿普尔比提出的六项技能。开发测量工具的学习活动已成功地在测试和测量课程中开展(Hynan & Foster，1997)，对现有测量工具的评估已成功纳入本科和研究生阶段的各种课程。这些课程教授学生精确地定义概念的重要性，多种概念测量方法的使用，以及将测量工具与概念定义相匹配的重要性(Brockway & Bryant，1998)。

表3　通过开发测量工具教授学生定义概念的步骤

第一步：概念定义
讨论主题：概念定义
个人评估：以测试题的形式要求学生定义和比较/对照同一概念的多个定义
批判性思维技巧：记忆和理解

第二步：测量工具的组成部分
讨论主题：测量工具的组成部分
小组活动：开发一种针对概念的新测量工具
个人作业：撰写论文作业，明确该测量工具的定义，描述如何设计测量工具
批判性思维技巧：应用

(续表)

第三步:信度和效度概念
讨论主题:信度和效度
小组活动:同行评议,对小组开发的测量工具进行反馈
批判性思维技能:分析与综合

第四步:评估现有的测量工具
讨论主题:专业和非专业测量工具之间的差异
小组活动:对比新工具与既有的专业测量工具
个人作业:在网上或杂志中找出一个非专业测量工具;撰写特定专业和非专业测量工具优缺点的评论文章,指出这些测量工具之间的差异,及其与新工具的不同点
批判性思维技巧:评估

第五步:最终项目
小组活动:讨论评估任务;修改原始测量工具
个体任务:针对新工具反映的最佳定义撰写论文,描述测量工具每个组成部分的基本原理,描述修订过程中对测量工具所作的改进,并指出这些改进的依据(同行反馈,非专业测量工具样本,专业测量工具样本)
批判性思维技能:记忆、理解、应用、分析、综合和评估

尽管该方法适用于任何课程的任何概念,为了便于论述,本文以"压力"(stress)概念(在压力和疾病课程中教授)来举例说明这种方法。"压力"一词是心理学概念被用于不同日常语境的绝佳例证,它在心理学文献中有多种定义,并且经常在没有给出定义的文献中使用。例如,在日常会话中经常使用压力来表示感受("我非常有压力"),表示生活中面临的高要求("这项工作令人很有压力"),或对某人的行为作出解释("她因为承受了很大的压力而对你疾言厉色")。在文献中,定义"压力"的两种常见方式是:(a)导致心理或生理威胁(压力源)的日常生活事件,(b)人应对压力源的生理反应(压力反应)(Sarafino, 2002)。压力的不同定义区别明显,特别是当压力被视为疾病的预测因素的时候。

第一步:概念定义

第一步类似于教授概念的典型方法。教师组织学生针对"压力"这一主题进行课堂讨论。在提供任何定义之前,教师要求学生花点时间写下他们对压力的定义。然后学生在课堂上分享他们的定义,教师将这些定义写在黑板上,以便对类似的定义进行分组。之后,教师告诉学生文献中存在的几种压力定义,其中两种是:(a)压力因生活中负面事件(压力源)的积累而产生,(b)压力是一种生理反应(压力反应)(Sarafino,2002)。此外,压力源通常被归类为:(a)自然灾害(例如,飓风、龙卷风),(b)生活中遭遇的重大不幸(例如,失去亲人、离婚、离职),(c)日常困扰(例如,等待迟到的公共汽车,排长队买电影票)(Sarafino,2002)。压力通常表现为交感神经活动(心率加快、呼吸急促、出汗、瞳孔扩张和消化减慢),内分泌活动(皮质醇水平升高)和免疫功能的变化(循环淋巴细胞减少,炎症增加)(Kemeny,2003)。在课堂讨论中,我们要求学生列出每一类压力源的例子,在这些例子中他们经历过由压力引发的生理变化。

阿普尔比提出的前两个批判性思维技能——记忆和理解技能很容易在此类讨论后进行评估。为了表明记忆得到保持(retention),学生必须记住特定的信息,例如心理学中对压力的不同定义。记忆保持可以通过考试来检验,例如,可以要求学生将概念与定义(压力源与压力反应)进行匹配;将例子与概念(例如亲人死亡、结婚、开始新工作是压力源;血压升高、瞳孔扩张和出汗则是压力反应)进行匹配;或简单地写出压力源、灾难事件、重大生活事件、日常困扰和压力反应、交感神经变化、内分泌变化、免疫功能变化的定义。

为了表明对内容的理解,学生不仅需要表现出上述的记忆保持能力,而且需要表现出已理解压力的含义。与记忆能力一样，理解能力也可以通过考试进行评估。考试项目可能要求学生对压力源和压力反应，或重大生活事件和日常困扰进行比较。考试项目还可能要求学生解释为何了解研究人员对压力的定义属于压力源还是压力反应很重要。

第二步：测量工具的组成部分

此过程的第二步重点关注压力测量工具的必要元素。教师概述了创建测量工具时必须确定的内容。除了确定测量项目（包括题项内容、效价和措辞）之外，还包括确定要测量的人群（例如，儿童、青少年、成人、学生、运动员、员工），受访者对题目进行思考的时限（例如，过去的一周、一个月、三个月、一年），计划使用的答题形式（例如，压力源或压力反应的频率，是非题，用于指代影响程度或强度的李克特量表，预先设定好的题目分值），如何对回答进行评分（例如，通过对所选题项分值进行求和，计算回答为"是"的数目，将频率乘以影响/强度），以及计划提供的答题说明，以便受访者知道该怎么操作。

教师将每个测量工具组成部分列在黑板上并进行描述之后，学生以五人为一组。一旦他们加入各自的小组，学生就会为教师准备一份小组成员责任清单。例如，该小组将让哪位成员引导讨论，谁将负责把测量工具录入文档，以及谁将把讨论结果发布到虚拟学习系统上（例如，电子投屏和WebCT平台）。虽然他们有一个小时来创建测量工具，但大多数小组需要更多时间来完成题项编写，其中可能涉及其他职责的分配，例如在上传到网络系统前编写题项，或者编辑录入的测量工具。

阿普尔比提出的第三个批判性思维技能——应用，可通过此任务进行评估。为了证明其应用能力，每个学生必须提交一份论文作业，对其测量工具中的"压力"概念下定义,并描述创建压力测量工具的思路。

第三步:信度和效度概念

该过程的第三步介绍了信度和效度的概念以及生物心理社会模式的概念(这是一种医学方法,包括评估生理、心理和社会因素对疾病的影响以及制订综合治疗计划来处理这三个因素的影响)。在这一步中,学生根据他们在其他课程中学到的知识(例如,统计学、研究方法、生物学、化学、健康心理学)生成这些概念的定义。教师提供不同类型信度的定义(例如,重测信度、分半信度、评分者信度),以及特定类型的结构效度和效标效度的定义(例如,表面效度、内容效度、聚合效度、区分效度、预测效度、同时效度)。学生也提供关于生物心理社会模式三个成分(生物、心理、社会学)的例子。

在本次课堂讨论之前,每个学生都已根据班级中每个小组创建的压力定义构建了测量工具并打印出来。在课堂上讨论了信度、效度和生物心理社会模式之后,学生所在的小组与另一小组配对,讨论这些概念并对各自开发的压力测量工具提供反馈。教师需指导学生验证各自工具中对压力的定义,在需要时向另一组澄清疑问,并对如何改进指导语、题项和答题形式提供建议。教师还应指导学生说明不同的压力定义如何对应生物心理社会模式的三个成分(例如,测量压力反应的工具反映了其中的生物成分),并预测其工具的信度和效度。

阿普尔比提出的第四和第五种批判性思维技能(分析能力和综合能力)通过这些任务得到发展。为了开展分析,学生必须能够讨论不同的压力定义如何对应生物心理社会模式的三个成分。为了展示综合能力,学生必须能够解释为什么在其他课程中学到的信度和效度概念与压力的定义和测量有关。

第四步：评估现有的测量工具

此过程的第四步强调测量相同概念的不同工具之间的差异。在此步骤中，教师对专业人员为研究或临床目的（专业测量）系统开发的工具，和出于兴趣或娱乐目的（非专业测量）设计的工具之间的差异作出解释。教师分发专业和非专业测量工具的示例，并说明受测试群体、题目内容或结构、答题形式、评分和指导语的差异。

进行上述讨论之后，学生又回到各自原来的小组里，评估专业和非专业压力测试工具的示例，并讨论他们自己设计的工具与每个示例之间的相同点和不同点。教师指导学生考虑在第二步中呈现的每个工具的组成部分以及第三步中提到的信度和效度的概念。然后，学生决定哪一个压力测量工具（包括他们自己设计的在内）是最佳的，并逐条列出支持这一选择的理由。

阿普尔比提出的第六个批判性思维技能——评估，是通过上述任务培养的。为了证明评估能力，每个学生提交一份论文作业，其中包括对一种专业压力测量工具的评估和对一种非专业压力测量工具的评估（学生可以从杂志或互联网上找到这些测量工具的素材），讨论两者之间的相同点和不同点，以及选出最佳压力测量工具。

第五步：最终项目

这个过程的第五步（也是最后一步）是在前四个步骤中讨论和构建的所有内容的最终成果。学生们分成小组，分享各自在论文作业中对非专业压力测量工具所作的探讨，并使用他们从同行评估以及其他压力测量工具中收集的信息，来修改各自的原始工具。修订后的工具将发布到虚拟学习系统上。

阿普尔比提出的所有六种批判性思维技能(记忆、理解、应用、分析、综合和评估)都通过最终项目进行评价。在学生修改并发布他们原来的压力测量工具后,他们需打印并完成小组新修订的压力测量工具。然后他们再撰写论文作业,描述他们对测量工具所作的调整,指出每次调整的原因(更好地理解信度和效度、同行反馈、对专业和非专业的测量工具作出反馈评估),并识别修订后的压力测量工具中的压力定义。

评估过程

以上教学过程是通过附加的教学评估表来进行评估的,该表格专门针对前面描述的步骤进行测评。从对 62 名学生(来自课程的两个部分)进行评估的反馈数据表明,针对阿普尔比提出的所有六个批判性思考者的技能,该方法成功地将学生的理解从肤浅层次提升至更高水平。

教师要求学生通过评估过程来描述他们对压力和测量工具的了解。学生的反馈一般来说反映了三个主题。学生自发地表示以上教学过程有助于他们:(a)了解压力有不同的定义;(b)理解区分压力与其他概念(如应对、焦虑和抑郁)之间区别的重要性;(c)理解一个好的测量工具需要较长时间来设计,并应证明其信度和效度。

教师还要求学生说明他们是否建议在未来的压力和疾病课程中采用以上教学活动。62 名学生中只有 3 名表示他们不建议再次采用以上教学活动。在这 3 名反对者中,有两个表示他们不相信这个过程有助于他们了解压力,一个学生认为过程在最终成绩中占据过大比重。相比之下,其余

59名学生表示,以上教学过程使他们参与课堂讨论,并帮助他们更好地理解和应用批判性思维技能,因为这个过程需要他们思考。学生还评论,该过程包括鼓励各种课堂讨论(讲课)和课堂活动,并表示团队合作使他们能够从他人的观点和知识中受益,并且能够群策群力。

讨论

这种方法已成功应用于压力和疾病课程几个学期的教学活动中。该课程主要由非心理学专业和不同学业发展水平的学生(从大一新生到高年级本科生)参与。这种方法以学习者为中心,旨在培养而不是展示学生的批判性思维能力。为了培养技能,学生需要有机会练习、接受反馈(来自同龄人和教师),并采纳反馈建议。这需要相互关联并形成最终成果的讨论、活动和作业。

这种方法可以用来教授任何课程,以及心理学中的任何概念。在本文提供的示例中,所有学生都使用相同的概念,因为这一概念本身是课程的核心。此外,学生组成的小组也可以处理不同的概念,并且仍然可以使用相同的过程,包括配对小组的反馈环节和讨论活动。例如,在讨论人格的课程中,每个小组都可以关注不同的人格特征(乐观、神经质、外向);在变态心理学课程中,每个小组都可以关注不同类型的疾病(抑郁、焦虑、精神分裂症);在心理学导论课程中,除了之前列出的概念外,学生小组还可以选择每个主题(感知、睡眠、成瘾、智力、动机、态度、顺从)下具有代表性的概念进行讨论。

这种方法需要数周时间,大概五到六次课堂讨论。由于学生在每个步骤都要提交作业,因此,专门的课堂讨论不会连续进行。每个步骤的间隙都涵盖了其他课程内容。虽然教师讲授的内容(压力的定义,压力测量工具的组成部分,信度和效度之间的区别,压力定义与生物心理社会模式之间的关系,以及非专业压力测量与专业压力测量之间的差异)可以通过一两次讲座就讲完,但我们坚持认为,将课堂内容浓缩为两个讲座课时会导致学生的批判性思维仅停留在记忆和理解的粗浅层面,即阿普尔比提到的前两项技能而已。

除了对特定概念(压力)有更深入的理解之外,这种方法还涉及各种技能,如反思性写作(Rickabaugh,1993)和合作(Cooper,1995)。这些技能已被证实可以提高批判性思维能力。虽然学生会在小组中讨论论文作业的内容,但每个学生都需要单独撰写论文。论文作业为学生详细阐述分组讨论的想法,评估他们的知识和技能,以及培养书面沟通技巧奠定了基础(Rickabaugh,1993)。

虽然这种方法可以从小组活动修改为一系列个人活动,但是与人协作的技能被认为对更深层次的概念掌握和批判性思维技能的发展至关重要。根据库珀(Cooper,1995)的观点,在异质群体中工作以解决一个共同的问题有助于发展发散性思维,以及发现产生最终作品的步骤,这些作品通常是讲座的核心内容;"模型—实践—反馈"循环涉及学生之间的互动以及学生和教师之间的互动,为每个学生的主动学习和批判性思维提供支持。分组讨论为学生提供机会,使他们能够模仿批判性思维的做法,培养人际沟通技巧,例如倾听他人的想法并提供建设性的反馈,以及沟通复杂思想的能力。

同样,教师和小组之间的讨论活动为教师提供机会示范批判性思维,这种技能被格雷(Gray,1993)称为"教师的思考者技能"。他认为这是成功教授批判性思维的必要条件。例如,一个学生小组可能正在犹豫考试是属于大学生的重大生活事件还是日常困扰。教师可以帮助学生比较重大生活事件和日常困扰的定义,考虑测量中其他项目的性质,以及在答题形式要求下和答题时间范围内思考题项(例如,该测量工具是否要求被访者说明该类事件在过去12个月内发生的次数)。通过对内心思维过程的表达(thinking aloud),教师演示了一种解决问题的方法。

最后,这种方法有助于提升评估网络信息和非专业渠道获得的信息的能力。通过直接比较专业和非专业测量工具,学生会了解到,虽然两者都可以通过互联网轻松获取,但却相差甚远。康纳-格林和格林(Connor-Greene & Greene,2002)让学生比较通过互联网获得的信息,以此来证明教授分析和评估技能的价值。

总之,很明显,概念理解和批判性思维之间存在着一定关系。人们无法通过记忆定义来学习概念,而是应该通过批判性的思考来习得概念。教师应当使学生明白,理解概念所需要的技能是多方面的。教师最好通过多种方法来教授,包括教学指导、小组活动和个人作业等。虽然这可能要求教师组织大量教学活动,但它们很灵活,很容易适应其他课程,包括涉及概念理解和批判性思维目标的课程。学生似乎挺喜欢这种方法,而且还能融会贯通,将其用作终身学习的基本工具。

史黛西·M. 斯潘塞,马林·吉利斯

参考文献

Appleby, D. C. (2006). Defining, teaching, and assessing critical thinking in Introductory Psychology. In D. S. Dunn & S. L. Chew (Eds.), *Best practices for teaching introduction to psychology* (pp.57 - 69). Mahwah, NJ: Lawrence Erlbaum Associates.

Brockway, J. H., & Bryant, F. B. (1998). You can't judge a measure by its label:

Teaching the process of instrumentation. *Teaching of Psychology*, 25, 121–123.

Connor-Greene, P. A., & Greene, D. J. (2002). Science or snake oil? Teaching critical evaluation of "research" reports on the Internet. *Teaching of Psychology*, 29, 321–324.

Cooper, J. L. (1995). Cooperative learning and critical thinking. *Teaching of Psychology*, 22, 7–9.

Gray, P. (1993). Engaging students' intellects: The immersion approach to critical thinking in psychology instruction. *Teaching of Psychology*, 20, 68–74.

Halonen, J. S. (1995). Demystifying critical thinking. *Teaching of Psychology*, 22, 75–81.

Hynan, L. S., & Foster, B. M. (1997). A project for developing tests in a psychological testing and measurement course. *Teaching of Psychology*, 24, 52–54.

Kemeny, M. E. (2003). The psychobiology of stress. *Current Directions in Psychological Science*, 12, 124–129.

Rickabaugh, C. A. (1993). The psychology portfolio: Promoting writing and critical thinking about psychology. *Teaching of Psychology*, 20, 170–172.

Sarafino, E. P. (2002). *Health psychology: Biopsychosocial interactions* (4th ed.). Hoboken, NJ: John Wiley & Sons.

作者说明

请将有关本文的信函邮寄至史黛西·M. 斯潘塞, 邮寄信息: Stacie M. Spencer, Associate Professor of Psychology, Director, Health Psychology Program, School of Arts and Sciences, Massachusetts College of Pharmacy and Health Sciences, 179 Longwood Avenue, Boston, MA 02115。

联系电话: 617.732.2946。

电子邮箱: stacie.spencer@mcphs.edu。

或者可将有关本文的信函邮寄至马林·吉利斯, 邮寄信息: Marin Gillis, Director of Medical Humanities and Ethics, University of Nevada School of Medicine, Mail Stop 342, 1664 N. Virginia Street, Reno, NV 89557。

电话: 775–682–7725。

电子邮箱: mgillis@medicine.nevada.edu。

第三部分 心理学课程中的批判性思维

批判性思维与课程内容的结合

在这篇文章中,我们会介绍将批判性思维融入课程内容的一些方法。我们的目标受众是心理学教师,他们希望在课程中融入批判性思维教学,却不清楚该怎样做。我们提供了具体实例,指导新手在课程中设计和实施批判性思维活动。对于已经教过学生批判性思维的经验丰富的教师(Gross,本书;Stanovich,2007),我们提出了一种方法,可以用不同的方式看待自己所做的教学试验。

我们将批判性思维定义为"合理的反思性思维,专注于决定该相信什么或做什么"(Ennis,1986)。这个定义包含多种技能,例如,评估某个断言的证据(Browne & Keeley,1986),将概念应用于新的案例(Halpern,1998),识别知识上的鸿沟(Gray,1993)以及识别论点中的谬误(Browne & Keeley,1986)。

要想在课程中教授批判性思维,就引出了如何将课程内容与批判性思维相结合的问题。一方面,涵盖课程所有内容可能会消耗掉整个学期的时间,导致没有时间进行批判性思维教学的尝试;另一方面,批判性思维需要切实地投入思考,因此必须以适当的内容来引入。我们相信,在不影响达成任何一个目标的情况下，可以在教授课程内容和培养批判性思维之间取得平衡。

本文由三部分组成。在第一部分中，我们研究了适合各种心理学课程的活动。对有兴趣将批判性思维纳入其课程，但不愿意完全从批判性思维的角度重新组织课程的教师，我们介绍的活动或许会有帮助。在第二部分中，我们通过介绍认知心理学的课程案例研究、心理学历史和心理学体系，讨论如何在整个课程中融入批判性思维。对于那些已经一定程度地将批判性思维活动纳入其课程，并希望在整个课程中更充分地整合思维活动的教师而言，我们相信这一部分会起到一定作用。在最后一部分中，我们提出了结论，讨论了设计或选择好的批判性思维教学活动的原则，并指出了其他一些问题。

将批判性思维与课程内容相结合的活动

在这一部分中，我们将探讨几个活动。这些活动有助于理解大多数心理学课程内容，以及对这些内容进行批判性思考。这些技能能够让教师在促进和深入课程内容教学的同时开展批判性思维教学，而不会干扰课堂内容的呈现和记忆。我们的活动包括：(a)批判性思维练习，(b)未知问题探讨，(c)辩论，(d)自我评估作业，(e)视听媒体作业，(f)网上作业。

批判性思维练习

佩登和肯尼斯顿(Peden & Keniston，1991)开展了一系列练习活动，向学生传授观察、推论和假设技能。每个练习都是包含五个选项的多项选择题。题干要求学生识别并标记每个选项是假设、推论还是观察,然后用一段话加以解释。一些题项问的是:"下面哪一个陈述是假设而不是推论或观察?"还有一些题项问的则是:"以下哪一个陈述是观察而不是假设或推论?"下面举例简要说明。

在《足球、快车和啦啦队:青少年性别规范,1978—1989》一文中,休特和雷维斯(Suitor & Reavis, 1995)比较了在十年内大学生认为的男女高中生的声望来源。以下哪些陈述反映了作者眼中有趣和重要的假设?哪些陈述是作者推断出来的?哪些是作者的观察?圈出代表假设的陈述前面的字母,并解释为什么它是假设,然后指出并解释其他每个陈述是推论还是观察。

A. 未来几十年,青少年是性别角色的领导者。

B. 进入20世纪80年代,美国青少年扮演相对传统的性别角色。

C. 在20世纪80年代早期,高中男生和女生在大多数获得声望的途径上存在显著差异。

D. 由于男生的观念发生了变化,女生通过参加体育运动获得的声望才随之发生了整体改变。

E. 20世纪80年代初期和后期,高中生的性别规范变化相对较小。

肯尼斯顿和佩登(Keniston & Peden,1992)使用相同的方式来吸引学生参与其他类型的批判性思考。韦德和泰吾瑞斯(Wade & Tavris,1987)的心理学入门教科书为批判性思维提供了指导原则。利用这些原则,肯尼斯顿和佩登设计了批判性思维练习。肯尼斯顿和佩登还以另外两种方式运用了这些原则。一方面,他们为斯坦诺维奇的著作《这才是心理学》(*How to Think Straight about Psychology*,2007)设计了批判性思维练习;另一方面,他们在定量推理和观点分析的活动中运用了批判性思维练习。通过研究,佩登和肯尼斯顿(Peden & Keniston,1992)发现,在一个学期内,学生作业的分数不断提高。

未知问题探讨

教师帮助学生了解一门学科的知识。然而,专家不仅了解人们已知的,也了解人们未知的知识。为了鼓励学生的好奇心(这是韦德和泰吾瑞斯在1987年提出的批判性思维倾向之一),佩登和肯尼斯顿(Peden & Keniston,1991)设计了未知问题练习。教科书或者课堂讲授会引发未知问题,但却无法给出答案。例如,阅读基本情感跨文化相似性的章节时,学生可能会提出一个在当时看来合理的未知问题,例如:"如果所有人都用相同的面部表情来表达情感,那么为什么不同文化之间存在如此多的不信任和误解呢?"

探讨未知问题的方法多种多样(Carroll,2001;Peden & Keniston,1991)。教师可以要求学生写下课堂上或阅读中遇到的未知问题。我们通过不同的途径对未知问题进行评分。有时是对作业进行评分,有时是对考试中的未知问题进行评分,还有时是针对未知问题给予学生额外的学分。以下的五点评分量表可用于未知问题评估:

5分　好的未知问题

4分　可能是一个很好的未知问题,但是整体不够明晰

3分　文本中能够找到答案的问题

2分　问题与研究课程内容无关

1分　纯属笑话

得分为 2 分或 3 分的问题可能是适当的未知问题,但还不是好的未知问题。

一般而言,未知问题练习会培养好的课堂氛围,促进学生积极学习,激发学生的好奇心和批判性思维。佩登和肯尼斯顿(Peden & Keniston,1991)也证明学生的未知问题得分从学期开始到结束会有所改善。从问题质量角度而言,一些学生经常提出好的未知问题,大多数学生在一学期内至少提出了一个好问题。并且,学生在整个学期当中对此活动的反馈始终保持着积极态度。

辩论

教师要求学生在课堂上进行辩论(例如,Bauer & Wachowiak,1977;Elliot,1993;Moeller,1985)。学生认为辩论有趣,参与性强,并且具有"现场感",这几个优点是其他课程活动所不具备的。虽然学生经常对课堂上的辩论感到紧张,但他们通常会对该活动作出好评。

辩论的批判性思维目标是实现从多个角度看待问题。一些研究报告称,辩论缓和了学生既有的态度(Budesheim & Lundquist,1999;Carroll,2006;Finken,2003)。例如,学生参与过针对人类避孕措施的辩论后,对该主题的观点不再那么偏激(Finken,2003)。换句话说,对一个话题的辩论可能会使学生产生一种容忍不确定性的批判性倾向(Wade & Tavris,1987)。

自我评估作业

卡罗尔和佩登(Carroll & Peden,2007)将自我评估作业作为一种批判性思维工具。学期结束时,学生通过完成三到五页的论文来评估他们达到课程目标的程度。通过调查两所大学共三个班级的学生的自我评估作业（感知、道德、心理学历史和体系），我们发现，学生在自我评估作业中使用的语言不同于传统的学术语言（例如，学期论文、课外考试）。相比传统作业模式，自我评估中出现了更多第一人称单数代词（"我"），更多表示情感的词语（特别是表示积极情绪的词语），以及更多的指向认知的词语。

指向认知的词语（"思考""发现""相信"），其使用与批判性思维特别相关。当个体经历情绪剧变时，其论文中指向认知的词语会相应增加（Pennebaker, Mehl, & Niederhoffer, 2003）。回顾一个人在课堂上的表现会增加其论文情感的充分性和思考的全面性。

此外，我们初步的数据分析表明，在指向认知的词语出现的数量方面，自我评估不同于其他与个人相关的作业，例如自传。虽然自传包含比传统学术作业更多的第一人称和情感词汇，但与自我评估相比，其包含更少的认知词汇。我们相信，自我评估会鼓励学生思考他们的学业表现。与学生就自我评估任务进行的非正式谈话表明，他们对这些任务不能再采用常见的"临时抱佛脚法"策略了。也就是说，学生必须复习和思考课程内容，回顾他们为了掌握内容和发展技能所付出的努力和所取得的成就。

视听媒体作业

许多教师使用电视和电影资料来教授关于心理学概念的批判性思考。史瓦兹穆勒（Schwarzmueller，2006）的司法心理学专业学生设计了电影和电视节目的多媒体演示。学生确定了与课程内容相关的影视片段，并批判性地思考媒体对这些概念的描述。这项任务鼓励学生思考娱乐媒体如何描绘司法工作，学生对此表示强烈认同。

同样，凯利和卡尔金斯（Kelley & Calkins, 2006）发现，研究流行于电影中的对记忆的描写促进了学生的批判性思维发展。他们的学生根据华盛顿州立大学(Washington State University)开发的批判性思维测量工具(该工具在 2006 年被修订为"批判性和综合性思维评价指南"并在线开放),比较了电影中的记忆描述与课堂上讨论的研究证据并撰写了报告。结果显示,学生在各个批判性思维目标上取得了进步,例如确定主要问题,评估支持证据以及考虑其他立场。我们通过对电影《记忆碎片》(Memento)(Nolan,2000)的非正式研究,也观察到类似效果。

霍尔和西里(Hall & Seery,2006)开展的有力研究报告了一项小组活动,旨在帮助学生评估关于心理研究的媒体报道。学生通过在线报纸和学术期刊阅读有关研究的内容,然后回答三个问题:哪些类型的心理学研究最有可能被媒体报道?报纸头条如何误导读者?为什么了解研究本身很重要?与未参加小组活动的学生相比,参加小组活动的学生在这三个问题上的得分要高得多。

这些视听作业展示了如何整合批判性思维和课程内容。作业反过来也可以作为学习的辅助形式,因为学生必须学习心理学概念的名称和定义,还必须在媒体中找到说明该心理学概念的一个例子,并评估媒体报道的准确性。通过这种方式,学生在学习课程内容的同时也进行了批判性思考。

网上作业

一些教师利用互联网设计批判性思维的作业。宋、林、李和张(Sung,Lin,Lee,& Chang,2003)在实验心理学课程中使用互联网进行同行评议。学生在网上提交了研究方案,收到了同行反馈,并修改了他们的方案。熟悉课程内容的教师在不区分具体哪个是同行讨论之前的版本,哪个是同行讨论之后的版本的情况下,直接为方案打分。结果显示,同行评议后的方案评分高于评议前。

还有作业要求学生对互联网上的信息进行批判性思考。例如,米塞兰迪诺(Miserandino,2006)发现,基于互联网的冰激凌个性测验帮助学生了解心理测验设计中信度和效度的作用。同样,康纳-格林和格林(Connor-Greene & Greene,2002)开展了一项任务,要求学生阅读一篇关于阿斯巴甜危害性的互联网文章,并写下个人体会。随后,学生分组讨论了文章中有关证据性质和质量的一系列问题。与他们在个人体会中的反应不同,分组讨论时,学生注意到了文章的多种局限性并能够加以描述。上述例子都说明了如何提高对互联网信息的批判性思维。

将批判性思维融入高级课程的课程案例

前一部分描述了在教授课程内容时提升批判性思维的活动。所有活动都是独立的,并且只关注了特定的批判性思维目标。一些教师可能想在不同的教学任务中加入批判性思维。这样的话,批判性思维就体现到了全部课程内容的学习中。在这一部分中,我们通过将批判性思维目标融入课程设计来说明如何将批判性思维与课程内容相结合。我们通过对认知心理学课程、心理学历史和心理学体系的案例研究,阐述了发展批判性思维的综合方法。

我们通常的做法是在课程内容和课程资源中寻找开展批判性思维教学的机会。例如,韦德和泰吾瑞斯(Wade & Tavris,1987)的心理学导论教科书提出了学生心理学批判性思维的10条指导原则。除了在教材中示范批判性思维方法之外,韦德和泰吾瑞斯还将指导原则整合到他们的其他著作中。因此,在心理学导论课程中,学生能够在获取和掌握内容的同时学会批判性地思考。重要的一点是,批判性思维被融入内容中,而不是作为学习的辅助手段或偶尔出现的学习特征。

在将韦德和泰吾瑞斯(Wade & Tavris, 1987)提出的综合方法应用于课程内容和批判性思维教学时,我们需要明确有争议的点,关于证据的问题以及课程内容所特有的思维问题。对于学生或教师来说,综合方法并不繁琐,因为其内容和批判性思维本就是一体两面。

认知心理学

认知心理学是个宏大的领域。在这一领域的教学当中,教师既面临着各种机遇,又遭遇着诸多挑战。教师应该知道,课程的教学和学习开始于选择教科书。与心理学其他领域(例如,儿童心理学)相比,认知心理学领域没有决定教科书内容或主题顺序的"金科玉律"。教师从一开始就要通过选择文本对教学内容加以定义和编排,从而练习批判性思维能力。

不同的主题、理论和方法给教师和学生带来了同样的挑战,它们有时也被教师和学生看作备选方案,或者是正确理解问题的阻碍。学生通常对考试内容进行死记硬背,如果提高要求的话,那么就需要他们对这些学习材料进行主动的、反思性的以及评价性的参与。

在教授认知心理学时,肯尼斯顿在课程的早期(即在教授第一个主题"感知"之后)明确讲授批判性思维的要点,然后在随后的讲座、讨论、作业和考试中重新审视这些要点或指南。肯尼斯顿在他的认知心理学课程中强调了以下问题:

- 推论:我们如何研究我们不能直接"看到"的东西?
- 循环推理:我们如何在定义或解释中避免赘述?
- 因果关系:我们如何从相关的和试验性的数据中得出适

当的结论?

- 多元视角:谁的想法是正确的?什么是最好的解决方案?
- 错误的二分法:我们如何才能知道两个明显相互矛盾的想法实际上是问题解决方案互为补充的两个部分?
- 复杂性:解释会在何时变得过于复杂?什么时候它涉及如此多的限定条件或"补充条件",以至于变得不再有效?
- 分析单位:任何特定的思想体系,其基本要素是什么?得到认知的基本元素需要做多少"减法"?
- 假设检验:我们如何依靠不确定的证据而非已证实的证据?
- 生理基础:生理数据何时能够提供关于认知功能概念或理论的证据?

该清单并非详尽无遗,但给教师提供了充足的机会在整个课程中探索、应用批判性思维,并寻找其教学时机。此类列表可以启发教师设计讲座,设计上一节中描述的类似活动,制订长论文(评论、研究方案、研究项目)的撰写指南,编写考试题目。当学生通过练习在课程学习材料中掌握如何识别这些问题的技能时,他们就可能在课堂上主动运用这些技能。例如,学生有时会使用教师提出的指导原则来质疑教师自己的想法或对教师的课堂讲授提出批评意见!与其完全依赖这种学生自发的批判性思维,我们建议教师定期引导学生使用这些指导原则。例如,教师每天都可以给学生提出一些有挑战性的问题:让他们指出阅读材料或课堂报告中的不足,并解释为什么存在不足以及如何克服等。

我们的批判性思维指导原则可能因人而异,但显然和认知心理学课程内容及资源有关。其他课程内容相关领域的教师可以生成类似的批判性思维线索列表,以便融入课程当中。下面这个案例提供了不同的、更详细的方式,介绍如何将批判性思维融入其他课程。

心理学史

关于心理学历史和心理学体系的课程为批判性思维的教与学提供了大量机会。目前的教科书(例如,Goodwin,2004;Schulz & Schulz,2004;Wertheimer,2000)已经表明,历史始终需要研究者谨慎看待相关数据,以及历史学家的年表、观点及方法。

每个"历史问题"都为教师提供了详细列出问题清单的机会。举例来说,历史数据存在许多问题。这些数据可能:

- 在提出研究问题之前已经被收集过
- 没有仔细收集
- 根本没有收集过
- 分散,不完整或已被篡改
- 不可复制
- 无法评估其信度和效度

除了教导学生批判性地思考历史数据之外,教师还可以鼓励他们对课程材料中的其他问题进行批判性思考:(a)在数据存在问题的情况下,如何做心理学史研究?(b)如何决定心理学史的起点?以及(c)我们究竟为什么要研究心理学史?心理学史中批判性思维研究的另一个切入点是如何理解心理学的众多学派和体系。

罗伯特·沃森的心理学范畴

罗伯特·沃森(Robert Watson,1967)关于心理学范畴的经典论文为理解心理学派和心理学体系作出了贡献。沃森的工作影响了心理学史的研究和教学,也为构建一个新的批判性的心理学史提供了方法(例如,Brennan,2003)。沃森认为,心理学是一种前范式阶段的科学,因为不同学派和体系对心理学家应该研究什么以及应该如何进行研究的主张存在很大差异。沃森通过对比不同学派和体系,提出心理学领域存在18对对立范畴(见附录1表格),并深刻阐释了这一观点。18对范畴涉及心理学体系的四个方面:

- 内容(例如,有意识的唯心主义与无意识的唯心主义)
- 方法(例如,量化主义与质性主义)
- 哲学(决定论与非决定论)
- 定位(例如,机能主义与构造主义)

人们可以根据某个学派或体系在18对范畴中的立场来对其进行描述。肯尼斯顿使用沃森(Watson,1967)提出的范畴论来教授学生如何批判性地思考心理学历史上的观点。他通过不同的作业要求学生(a)描述心理学体系涉及的关键问题,(b)对比不同的心理学体系,(c)认识心理学的核心目的和统一性;他也通过不同的作业,(d)识别学生对心理学主题和方法所持有的观点。这些范畴提供了一种方法,将批判性思维融入历史和体系课程。

调查。肯尼斯顿在前测和后测中使用沃森(Watson,1967)的对立范畴。调查中,学生从"有意识的唯心主义—无意识的唯心主义"开始,到"静态论—动力论"为止,针对18对对立范畴,以四级评分量表表达了他们的立场。课程开始时,教师会在学生了解术语的含义后,将前测调查表分发给学生,让他们针对每对范畴表达立场。前测之后,教师告知全班学生他们将使用这些范畴来学习课程内容,并在整个课程中对比心理学的不同学派和体系。换言之,这些范畴将是整个课程的重要组成部分。学期结束时,学生完成后测。使用后测调查表可以研究学生在学期中的思维变化(Chang, Wojtanowicz, & Keniston, 2005; Vitulli, 1995)。

讲座。教师可以使用沃森提出的对立范畴来组织关于心理学主要人物和心理学体系的讲座。例如,肯尼斯顿作了题为"冯特心理学范式"的导论讲座,使用相关范畴来阐述冯特心理学体系的主要特征。该讲座有两个目标:(a)关注心理学范畴/范式,(b)对冯特的研究进行简要介绍,使学生在深入阅读课本和文章之前作好准备。关于每个主要人物或体系的类似讲座都可以使用沃森(Watson, 1967)的对立范畴法。不过,我们建议,鼓励学生学习并应用肯尼斯顿关于冯特的讲座框架。

测验。肯尼斯顿使用讲座框架设计测验问题。以下是一道多项选择题的例子。

> 现代心理学的哲学基础之一是科学唯物主义或机制。这种思维方式具体地规定了我们应该如何理解人类的思想和行为。以下是罗伯特·沃森提出的八种范畴,定义心理学的研究问题。以下八个选项中哪四项属于"科学唯物主义"的范畴?
>
> 活力论　　决定论　　　自然主义　　　二元论
> 一元论　　纯粹主义　　有神论　　　　客观主义方法论

以下论文题目要求学生根据沃森(Watson, 1967)的范畴法总结一个历史人物的观点:

> 请根据沃森的心理学范畴(在学期初的调查表中使用的),写下弗洛伊德对心理学的定义。你可以想象弗洛伊德会如何根据这些范畴填写表格。然后用一段话描述该定义的突出特征。

如何通过对立范畴在课程内容中融入批判性思维

沃森（Watson，1967）的范畴法通过提供教学框架以及关于课程内容的思维工具，使教师能够将批判性思维融入心理学历史和心理学体系的课程中。作为一个框架，范畴法帮助教师掌握杂乱无章的学科观点，实现学科的整合和统一。作为一种工具，范畴法通过练习带着学生畅游学科的海洋，让他们思考所学内容，并激发他们对心理学的体系建立自己的理解。

了解范畴法可以获得许多实践批判性思维的机会。从本质上讲，这些范畴揭示了心理学体系中固有的假设。识别范畴就是要学生发现并解释各种体系对同一组对立范畴的立场。确定体系的范畴，就能让学生更好地比较其异同，鼓励学生审视他们对心理学各学派的刻板印象。例如，他们可能会发现，弗洛伊德的心理学体系并不像某些人所说的那样不合理或考虑不周。另外，分析观念系统可以引导学生看到各个心理学体系的价值观、理论取向和所偏好的方法论，并更宏观地理解这些体系之间的不同。例如，该练习可使学生了解行为主义体系的基本观点及其不同变式。

当学生经常使用范畴法来理解课程内容并回答考试和作业当中的问题时，他们会对心理学科形成一种批判性的认识，即这门学科针对的是表面繁杂实则类别有限的问题。他们会考虑男性和女性如何能够在核心问题上采取截然相反的立场，例如意识对于理解人类行为的价值。这种努力思考可以扩展批判性思维技能和倾向性的范围（Wade & Tavris，1987）。

我们希望，学生反复、系统使用范畴法的结果是任何教授批判性思维的教师都希望看到的：学生开始定义他们关于心理学的概念。此时，"范畴"成为学生惯用的词汇，用于命名和整合他们对如何研究、验证和应用心理学历史及心理学体系所持有的观点。

范畴法提升学生学习能力的证据

我们还没有正式评估过使用沃森的心理学范畴是否能促进学生的批判性思维和反思性思维。但我们可以从学生的认可中确信,范畴法在心理学历史和体系的课程中是具有价值的。

课程结束时,学生会从一份列表中选择主题写两篇短文。列表中有一个问题要求他们确定自己从研究心理学史中学到的五件最重要的事情。也许是因为这个问题看似容易,许多学生选择了它。2005年春季学期结束时,75个学生中,47个(63%)学生总共列出了67个不同的主题。虽然大多数主题都是独特的,但最常见的答案包括:(a)时代精神的概念(49%),(b)对历史问题的理解(43%),(c)沃森的心理学范畴界定(32%)。这三点都在一定程度上表现出批判性思维。该课程提供的批判性思维维度受到许多学生的关注和重视。

总结

我们介绍了适用于许多心理学课程的批判性思维活动,还描述了两个课程案例,展示了如何将批判性思维融入课程设计。在最后这一部分中,我们将给出结论,讨论设计或选择批判性思维活动的原则,并指出一些有待解决的问题。

我们对批判性思维活动和课程的案例研究表明,教师可以在兼顾二者的情况下促进学生批判性思维的发展和对课程内容的掌握。此外,这些教学方法符合本科教育的最佳实践方式(Chickering & Gamson, 1987),包括主动学习,尊重天赋和学习方式的多样性,以及向学生传达较高的学业期望。

大量研究表明,学生在积极参与练习和作业时学到的东西更多。我们已经回顾了许多要求学生计划、组织和管理项目的活动。例如,批评媒体介绍的心理学概念的学生,必须举出这些概念的例子并将其纳入项目作业。此外,成功的小组项目要求学生分配并承担各自对小组的责任。参与活动可以使学生更深入、更持久地学习。

至于天赋和学习方式多样化的问题,使用批判性思维技巧的教师尊重学生之间的个体差异。学生也感谢有机会提出自己的问题或进行辩论,这与大学课程典型的"演讲—考试"模式大不相同。一些个人经验表明,在传统学习形式中举步维艰的学生在允许个人参与和发挥创造力的学习模式中如鱼得水。此外,使用批判性思维活动的教师可以充分利用课堂上学生的多样性。比如,学生在课本章节或研究论文中写下的未知问题可能会非常多样化。学生的未知问题提供了一种简单的途径来体现课堂的多样性。

此外,教师强调批判性思维的同时也向学生传递了很高的期望。教授批判性思维的教师希望学生掌握特定研究领域的概念,同时也能够批判、整合和应用这些信息。

一般原则是教授批判性思维和课程内容的基本方法。我们对此进行了说明,但仍存在一些问题。尽管许多研究提供了改善思维或提升记忆水平的证据,但我们不知道这些改进是短暂的还是永久性的。此外,我们不知道在一门课程中获得的技能是否会迁移到另一门课程或其他情况(请参阅哈尔彭 1998 年发表的关于如何促进知识技能迁移的建议)。因此,尽管我们在批判性思维的实施和研究方面取得了进展,教师仍然任重道远。

在本文中,我们描述了将批判性思维目标纳入课程目标的方法,并将其与课程内容的教学相结合。我们的基本策略是确定批判性思维的要素,这些要素对于深入理解和熟练掌握学科领域的方法、事实和观点来说是必要的。随后,我们会设计或者在文献中检索那些运用批判性思维元素的讲座、课堂展示或教学活动。读者应该可以找到能立即用于教学的素材。我们也希望读者能够利用专长和热情创造自己的方法,在课程中融入批判性思维,而不仅仅是贯彻教学大纲。

戴维·W. 卡罗尔,艾伦·H. 肯尼斯顿,布莱恩·F. 佩登

参考文献

Bauer, G., & Wachowiak, D. (1977). The home-court advantage: A debate format for the teaching of personality. *Teaching of Psychology*, 4, 190–192.

Brennan, J. B. (2003). *History and systems of psychology* (6th ed.). Upper Saddle River, NJ: Prentice Hall.

Browne, M. N., & Keeley, S. M. (1986). *Asking the right questions: A guide to critical thinking* (2nd ed.). Englewood Cliffs, NJ: Prentice-Hall.

Budesheim, T. L., & Lundquist, A. R. (1999). Consider the opposite: Opening minds through in-class debates on course-related controversies. *Teaching of Psychology*, 26, 106–110.

Carroll, D. W. (2001). Using ignorance questions to promote thinking skills. *Teaching of Psychology*, 28, 98–100.

Carroll, D. W. (2006). Thinking about historical issues: Debates in the history and systems class. *Teaching of Psychology*, 33, 131–134.

Carroll, D. W., & Peden, B. F. (2007, February). *Assessing self-assessment: Linguistic analysis of reflective versus other student papers*. Poster presented at Innovations in the Scholarship of Teaching and Learning at the Liberal Arts Colleges,

Northfield, MN.

Chang, L., Wojtanowicz, M., & Keniston, A. H. (2005). *Basic tenets of psychology students' beliefs about psychology from the first to the fourth year*. Paper presented at the annual meeting of the Midwestern division of the Council of Teachers of Undergraduate Psychology, Chicago, IL.

Chickering, A. W., & Gamson, Z. F. (1987). Seven principles of good practice in undergraduate education. *AAHE Bulletin*, 39, 3–7.

Connor-Greene, P. A., & Greene, D. J. (2002). Science or snake oil? Teaching critical evaluation of "research" reports on the Internet. *Teaching of Psychology*, 29, 321–324.

Elliot, L. B. (1993). Using debates to teach the psychology of women. *Teaching of Psychology*, 20, 35–38.

Ennis, R. H. (1986). A taxonomy of critical thinking dispositions and abilities. In J. B. Baron & R. S. Sternberg (Eds.), *Teaching thinking skills: Theory and practice* (pp.9–26). New York: Freeman.

Finken, L. L. (2003). The complexity of student responses to in-class debates in a human sexuality course. *Teaching of Psychology*, 30, 263–265.

Gray, P. (1993). Engaging students' intellects: The immersion approach to critical thinking in psychology instruction. *Teaching of Psychology*, 20, 68–74. Goodwin, C. J. (2004). *A history of modern psychology* (2nd ed.). New York: John Wiley.

Hall, S. S., & Seery, B. L. (2006). Behind the facts: Helping students evaluate media reports of psychological research. *Teaching of Psychology*, 33, 101–104.

Halpern, D. F. (1998). Teaching critical thinking for transfer across domains. *American Psychologist*, 53, 449–455.

Kelley, M. R., & Calkins, S. (2006). Evaluating popular portrayals of memory in film. *Teaching of Psychology*, 33, 191–194.

Keniston, A. H., & Peden, B. F. (1992, Spring). Infusing critical thinking into college courses. *Issues in Teaching and Learning*, 7–12.

Miserandino, M. (2006). I scream, you scream: Teaching validity and reliability via the Ice Cream Personality Test. *Teaching of Psychology*, 33, 265–268.

Moeller, T. G. (1985). Using classroom debates in teaching developmental psychology. *Teaching of Psychology*, *12*, 207-209.

Nolan, C. (Director). (2000). *Memento* [Motion picture]. United States: Newmarket Films.

Peden, B. F., & Keniston, A. H. (1991). Methods of promoting critical thinking by general psychology students. *The Wisconsin Dialogue*, *11*, 12-34.

Peden, B. F., & Keniston, A. H. (1992). Critical thinking exercises: A preliminary report about two forms of a critical thinking exercise for introductory psychology students. In D. J. Stroup & R. P. Allen (Eds.), *Critical thinking: A collection of readings* (pp.43-48). Dubuque, IA: Wm C. Brown.

Pennebaker, J. W., Mehl, M. R., & Niederhoffer, K. G. (2003). Psychological aspects of natural language use: Our words, our selves. *Annual Review of Psychology*, *54*, 547-577.

Schulz, D. P., & Schulz, S. E. (2004). *A history of modern psychology* (8th ed.). Belmont, CA: Thompson/Wadsworth.

Schwarzmueller, A. (2006). Critiquing media depictions of forensic professionals: A project for students. *Teaching of Psychology*, *33*, 204-207.

Stanovich, K. E. (2007). *How to think straight about psychology* (8th ed.). New York: Allyn & Bacon.

Suitor, J. J., & Reavis, R. (1995). Football, fast cars, and cheerleading: Adolescent gender norms, 1978-1989. *Adolescence*, *30*, 265-272.

Sung, Y.-T., Lin, C.-S., Lee, C.-L., & Chang, K.-E. (2003). Evaluating proposals for experiments: An application of Web-based self-assessment and peer-assessment. *Teaching of Psychology*, *30*, 331-334.

Vitulli, W. F. (1995). Contributions to the history of psychology: CII. Attitudinal shifts in responses to "psychological prescriptions" among undergraduate students in a "systems of psychology" course. *Psychological Reports*, *77*, 840-842.

Wade, C., & Tavris, C. (1987). *Psychology*. New York: Harper & Row.

Washington State University Center for Teaching, Learning, & Technology. (2006). *The guide to rating critical and integrative thinking*. Retrieved March 19,

2008 from http://wsuctprojectdev.wsu.edu/ctr_docs/CIT%20Rubric%202006.pdf

Watson, R. (1967). Psychology: A prescriptive science. *American Psychologist*, *22*, 435–443.

Wertheimer, M. (2000). *A brief history of psychology* (4th ed.). Belmont, CA: Wadsworth.

附录1：

罗伯特·沃森(Robert Watson，1967)提出的心理学对立范畴

对立范畴	定义
有意识的唯心主义—无意识的唯心主义	心理研究应该集中在有意识的心理过程或结构上/心理研究应该集中关注无意识的心理过程或结构
内容上的客观主义—内容上的主观主义	心理学的研究对象是行为/心理学的研究对象是心理过程或结构
决定论—非决定论	人类行为或事件可以完全用导致它们的先行因素来解释/人类行为或事件只能部分用导致它们的先行因素来解释
经验论—唯理论	人类知识是通过经验获得的/人类知识是通过先天具有的心理能力加以推理获得的
机能主义—构造主义	心理学所要探讨的是心理、行为的活动或过程/心理学探讨的是心理、行为的结构或内容
归纳主义—演绎主义	研究应该从观察开始/研究应该从被假定为真的一组论断开始
机械主义—活力主义	我们完全从物理、生物、化学结构和过程的角度理解行为/我们将行为理解为生物特有的生命力的结果
方法论客观主义—方法论主观主义	心理学的主要数据应该是每个人都能作出的观察/心理学的主要数据应该是我们自己的个人主观经验
元素论—整体论	心理学家应该将现象分解为构建我们行为和思想的小单位/心理学家应该识别组织我们行为和思想的大单位

(续表)

对立范畴	定义
一元论—二元论	心灵和物质在根本上是相同的/心灵和物质在根本上是不同的
自然主义—超自然主义	我们可以通过发现主宰自然的法则来理解自然/我们必须以超自然的原则解释某些心理现象
一般规律的研究—特殊规律的研究	强调发现适合于所有人的、普遍的、一般性的心理规律/强调适合个体的特殊心理规律
外周论—中枢论	心理学应该关注行为的外在方面/心理学应该关注行为的内在方面
纯粹主义—功利主义	我们应该单纯地进行知识探索/我们寻求知识是为了其他目的(例如,解决人类问题)
量化主义—质性主义	致力于通过测量和数量定义心理知识/致力于通过类型定义心理知识
理性主义—非理性主义	应该从理性、智能化的心理和行为过程来理解人类行为/应该从情绪及其对心理和行为过程的影响来理解人类行为
静止观—发展观	心理学家应该关注个体特定的发展阶段/心理学家应该关注个体随时间的发展变化
静态论—动力论	心理学家应该把研究的重点放在心理行为现象中恒定的方面/心理学家应该关注心理行为现象的变化及其动因

关于当代议题的批判性思考

批判性思维,也被称为科学思维,需要思考者在得出结论之前主动考虑证据和其他信息来源(Wade & Tavris,2005)。这种思维方式对心理学教师而言既是挑战也是机会。之所以是挑战,是因为教师认识到批判性思维并非每个学生与生俱来的能力。哈洛宁及其同事将这种初始的批判性思维发展水平称为"未经训练的水平"。然而,如果心理学教师可以在收集和评估信息的过程中,通过明确而系统的指导来培养学生的批判性思维能力,那么这种挑战也可转变为机会(Halonen et al.,2003)。

教授心理学导论课程可以给我们提供这个机会。导论课程的学生大多处于大学的第一年,因此,我们有机会在他们的学术生涯早期为其介绍基本的思维技能。对于仍在探索专业选择的学生,心理学的科学性可能对他们有所帮助。此外,许多学校将心理学导论作为通识教育课程,这意味着学生有机会深入学习跨学科的批判性思维。

本文重点介绍一个与批判性思维有关的、明确的、系统的教学策略。它的核心是逐步应用九项批判性思维准则,以帮助学生评估与个人密切相关的信息。我们已应用该策略将课堂演讲或讨论,与关注内容目标和批判性思维培养目标的课外作业相整合。我们的策略与推敲可能性模型（Elaboration Likelihood Model，简称 ELM）一致，该模型表明，学生更有动力仔细地检验对于他们个人而言更为重要的论点（Cook，Moore，& Steel，2004）。此外，库克等人相信，学生对把握事情的正确性其实是有内在需要的，这可能会帮助他们在以传统的方式被说服时，对预设的观念形成一定程度的警惕。我们希望在不激起学生警惕心理的前提下，利用这种主观上对正确的需求，鼓励学生掌握说服的核心技能。ELM 模型表明，学生的学习动机、获得成就的意愿和个人相关性之间存在联系。我们的批判性思维教学策略要求学生分析与他们的生活相关的材料，以便最大限度地提高学习的动力和努力程度。鉴于学生的生活经历，与其个人相关的问题可能包括父母离婚、女性就业、暴力电子游戏、色情产品、注意缺陷多动障碍（attention deficit hyperactivity disorder，简称 ADHD）等的影响。

这种教学策略背后的目标契合了哈洛宁等人提出的针对科学探索的发展性测量工具（Halonen et al.，2003）。接下来的内容具体地讨论了如何使用和个人有关的问题帮助学生从对批判性思维"全然不知"提升到"基础"水平。这些问题选自《立场——辩证思维训练：心理学篇》（*Taking Sides: Clashing Views on Psychological Issues*）（Slife，2006），这是麦格劳-希尔教育出版公司《立场——辩证思维训练》（*Taking Sides*）合集中的一卷。

阶梯式的稳步发展

作为新手教师，我们的同事奥唐纳向学生展示了斯赖夫（Slife，

2006)著作中的各种问题,指导他们阅读条目和写下答案,并充满信心地期待学生能表现出高水平的综合反应。本文的另一位作者弗朗西斯为学生提供了一份冗长的批判性思维指南,并提示学生用这份指南分析心理学相关的问题。如今回想起来,两人都意识到了这些方法的天真——我们每个人都惊讶于学生的反应水平之低,并对无法教会他们掌握这么重要的技能深感沮丧。

关于教学和批判性思维的文献表明,渐进式学习步骤在帮助学生培养思维技能方面更有效,这与哈洛宁等人(Halonen et al.,2003)的发展性测量工具相一致。教师可以采用如下方法使用下一节中讨论的规则。首先,让学生在基本技能方面打下基础,然后练习将这些技能和更高级的批判性思维技能相结合。我们可以向学生提出鼓励批判性思维发展的基本问题,例如"什么是事实,什么是观点?"然后针对该问题按部就班地加以指导,包括事实核查、来源识别或逻辑分析。逐一介绍九个问题及其步骤,能够使学生循序渐进地发展批判性思维技能,而不至于不堪重负。与此同时,技能自然而然就得到积累,使学生获得阶梯式的稳步发展。该方法还有一个优势,就是可以将每个步骤的重点融入心理学导论课程的各个内容领域。

批判性思维指南

在制订批判性思维教学策略时,本文作者之一弗朗西斯首先回顾了各种心理学教学工具中的批判性思维目标(例如,*Taking Sides*,n.d;Wade & Tavris,2005)。汇总来自各方面的信息,他提出了批判性思考的九个重要问题。这九个问题集中在信息来源和信息呈现上。具体包括:

1. 什么是事实？什么是观点？
2. 事实来自哪里？
3. 提出了哪些因果关系？
4. 是否存在错误概括？
5. 问题是否被过于简化？
6. 是否使用了宣传手段？
7. 信息是否被歪曲？
8. 是否使用了欺骗手段？
9. 是否利用了刻板印象或种族中心主义思想？

以下我们将更详细地讨论每个问题，包括问题的相关目标和内容领域，以及我们如何使用《立场——辩证思维训练：心理学篇》中的示例练习批判性思维技能。

问题 1：什么是事实？什么是观点？

在批判性思维发展的这一阶段，我们的目标是培养学生区分基于事实和基于观点的论断的能力。事实是由证据支持并与实证数据相关联的信息。我们会将事实和实证数据之间的关联纳入关于心理科学和实证方法的讲座，尤其是在第一周的课程中。

《立场——辩证思维训练：心理学篇》一书探讨的第 8 个问题是离婚及其对儿童的影响（Hetherington & Kelly, 2006；Wallerstein & Lewis, 2006）。这个话题下，作者在介绍与事实、观点和实证证据相关的重要问题时，将学术讨论与学生生活紧密联系起来。我们分配了针对两种观点的阅读任务，然后指导学生在互联网上查找两位主要作者——朱迪思·沃勒斯坦（Judith Wallerstein）和 E. 迈维斯·赫瑟林顿（E. Mavis Hetherington）的相关信息。不出意外,好几位学生都得到了这一信息:沃勒斯坦是美国探讨离婚问题最重要的权威人士。当被问及这一信息的来源时,学生回答,通过谷歌搜索她的名字时,第一页上列出一个网站,这个网站复制了她所有著作的封面(Wallerstein, Lewis, & Blakeslee, 2002)。这一观察自然引发了学生对事实和观点之间差异的讨论。认识到并非所有观点都是有理有据的,对于仍在学习科学思考的学生来说是重要的第一步(Ruggiero, 2006)。

问题2:事实来自哪里?

确定了事实和观点之间存在差异后,下一个任务是区分不同的信息来源。这个阶段的目标是使学生能够识别各种信息来源的优劣。该目标与心理学不同研究方法所涉及的问题直接相关。

《立场——辩证思维训练:心理学篇》一书中探讨注意缺陷多动障碍问题(问题#5)时就提出了这一目标。作者在引导学生使用PsycINFO文摘索引数据库的同时,介绍了关于行为的生物学观点。鉴于越来越多的儿童被诊断出患有注意缺陷多动障碍,学生发现这个课题很有研究价值。关于这个问题的两篇论文讨论了使用行为遗传学研究(双胞胎和收养研究)来明确注意缺陷多动障碍的遗传学解释。在这个过程中,学生会询问哪种研究方法是"正确的"。课堂讨论允许使用不同的研究方法多角度逼近"真相",而不是简单地用非黑即白的视角来看待问题。

《立场——辩证思维训练:心理学篇》一书中探讨女性就业问题(问题#7)时也强调了信息来源。教师应提醒学生注意,文章的作者来自不同的学科(发展心理学、社会学、人类学)。这里可以讨论跨学科研究的用处和站在更宽广的角度理解问题的价值。

另一种理解特定事实性质的方法允许学生从不同的角度思考研究结果。回到《立场——辩证思维训练:心理学篇》一书中关于离婚问题(问题♯8)的讨论上来,我们引导学生查询沃勒斯坦和赫瑟林顿使用的两个不同研究样本的信息。两人撰写的文章得出的结果完全不同,这可以追溯到研究人群——也就是事实来源上去。沃勒斯坦的研究基于临床样本,而赫瑟林顿的研究基于标准化样本。这两组调查结果肯定都是"事实",但它们是否同样有助于理解离婚对儿童的影响?这个问题不能用简单的"是"或"否"来回答,我们需要深入思考每组研究结果如何阐明不同类型的影响,以及这两种不同的结论如何帮助我们理解问题。类似的讨论有助于引入这样一种观念——即使是看似相互矛盾的结论也可能有助于我们从心理学角度理解人类行为,哈洛宁(Halonen et al.,2003)等人称之为描述性技能领域的解释。

问题3:提出了哪些因果关系?

在心理学中,尽管大部分对社会环境的研究是仅限于讨论数据的相关关系的,但因为研究结果往往被压缩成多个部分,所以看起来好像也存在因果关系。这一阶段的教学目的不仅是提醒学生"相关性不等于因果关系",也包括帮助学生批判性地思考在各种情境中呈现的因果关系的论断。为了实现目标,学生可以通过讲座、讨论和阅读教科书来比较实验研究与相关性设计的特点。在课堂上,我们使用多个问题来探讨因果关系。首先,我们回到离婚问题。我们根据沃勒斯坦和刘易斯(Wallerstein & Lewis,2006)的研究列出离婚的负面影响,例如,离婚会产生愤怒情绪或对亲密关系的恐惧。然后,我们对能想到的导致这些结果的其他可能原因进行了集体讨论。例如,糟糕的养育方式或同伴关系。这项活动说明,结果往往是由多重复杂的原因所导致的。我们询问学生:"离婚是导致所有结果的唯一原因"以及"某些结果也可能发生在非离异家庭的个体身上"这两种假设哪一种更合理。学生的写作任务要求他们细读几篇关于离婚影响的不同论文,并描述数据之间是否真的存在因果关系。

《立场——辩证思维训练:心理学篇》一书中关于电子游戏和暴力的探讨(问题♯16)提供了另一个引人入胜的练习主题。金泰尔和安德森(Gentile & Anderson,2006)相关性研究的数据表明,暴力游戏会导致儿童暴力。奥尔森(Olsen,2006)却认为他们的研究数据并不能证明两者的因果关系。金泰尔和安德森的论文中讨论了研究发展科学如何得到这样一系列研究成果——尽管缺乏实验数据支撑,却仍可以得出因果关系结论。我们让学生以书面形式回应这一质疑。这些问题允许学生讨论相关数据是否能够证明因果关系,例如美国儿科学会(American Academy of Pediatrics,简称 AAP)在 2000 年与其他五个医疗团体发布的联合声明中宣称电视暴力导致儿童暴力行为时所使用的数据(AAP,2000)。无论色情产品是否有害,书中对问题♯18 的探讨都集中于同一论点,即没有实际的证据表明接触色情产品会导致强迫性性行为的发生。电子游戏和色情产品都是广泛吸引学生兴趣的突出问题,特别是男同学们都倾向于相信这些都只是无害的消遣而已,他们因此撰写了一系列生动的论文来驳斥"有害"观点。对于这两个主题,此任务的一个关键组成部分是引导学生利用 PsycINFO 数据库搜索正反两方面的证据,以避免学生仅提交支持个人观点的文献综述。

问题 4:是否存在错误概括?

通过对这个问题的探讨,我们从识别和判断信息来源,进一步深入到对信息来源和信息使用的更详细分析。我们的教学目标是让学生学会辨别一些将信息当作事实从原始语境中剥离出来的情况。根据我们的经验，学生最初通常有一个偏见，即认为研究应该适用于所有人。我们希望帮助他们了解，针对特定人群的研究是有价值的，但结论必须仅限于该人群。这是有一定难度的，所以我们回到关于离婚（问题♯8）的话题，并重新审视赫瑟林顿和凯利（Hetherington & Kelly, 2006）以及沃勒斯坦和刘易斯（Wallerstein & Lewis, 2006）的研究结果是否有误。如果他们的研究结果无误，那也仅仅是针对他们研究的特定人群而言。我们同样讨论女性的就业问题（问题♯7），并考虑两篇女性就业研究论文的普适性。我们让学生先观察样本特征并确定研究结果的适用对象，重新审视作者针对儿童问题撰写的文章，以及另一位作者针对青少年问题撰写的文章。我们再次强调，这些研究结论都无误，但各自针对不同群体。关于抗抑郁药的使用和自杀问题（问题♯12）的讨论对于辨别观点的普适性特别有用。第一步，分析所参考的研究中的样本特征，并确定结果适用于哪个群体，这里可以列举希利和惠特克（Healy & Whitaker, 2006）流行病学研究论文的相关部分。然后我们参照对这个问题的讨论教授样本的代表性，讨论代表性样本和特定目标样本之间的区别。我们还讨论了取样的方便性，强调了针对大学生的研究，并与之前对于研究方法的讨论联系起来。奥唐纳曾经做过类似练习，在讨论特定目标样本之前讨论代表性样本，但发现学生认为这样更难理解。我们的猜测是，关于普适性研究的讨论会加强学生的初始偏见，使得他们更加难以摆脱原始思维。

问题5：问题是否被过于简化？

当学生积累了越来越多的经验以分析用于支撑观点的数据后，同样重要的是，要鼓励他们意识到：为了使非研究者更容易理解，有些观点是被简化过的。这一阶段的目标是提高学生识别替代解释或不同观点的能力。以多元智能（问题#10）问题为例。学生在学校和其他场所听过多元智能理论的简单形式（例如，为了照顾听众感受而刻意大而化之的表述——"我们每个人都有各自的智慧"），并经常表示支持，认为自己理解这种观点。阅读相关章节，学生经常会发现他们充其量只是肤浅的理解。加德纳（Gardner, 2006）提出了一套强大的、多学科的科学标准，用于确定某个特征是否属于智力范畴（例如，大脑中的特定结构或脑损伤产生的某种影响）。戈特弗雷德森（Gottfredson, 2006）报告了同样的科学发现，他认为，存在一种一般要素，这种要素是其他具体特征（如语言流畅性或数学运算）的基础。当学生专注于判断哪种观点正确时，我们往往要提醒他们，即使是科学界也是存在争议的，也许学生还没有能力得出结论。然后，可以将讨论方向转向实用性，引导学生考虑不同的智力观如何帮助我们理解人类行为。学生在被告知他们没有能力对某个问题作出判断的时候会表现出抗拒。然而，知道依赖专家观点的合适时机是批判性思维的重要组成部分。

问题6：是否使用了宣传手段？

考虑信息是否被过度概括或简化，可以鼓励学生关注信息的呈现方式。质疑是否将信息作为宣传手段，是考虑演讲者或作者意图时的另一个角度。学生可能对这样一种观点耳熟能详：心理学的事实来自实证研究（这些研究倾向于将宣传目的排除在外，但愿如此）然而，实际上，学生会从各种非学术出版物中获取信息。我们的目的不是鼓励学生将所有尝试说服的做法统统视为消极的，而是提高学生识别宣传手段的能力，使他们在评估一种观点的时候,不受外界影响。换句话说,我们的目标在于提高学生评估论证内容而非论证形式的能力。

我们重新审视了关于注意缺陷多动障碍的各种观点(问题♯5),提供了与教学目标相关的练习,同时强调了如何识别事实的来源。在回顾了之前的讨论之后,我们要求学生分析网站上对注意缺陷多动障碍及其治疗方法的讨论。讨论包括识别文本中使用的宣传手段,例如是否引用了特定的研究,在文本中是否呈现了各种治疗的有效性,以及确定研究的资金来源。问题♯11讨论了注意缺陷多动障碍这一疾病究竟是否存在的问题。为了实现教学目标,我们补充了一些资料,如提密密、蒙克里夫、朱瑞丁等人(Timimi, Moncrieff, Jureidini, et al., 2006)认为注意缺陷多动障碍的诊断仅仅是为了出售药物。

问题7:信息是否被歪曲?

演讲者试图影响或说服听众的做法会导致信息失真。这一阶段的目标是鼓励学生对有关事实的信息进行额外的批判性思考。更具体地说,这一阶段的目标是让学生对演讲者选择特定数据源可能存在的偏见提高识别能力。该目标为学生提供了新的看待课程内容的视角,因为学生可以利用他们新学的心理学知识来分析心理学信息和理论在流行文化中的各种表现形式。我们回到熟悉的离婚主题(问题♯8)来介绍这个批判性思维问题。在之前的讨论中,我们注意到,用于该问题的两项研究分别适用于两类非常不同的人群(临床样本与标准化样本)。对两类研究人群进行的额外分析引发了人群差异可能导致认识偏差的讨论。例如,我们要求学生考虑,如果他们只阅读这两篇文章中的一篇,他们的意见可能会如何改变。这就证明,为了避免信息失真,考虑多个信息来源是有价值的。

《立场——辩证思维训练：心理学篇》中的问题#7专注于探讨女性就业问题，也为讨论信息失真提供了参考——这次讨论的是编者如何选择文章的问题。布鲁克斯-冈恩、哈恩和沃德佛格（Brooks-Gunn，Han，& Waldfogel，2006）写过关于学龄前儿童的文章，而范德·文、卡伦、卡罗扎、赖特（Vander Ven，Cullen，Carrozza，& Wright，2006）写过关于青少年的文章。从表面上看，这两篇论文似乎都在解决同一个问题，但实际上这两篇文章风马牛不相及。邀请学生撰写有关该问题的文章，可以使他们自行发现两篇论文的差异。奥唐纳的经验是，学生在寻找支持每个论点的内容时，能够独立得出这两篇文章不具有可比性的结论。最后，我们请学生注意，金泰尔和安德森（Gentile & Anderson，2006）的论文是从他们的书中浓缩出来的，因此不是经过同行评议的文章。我们讨论了同行评审过程的重要性，并指导他们查阅书中的资料，检验实证研究是否正确支持了作者提出的观点（我们需要提供金泰尔和安德森原书的副本，因为该书的参考文献在《立场——辩证思维训练：心理学篇》中被省略了）。

问题8：是否使用了欺骗手段？

上面关于材料呈现方式和影响策略使用的讨论，预设的前提是这些材料是在试图说服而不是尝试欺骗。实际上，学生还必须学会识别欺骗性信息。这一阶段的目标是鼓励学生在评估材料时进行质疑，使用与错误概括、过度简化和宣传手段相关的批判性思维技能来识别潜在的欺骗性信息。这个目标也符合学生继续运用他们的心理学知识来分析周围世界的倾向。鉴于注意缺陷多动障碍的遗传学解释主要围绕着法劳内和比德曼（Faraone & Biederman，2006）的观点，而约瑟夫（Joseph，2006）忽略了引用和这一观点有关的研究,我们向学生展示如何使用PsycINFO来对这一观点进行文献调查。这一过程得出的结论以及先前的批判性思维问题可以为讨论欺骗性信息提供着力点。这个讨论与哈洛宁等人(Halonen et al.,2003)的道德研究尤其相关。在培训之前,学生倾向于认为大多数研究者都是不道德的:研究者不惜伪造或扭曲他们的研究以"证明"他们的理论。我们也借此机会探讨了研究人员试图保持客观性的许多方法。

问题9:是否利用了刻板印象或种族中心主义思想?

在考虑刻板印象和种族中心主义思想时,批判性思维指南再次指出,要质疑信息呈现方式的潜在影响。这一阶段可以引出两个相互关联的目标。一个目标是提高学生个人在作出行为判断时,识别对特定群体的假设或成见的能力。第二个对自身更具挑战性的目标是,鼓励学生质疑自己在多大程度上使用国籍、宗教和文化传统标准对他人进行判断。达到这两个目标的方法之一是向学生提供与现实情况不同的、系统的、实证的信息。例如,奥唐纳选取了一个具有高度相似特征的学生群体:白人、中产阶级和福音派基督徒。虽然大学鼓励批判性思考和包容,但如果学生相对缺乏和不同文化背景个体交往的体验,就会导致较强的种族中心主义思维。"毒瘾是一种个人选择吗?"(问题♯13)"将同性恋视为疾病进行治疗道德吗?"(问题♯15)"色情有害吗?"(问题♯18)这些问题通常要求学生对与他们日常生活毫无关联的事情进行思考。在PsycINFO中研究正反两面信息可以使学生不至于因为哗众取宠而挑选文章,使学生接触到之前对他们而言可能不具有吸引力的信息来源和主题。

评估

考虑到这种方法需要投入的时间和精力,评估学习成果就格外重要了。一种评估策略是要求学生对《立场——辩证思维训练:心理学篇》中提到的每项活动撰写书面反馈。因为每个学生处于不同的思维水平,应用哈洛宁等人(Halonen et al.,2003)的基本水平标准将确保他们达到最低能力水平,并提供反馈来激发更高水平的思考。根据这些标准,我们以"好""好+""好-"这三个级别为写作作业评分。这种教学策略类似于邓恩(Dunn,2006)提出的建议,即增加心理学课程的写作量,同时不会使教师的工作过于繁重。最终的书面作业将应用标准的评分量表来对学生的批判性思维能力进行全面的评估,包括批判性思考证据的内容以及其他内容领域。最终的课程论文可以再次使用《立场——辩证思维训练:心理学篇》一书。教师可以要求学生选择一个问题,收集外部信息,并撰写论文描述支持论点的各方证据,然后选择性地得出结论。

结论

批判性思维对每个学生来说都不是一种天生的能力,这给心理学教师带来了挑战和机遇。推敲可能性模型(Elaboration Likelihood Model,简称ELM)表明,我们可以运用批判性思维技能来理解与学生生活相关的问题。同样,我们可以通过采用阶梯式的稳步发展策略来降低学生承受不了压力的可能性。本文讨论的只是一种实施策略。教师还可以针对班级类型或课程内容所属的心理学领域有针对性地选用例子,包括使用《立场——辩证思维训练》合集或其他参考资料。教师可以重新排列和修改问题以适应自己的个人偏好,也可以根据自己掌握的资源来调整作业。鉴于对提高学生批判性思维能力的共同兴趣,我们希望这些方法可以为大家提供灵感。

苏珊·L. 奥唐纳,阿莉莎·L. 弗朗西斯,谢莉·L. 马胡林

参考文献

American Academy of Pediatrics. (2000). *Joint statement on the impact of entertainment violence on children*. Congressional Public Health Summit, July 26, 2000. Retrieved 20 May, 2007, from http://www.aap.org/advocacy/releases/jstmtevc.htm

Brooks-Gunn, J., Han, W., & Waldfogel, J. (2006). Maternal employment and child cognitive outcomes in the first three years of life. In B. Slife (Ed.), *Taking sides: Clashing views on psychological issues* (14th ed., pp. 124 – 131). Dubuque, IA: McGraw-Hill.

Cook, A. J., Moore, K., & Steel, G. D. (2004). The taking of a position: A reinterpretation of the elaboration likelihood model. *Journal for the Theory of Social Behaviour*, 34, 315 – 331.

Dunn, D. S. (2006, January). *Teaching writing: Exercises and assessment methods for use across the psychology curriculum*. Presentation from 28th Annual National Institute on the Teaching of Psychology, St. Petersburg Beach, FL.

Faraone, S. V., & Biederman, J. (2006). Nature, nurture, and attention deficit hyperactivity disorder. In B. Slife (Ed.), *Taking sides: Clashing views on psychological issues* (14th ed., pp.91 – 103). Dubuque, IA: McGraw-Hill.

Gardner, H. (2006). A multiplicity of intelligences. In B. Slife (Ed.), *Taking sides:*

Clashing views on psychological issues (14th ed., pp. 184 – 190). Dubuque, IA: McGraw-Hill.

Gentile, D. A., & Anderson, C. A. (2006). Violent video games: The newest media violence hazard. In B. Slife (Ed.), *Taking sides: Clashing views on psychological issues* (14th ed., pp.300 – 308). Dubuque, IA: McGraw-Hill.

Gottfredson, L. S. (2006). The general intelligence factor. In B. Slife (Ed.), *Taking sides: Clashing views on psychological issues* (14th ed., pp.191 – 200). Dubuque, IA: McGraw-Hill.

Halonen, J. S., Bosack, T., Clay, S., & McCarthy M. (with Dunn, D. S., Hill, IV, G. W., et al.). (2003). A rubric for authentically learning, teaching, and assessing scientific reasoning in psychology. *Teaching of Psychology*, 30, 196 – 208.

Healy, D., & Whitaker, C. (2006). Antidepressants and suicide: Risk-benefit conundrums. In B. Slife (Ed.), *Taking sides: Clashing views on psychological issues* (14th ed., pp.217 – 224). Dubuque, IA: McGraw-Hill.

Hetherington, E. M., & Kelly, J. (2006). For better or for worse. In B. Slife (Ed.), *Taking sides: Clashing views on psychological issues* (14th ed., pp. 149 – 154). Dubuque, IA: McGraw-Hill.

Joseph, J. (2006). Not in their genes: A critical view of the genetics of attention-deficit hyperactivity disorder. In B. Slife (Ed.), *Taking sides: Clashing views on psychological issues* (14th ed., pp.77 – 90). Dubuque, IA: McGraw-Hill.

Olsen, C. K. (2006). Media violence research and youth violence data: Why do they conflict? In B. Slife (Ed.), *Taking sides: Clashing views on psychological issues* (14th ed., pp.309 – 316). Dubuque, IA: McGraw-Hill.

Ruggiero, V. R. (2006). *Becoming a critical thinker* (5th ed.). Boston: Houghton Mifflin.

Slife, B. (Ed.). (2006). *Taking sides: Clashing views on psychological issues* (14th ed.). Dubuque, IA: McGraw-Hill.

Timimi, S., Moncrieff, J, Jureidini, J. et al. (2006). A critique of the international consensus statement. In B. Slife (Ed.), *Taking sides: Clashing views on psychological issues* (14th ed., pp.210 – 213). Dubuque, IA: McGraw-Hill.

Using *Taking Sides*: Questions to ask when examining a position. (n.d.). Retrieved May 30, 2007, from http://www.dushkin.com/usingts/guide/ho01.mhtml

Vander Ven, T. M., Cullen, F. T., Carrozza, M. A., & Wright, J. P. (2006). Home alone: The impact of maternal employment on delinquency. In B. Slife (Ed.), *Taking sides: Clashing views on psychological issues* (14th ed., pp.132 – 138). Dubuque, IA: McGraw-Hill.

Wade, C., & Tavris, C. (2005). *Invitation to psychology* (3rd ed.). Upper Saddle River, NJ: Pearson Education.

Wallerstein, J. S., & Lewis, J. M. (2006). The unexpected legacy of divorce: Report of a 25-year study. In B. Slife (Ed.), *Taking sides: Clashing views on psychological issues* (14th ed., pp.142 – 148). Dubuque, IA: McGraw-Hill.

Wallerstein, J. S., Lewis, J. M., & Blakeslee, S. (2002). About the author. *The unexpected legacy of divorce: A 25-year landmark study*. Retrieved 19 April, 2007, from http://www.webheights.net/dividedheart/waller/uld.htm

作者说明

本文的读者来信请邮寄至苏珊·L. 奥唐纳,邮寄信息:Susan L. O'Donnell, Department of Psychology, George Fox University, 414 N. Meridian St., #6155, Newberg, OR 97132。

电子邮件:sodonnell@georgefox.edu。

作为本科心理学教学启发式工具的"个人构念网格"

即使是最有经验的教育工作者,教授本科阶段的心理学课程也是一项特殊的挑战。除了以有组织和易于理解的方式涵盖广泛的信息外,教师还需要不断寻找方法,帮助学生以更高的水平进行学习,并激发学生课堂参与和学习相关教学主题的热情。我使用了一种创新的教学策略作为在本科心理学课堂上实现这些教育目标的工具。这一策略有效地突出了乔治·凯利(Kelly, 1955)人格建构理论(personal construct theory)中的二分意义维度。在成为临床心理学家之前,凯利曾是一名工程师。或许由于凯利并不是一个习惯自我标榜的心理学家,他的理论鲜少作为心理学历史、心理学体系和人格理论之外必需的课外阅读材料。虽然心理学同时代的巨擘,包括杰罗姆·布鲁纳(Jerome Bruner)和卡尔·罗杰斯(Carl Rogers),对凯利的作品作出了积极的评价,但许多普通读者误解了人格建构理论的核心特征和研究方向,从而对凯利的著作作出了互相矛盾的解读(Kenny, 1984)。关于凯利生平的传记及其理论的基础,可以在马赫(Maher, 1969)的一系列论文中找到。

人格建构理论的基本原则是"人人都是科学家",人们通过各自不同的心理过程对未来事件作出期望和预测(Kelly,1955)。人格建构在这一过程中至关重要,凯利将其定义为每个人用来认识和解释世界的具有层次和相互联系的二分维度(例如,好—坏,容易—困难,相关—无关)。以理论为基础,凯利推出了一种名为"凯利方格技术"(RGT)的心理治疗访谈策略。这一策略最初被命名为角色建构库测试(role construct repertory test)——治疗师以最少的干预和偏见来揭示患者个人性格结构的一种工具。在该方法中,治疗师起到促进者的作用,允许患者发现他们自己的人格结构。例如,使用凯利方格技术来探索患者的人际关系时,凯利可能会将注意力集中在患者自我和重要他人(例如,家人和朋友)上,将其作为人格结构的元素(即希望探索的人、物、事件或问题)。然后,凯利会要求患者将这些元素中两个相似的元素与第三个元素进行对比(例如,"我的朋友和我对新的挑战持开放态度,而我的父母则比较保守")。这种三元比较的过程激发患者在不受治疗师干扰的前提下,进行两级建构(在这个案例中,即开放心态—保守心态)。

尽管凯利最初是在临床环境中运用凯利方格技术的,但是我们也注意到了在课堂环境中该技术的适应性和可应用性(Tobacyk,1987)。二元人格结构不仅常见于本科心理学课程的各种教材(Lundin,1996;Santrock,2002),也便于教师确定有意义的维度。例如,在教授变态心理学时,教师可以引入以下二元结构:典型性—非典型性、功能性—功能失调性、社会接受性—社会不可接受性、文化普遍性—文化差异性。

依靠教科书主题内容体现的意义维度和自我生成的二元结构,我使用凯利方格技术来促进学生对本科心理学课程的学习。虽然凯利方格技术具有各种形式,但我发现有一个评级网格特别有用:在以两个相反的特征作为两端的李克特量表上,学生对每个元素进行评分。我在之前发表的文章中系统地验证了凯利方格技术的教学效果(Mayo,2004a,2004b)。在此基础上,我将总结心理学导论和心理学史的教学方法。

毕生发展心理学

在教授毕生发展心理学的过程中,我选择了 7 个主要发展理论的 10 位代表人物作为我的教学重点(Mayo,2004b)。我选择了各种毕生发展心理学教科书中常见理论观点的主要贡献者。这些核心理论和相应的贡献者有习性学的[康拉德·洛伦茨(Konrad Lorenz)],有生态系统理论的[布朗芬布伦纳(Urie Bronfenbrenner)],有精神分析学的[西格蒙德·弗洛伊德(Sigmund Freud)和埃里克森(Erik Erikson)],有学习理论方面的[B.F. 斯金纳(B.F. Skinner)和班杜拉(Albert Bandura)],有人本主义心理学的[马斯洛(Abraham Maslow)],有认知心理学[皮亚杰(Jean Piaget)和科尔伯格(Lawrence Kohlberg)]和社会文化理论的[维果茨基(Lev Vygotsky)]。应用凯利方格技术,我设计了和重要发展问题有关的二元结构:遗传—环境,连续性—非连续性,稳定—变化,内部性—外部性,单维度—多维度,具备可测试性—缺乏可测试性。我在课程开始时讲述了这些二元结构,并在整个学期剩下的时间里不时地提到了这些结构。我从桑特洛克(Santrock,2002)提出的发展问题中借鉴了前三个结构,而我自己创建了后三个结构。

我指导学生分别评估每个发展心理学家在每个二元结构上所处的位置。评估采用了一系列七级评分量表。学生在每个评价表的相应位置标示出"×",表示最符合某个心理学家观点的评估等级。

表 4　学生完成的评分量表示例

	心理学家:西格蒙德·弗洛伊德							
	评价等级							
	1	2	3	4	5	6	7	
1. 遗传	—	×	—	—	—	—	—	环境
2. 连续性	—	—	—	—	—	×	—	非连续性
3. 稳定	×	—	—	—	—	—	—	变化
4. 内部性	—	×	—	—	—	—	—	外部性
5. 单维度	×	—	—	—	—	—	—	多维度
6. 具备可测试性	—	—	—	—	—	—	×	缺乏可测试性

以表 4 为例,这是学生完成的关于弗洛伊德的网格。

完成每个发展理论家的评价网格后,我要求学生编制一个综合矩阵来总结其评价网格的结果,该矩阵对所有 10 个理论家的观点进行了分类。学生完成的综合矩阵,请参阅表 5。

我将个人评价网格和综合矩阵布置为课后作业,要求每个学生独立完成。学期结束时,我针对综合矩阵组织 75 分钟的全班讨论。这次讨论有助于学生在期末的综合考试中取得好成绩,因为期末考试会强调发展理论家之间的显著相似点和不同点。为了最大限度地降低实验者效应对期末考试出题和评分的影响,我从基于事实和概念的测试题库中选择了 50 个多项选择题,并着重选择基于概念的题目。

心理学的历史和体系

在回顾相关文献时,我只发现了一篇关于凯利方格技术应用于心理学历史和体系课程教学的个案报告。托比西克(Tobacyk,1987)为学生提供了心理学史上著名人物的名字(构成网格的列元素)和教师列出的、用于组织课程内容(例如,有意识与无意识)的二元意义维度(构成网格的行元素)。之后,他要求学生按照二元维度依次评价网格中的每位心理学名家。

我借鉴了托比西克(Tobacyk,1987)关于凯利方格技术的课堂应用来教授入门级的心理学史课程。课程以特定主题的学术讨论会形式开展,每周会面两次,每次50分钟(Mayo,2004a)。

表5 学生完成的综合矩阵示例

	评价等级							
	1	2	3	4	5	6	7	
1. 遗传	L	F		M	P	E	Ba, Br, K, S	环境
2. 连续性	Ba, L, S, V				M	E, F, K, P		非连续性
3. 稳定	F, L						Ba, Br, E, K, M, P, S, V	变化
4. 内部性	K, L	F, P	M		Ba	E	Br, S, V	外部性
5. 单维度	F, L, S	Br, K	P	E, M	Ba, V			多维度
6. 具备可测试性	Ba, L, S	Br, V	K, P				F, M	缺乏可测试性

说明:Ba=班杜拉,Br=布朗芬布伦纳,E=埃里克森,F=弗洛伊德,K=科尔伯格,L=洛伦茨,M=马斯洛,P=皮亚杰,S=斯金纳,V=维果茨基。

课程分为三个教学单元,我给出一个二元结构列表,学生将预选出的24

个心理学杰出贡献者(每个单元 8 个)分为三组:哲学/前科学心理学家[亚里士多德(Aristotle),笛卡尔(René Descartes),约翰·洛克(John Locke)和康德(Immanuel Kant)];早期的科学心理学家[威廉·冯特(Wilhelm Wundt),威廉·詹姆斯(William James),弗洛伊德(Sigmund Freud)和约翰·华生(John B. Watson)];过去一个世纪先后发展的主要心理学领域的心理学家[例如,库尔特·勒温(Kurt Lewin),戈登·奥尔波特(Gordon Allport),乔姆斯基(Noam Chomsky)和卡尔·罗杰斯(Carl Rogers)]。使用伦丁(Lundin,1996)的文本作为参考框架,我选择了前六组结构来反映心理学史的传统问题:身心关系问题,天性与教养问题,主观性与客观性关系问题,整体论与元素论问题,自由意志与决定论问题,功利性与纯粹性问题。作为补充,我设计了最后两组结构(真实性与虚假性问题,主要贡献与次要贡献问题),试图明确学生对每个人物贡献的主观看法。在评估针对各个人物观点的真实程度时,我要求学生考虑每项人物贡献的社会历史因素。在探讨主要贡献与次要贡献时,我要求学生评估每个人物对心理学史发展所作的贡献。

我要求学生对每位人物的智力、哲学或理论立场进行评级,作为课程每个单元的课后作业。我采用了一系列 11 级评分量表,测量学生评价之间的差异。我要求他们独立完成每项任务。在每个网格上记录他们的评级时,我要求学生在相应评级的连续体上以"×"符号标记出最接近每个贡献者观点的等级。

与更加传统的在毕生发展心理学课程中应用凯利方格技术的方法不同,我还要求学生为每个构念的评级提供书面依据。在为其评级提供支持理论时,学生越来越意识到,基于证据的结论,其价值要高于未经证实的观点。此外,在学生完成每一个单元的评价后,我立即用 30—45 分钟进行全班讨论。在这些讨论中,学生分享了他们的分析,并对同班同学表达的观点进行了评论。

对本科心理学课程的启示

总体而言,我在自己的本科心理学课程中观察到的学习成果(Mayo,2004a,2004b)表明,凯利方格技术作为凯利的人格建构理论评估的核心,是一种切实可行的教学策略。凯利方格技术对教师和学生都有好处,它提供了一个整体框架来组织课程内容。与托比西克(Tobacyk,1987)在评估凯利方格技术教学价值时的结论一致,二元结构的使用"有助于学生获得超出记忆材料的、更复杂的理解水平"。特别是,凯利方格技术鼓励学生评估、比较和对比截然不同的知识观点。在课堂讨论过程中,凯利方格技术还会促使学生积极参与学习过程。

心理学课程的主题中广泛存在两极意义维度,这使得凯利方格技术成为贯穿本科心理学课程的有前景的启发式工具。概念网格尤其适用于本科课程,例如,二元结构列表(例如,理性—非理性和积极主动—被动反应)构成人格理论现有内容的有机部分(例如,Hjelle & Ziegler,1992),而且教师和学生也能很容易构思出这样的结构列表。

准确评估学生的概念系统通常很困难,耗时且评估范围有限(Fetherstonhaugh & Treagust,1992)。为了解决这些问题,教师围绕凯利方格技术精心设计的规则可以有效地将评估标准传达给学生。教师可以使用这些规则更清晰地表达对学生行为的期望、形成性评价以及学生学业表现的优缺点(Allen,2004)。

针对凯利方格技术的计算机应用程序也可供课堂使用,以形成和评估学生的评价网格。在引导学生通过便利的计算机程序输入他们的评价网格数据之后,教师可以通过分析电子网格来丰富对学生概念系统的认识,特别是在构念评价没有提供相应理由的情况下。其中一个可用的计算机程序是 WebGrid Ⅲ(Gaines & Shaw,2005),这是一种基于网络的适用于凯利方格技术的免费程序。我将使用与科学心理学创立早期贡献者相关的网格示例(一个学生为了获得额外学分,在我的心理学史基础研讨会上完成的),展示由 WebGrid Ⅲ 构念网格获得的启发及解释。这个例子涉及 8 组二元结构,8 个主要贡献者(单元格)在 11 点连续量表上接受评定。图 6 举例说明了 8×8×11 的评定网格。

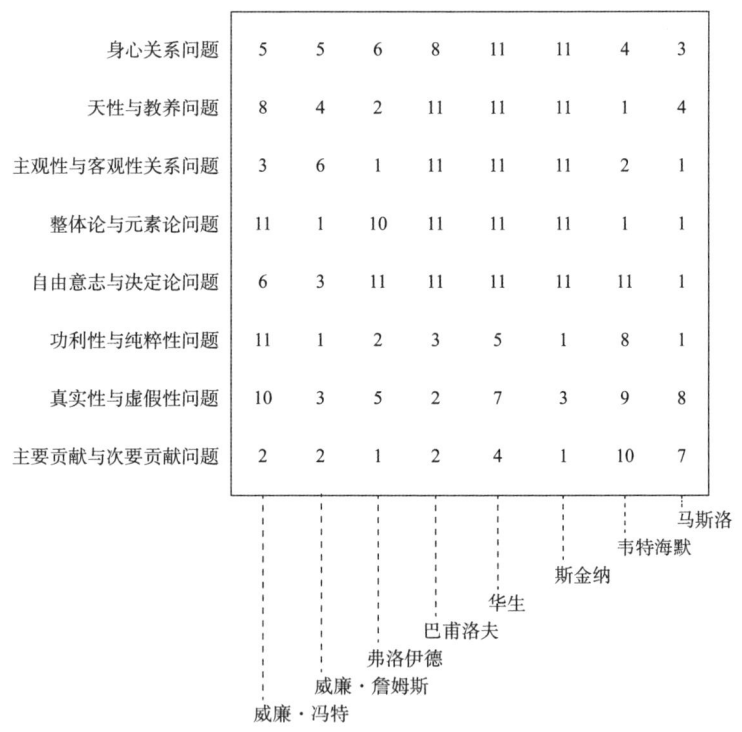

图 6 WebGrid Ⅲ 数据显示示例

资料来源:Gaines, B. R., & Shaw, M. L. G. [2005]. WebGrid Ⅲ [Computer program]. Alberta, Canada: Knowledge Science Institute. Available at the following URL: http://tiger.cpsc.ucalgary.ca/.

使用图6所描述的数据,WebGrid Ⅲ帮助我们从聚类分析和主成分分析程序中获得不同的网格分析结果。如图7所示,聚类分析技术(FOCUS

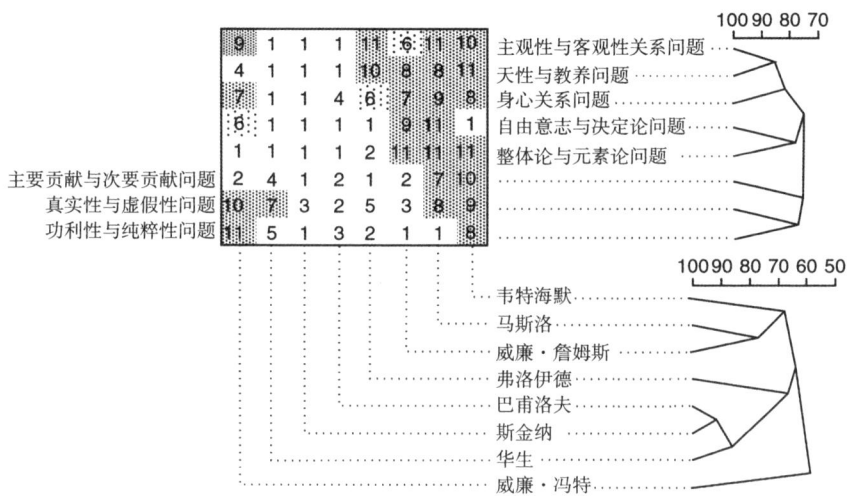

图7　WebGrid Ⅲ核心聚类分析示例

资料来源:Gaines, B. R., & Shaw, M. L. G. [2005]. WebGrid Ⅲ [Computer program]. Alberta, Canada: Knowledge Science Institute. Available at the following URL: http://tiger.cpsc.ucalgary.ca/.)

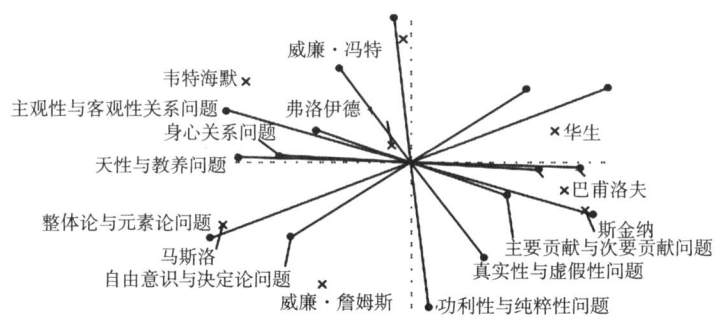

图8　WebGrid Ⅲ的主成分分析示例

资料来源:Gaines, B. R., & Shaw, M. L. G. [2005]. WebGrid Ⅲ [Computer program]. Alberta, Canada: Knowledge Science Institute. Available at the following URL: http://tiger.cpsc.ucalgary.ca/.

Clustering)不仅可以推断一组构念是否可以应用于不同的单元格,而且还可以比较不同单元格在相同构念上的评分。

图8显示了主成分分析的结果,该分析以视觉形式展示了构念和单元格是如何相互关联的。

作为一种多功能的评估工具,凯利方格技术不仅可用于"在给定时间点提供构念系统的概况"(Winer & Vazquez-Abad,1997,p.366),还可用于评估构念随时间演变的动态变化。在研究学生构念变化的证据时,将这些信息与凯里(Carey,1985)区分个体构念系统的弱重组及强重组联系起来或许是有用的。在弱重组中,学生长期记忆中已存在的概念之间建立新的联系。相比之下,学生在进行强重组时会改变他们的核心概念。

教师也可以通过网格形式的变化来改变预期的学习成果。和给学生现成的网格不同,教师可以向学生提供一个二元构念列表,帮助学生对事先设定的单元格进行评级。教师可以使用凯利方格技术的衍生形式(Bannister & Mair,1968),学生在教师的指导下可以自主设计和应用这些构念。例如,学生可以从评估单个心理学贡献者开始,以短语描述(外生节点)及其对立描述(内生节点)的形式产生一系列构念。通过对其他心理学贡献者重复这一过程,学生可以创建一个锚定点,用来比较更多人的观点。这种策略类似于梯形图概念,后者是一个产生深层构念的技术,涉及观点的评估、修改和联系。根据教师的偏好,学生可以单独或以小组形式完成这个过程,然后将他们的反应提交给整个班级以获得同伴反馈。正如托比西克(Tobacyk,1987)在使用凯利方格技术的衍生形式教授心理学史和心理学体系时所指出的,该策略可能使学生对课程内容更加熟悉。这种方法还可以帮助学生培养创造性和评价性技能,这些技能超出了当前课程作业的范围。

约瑟夫·A. 梅奥

参考文献

Allen, M. J. (2004). *The use of scoring rubrics for assessment and teaching*. Available from Mary J. Allen, Director, Institute for Teaching and Learning, California State University, 401 Golden Shore, 6th Floor, Long Beach, CA 90802 - 4210.

Bannister, D., & Mair, J. M. M. (1968). *The evaluation of personal constructs*. London: Academic Press.

Bruner, J. S. (1956). A cognitive theory of personality: You are your constructs. *Contemporary Psychology*, 1, 355 - 357.

Carey, S. (1985). *Conceptual change in children*. Cambridge, MA: MIT Press.

Fetherstonhaugh, T., & Treagust, D. F. (1992). Students' understanding of light and its properties: Teaching to engender conceptual change. *Science Education*, 76, 653 - 672.

Gaines, B. R., & Shaw, M. L. G. (2005). WebGrid Ⅲ [Computer program]. Alberta, Canada: Knowledge Science Institute. Retrieved December 7, 2007, from http://tiger.cpsc.ucalgary.ca/

Hjelle, L. A., & Ziegler, D. J. (1992). *Personality theories: Basic assumptions, research, and applications* (3rd ed.). New York: McGraw-Hill.

Kelly, G. A. (1955). *The psychology of personal constructs* (Vols. 1 - 2). New York: Norton.

Kenny, V. (1984). An introduction to the personal construct theory of George A. Kelly. *Irish Journal of Psychotherapy*, 3, 24 - 32.

Lundin, R. W. (1996). *Theories and systems of psychology* (5th ed.). Lexington, MA: Heath.

Maher, B. (Ed.). (1969). *Clinical psychology and personality: The selected papers of*

George Kelly. New York: Wiley.

Mayo, J. A. (2004a). A pilot investigation of the repertory grid as a heuristic tool in teaching historical foundations of psychology. *Constructivism in the Human Sciences*, 9, 31-41.

Mayo, J. A. (2004b). Repertory grid technique as a means of comparing and contrasting developmental theories. *Teaching of Psychology*, 31, 178-180.

Rogers, C. R. (1956). Intellectual psychotherapy. *Contemporary Psychology*, 1, 357-358.

Santrock, J. W. (2002). *Life-span development* (8th ed.). Boston: McGraw-Hill.

Tobacyk, J. J. (1987). Using personal construct theory in teaching history and systems of psychology. *Teaching of Psychology*, 14, 111-112.

Winer, L. R., & Vazquez-Abad, J. (1997). Repertory grid technique in the diagnosis of learner difficulties and the assessment of conceptual change in physics. *Journal of Constructivist Psychology*, 10, 363-386.

作者说明

关于本文的读者来信请邮寄至约瑟夫·A. 梅奥,邮寄信息:Joseph A. Mayo, Professor of Psychology, Division of Business and Social Science, Gordon College, 419 College Drive, Barnesville, GA 30204。

电子邮件:joe_m@gdn.edu。

联系电话:770—358—5004。

关键课程中的批判性思维：
原理与应用

　　成为批判性思考者并非易事，这不是一蹴而就的。一夜之间不可能顿悟，甚至历时15周的一个学期也不太可能造就批判性思考者。事实上，大学文凭并不能保证其持有人成为一名优秀的批判性思考者。当然，特殊的思维或性格习惯可能使某些人比其他人更容易成为批判性思考者。然而，在大多数情况下，学习批判性思维需要学生和教师付出时间，多加努力练习。尽管如此，大多数人认为，从小学到大学甚至更高层次的教育阶段，批判性思维是所有学生必不可少的教育目标。正阅读本书的您，可能也同意在课堂上培养批判性思维是值得的。

　　尽管教育工作者、雇主和政策制定者就批判性思维的优点展开了广泛且热烈的讨论，但大学生甚至不知道他们何时应该进行批判性思维。我们的同事屈布尔在一门高阶课程中请心理学专业的学生给批判性思维下定义。他们中的许多人将其定义为需要付诸努力的任何形式的思考。一名学生描述了他如何在一瞬间使用了批判性思维——在撞到他前面的车之前踩下紧急制动。有几名学生报告称，他们在走路上课或玩手机时进行批判性思考。另一名学生评论说，她通常在入睡前，在早晨醒来却不需要即刻离床时,或者在对教学内容不感兴趣的课堂上进行批判性思考。在大多数情况下,这些心理学专业的学生并不了解批判性思维是一个复杂的结构,包括多视角分析查证、逻辑推理以及为达到改变信仰或采取行动的目的对想法或主张的证据进行评估。

当然,提供批判性思维指导的方法不止一种。本文列举了两种一般的方法,其中一种较为含蓄,另外一种较为明确(Gray,1993)。含蓄的方法引导学生完成旨在融入和启发批判性思维的讨论和活动,而不会引起他们对思维过程本身的关注,例如苏格拉底式的提问方法。较为明确的方法增加了对批判性思维本身的指导,并支持学生的元认知意识,帮助他们监测自己的思维过程。本文的基本前提是,明确的批判性思维教学可以帮助大学生成为更好的批判性思考者。通过直接关注批判性思维,教师帮助学生澄清他们对批判性思维的天真误解,并努力将批判性思维迁移到课堂之外。为此,我们提出了一个框架来帮助教师实现这些目标。

在大学阶段,我们还建议有意识地在心理学专业课程中加入批判性思维教学。普通心理学的批判性思维教学可以为学生提供一个基础,使他们在完成课程的过程中逐步掌握这些技能,最终在高阶课程阶段完全掌握技能。我们提供了一些例子,在我们自己的学校中用于不同阶段的心理学课程。

学习批判性思维教学也是很有挑战性的。本书提供了许多让学生参与批判性思维活动的例子,评估这种思维的方法以及鼓励学生运用批判性思维的项目。教师通常通过阅读,做计划,参加教学研讨会以及在课堂上反复试验来学习教授这种技能。但教师是否有更好的方法可以学习教授批判性思维?我们首先描述力求实现这一目标的关于心理学教学的研究生课程,然后描述批判性思维教学框架。虽然我们的经验来自本科生和研究生的教师，但我们认为帮助学生更加了解批判性思考的原则也可以扩展到小学和中学课堂。最后，我们描述了在各自教授的大学课程中成功使用的批判性思维作业。

学会教授批判性思维

35年来，我们的同事科恩已经教过许多有抱负的大学教师关于心理学教学的艺术和科学。在他的课程——心理学教学中，第一个主要活动是教学理念写作（Korn，2004）。学习者写下一系列草稿，同时接受同行评议，并在学习其他教学要素的同时，继续修改稿件。在这些文章中，学习者写了类似的想法："我希望我的学生可以批判性地思考心理学。"

接下来，学习者将为他们期望教授的课程制订教学大纲。选定的课程可能是普通心理学，更多的是中级课程，如社会心理学或儿童发展，或更高级的专题研讨会及高阶课程。这项活动中，最具挑战性的部分是陈述课程目标，陈述的方式应有助于决定使用哪种教学方法，以及如何评估学习效果。"批判性地思考心理学"常常会成为学习者的课程目标。

然后，学习者将思考如何把教学设计落实到教学方法和教学评估中。在这个环节，新手教师经常谈论他们课堂的风格和内容，但我们所有人都知道，讲座不如其他促进思维的方法有效（Bligh，2000）。我们怎样才能更好地帮助新手教师学习如何进行批判性思维教学？我们可以通过提供引人思考的阅读材料和活动，或通过示范来践行批判性思维。

阅读

对刚开始教授心理学的教师而言，有一些很好的教科书。我们推荐福赛斯（Forsyth）所著的《心理学教授的教学指南》（*The Professor's Guide to Teaching*）(2003)。书中简要介绍八本探讨如何解决批判性思维问题的心理学教学书籍。所有这些书都建议学习者使用讨论、写作和其他方法。其中两本书有关于教授批判性思维的单独章节；另外四本书的文章中有针对不同场合的批判性思考讨论。关于批判性思维也有完整的书籍著述，包括哈尔彭（Halpern，1996）和史密斯（Smith，2002）的书籍。特别令人印象深刻的是斯维尼克奇（Svinicki，2004）的一本书，即《高等教育课堂中的学习和动机》（*Learning and Motivation in the Post-Secondary Classroom*），它通过清晰而实用的例子讲述了学生在学习中广泛涉及的认知心理学原理。许多批判性思维专家也撰写了有关该主题的文章。

思考

关于批判性思维指定读物的课堂讨论是揭示这个模糊概念的起点。对于批判性思维这个概念，人们很容易接受，但认识不足。良好的讨论活动还能使参与培训的教师批判性地思考他们的教学理念和课程设计。这些因素必须一起考虑，因为课程设计是付诸实践的教学理念。"当你说你希望学生批判性地思考心理学时，你想要表达什么？"这一问题会激发无限反思。对于一些读者来说，这个问题并不陌生，但对初入行的教师而言，这还是一个新问题。让他们对批判性思维下初步的定义是早期可以进行的有用的小组活动。通常情况下，学习者给出的定义类似于他们后来阅读到的内容定义，这会激发这些教师学员对批判性思维本身进行批判性思考。在整个课程中使用这种技能，目的是培养教师批判性地评估批判性思维教学策略的观点和实证证据。

接下来，这个定义被转化为课程目标，并最终成为课程中各个单元的目标。教师学员了解了认知分类法,这一分类法最初由布卢姆、恩格尔哈特、弗斯特、希尔和克拉斯沃尔(Bloom, Engelhart, Furst, Hill & Krathwohl, 1956)概述。布卢姆等人提出的众所周知的教育目标分类法包括思维过程的多层次结构。三个较低级别的思维技能——感知、理解和应用构成了三种更高级别技能的基础:分析、综合和评估。近年来,安德森和克拉斯沃尔(Anderson & Krathwohl, 2001)对布卢姆的模型作出修订。布卢姆的分类法也是我们即将提出的框架的基础。教师学员会发现一件有趣的事情,批判性思维的元素虽然包含在大多数分类学中,但批判性思维并不是一个正式的项目。这就意味着,在指定课程和单元目标之前,教师必须将各个元素整合成自己的批判性思维定义。

对于渴望教授批判性思维的教师学员来说,真正的考验来自真实的教学。在我们的心理学课程中,每个教师学员都需要在定期安排的课程中试讲两个课时,其中通常包含一个课时的导师示范授课。他们设计一个包含这两个课时目标的教学模块。如果批判性思维被列为课程目标(一般情况下会是这样),我们希望看到批判性思维在课堂中的呈现,例如在分组讨论或课堂写作时。

示范

另一项任务是让学习者观察经验丰富的教师,并与教师讨论他们的教学理念和教学实践。观察经验丰富的教师,无论学习者在教授批判性思维方面是否在行,都会促使他们询问批判性思维能否作为课程目标;如果能,如何完成和评估这一目标。并非所有的教师都能针对这些问题提出很好的答案。阅读、思考和示范的方法不只适用于心理学课程的研究生,想要开发或改进批判性思维教学的经验丰富的教师也可以使用这些策略。

阻碍

要成为教授批判性思维的教师，必须克服几个阻碍。其中三个阻碍分别是：以讲授为主的课堂习惯，认知惰性和试图涵盖所有教学内容的"紧箍咒"。许多教师认为教学即是讲课，所以他们就是这样做的。然而，大量研究（Bligh，2000）表明，在教授思维方式，包括构成批判性思维的特定技能时，有许多其他方法要优于传统的讲授形式。根据布莱（Bligh）的说法，教学生思考，需要让学生处于必须回答问题、分析和批评观点以及解决问题的状态。与讲授相比，讨论等其他方法为学生检验自己的思维提供了更多的实践，这对于批判性思维的发展至关重要。

教师还需要遏制学生认知惰性的自然倾向。大多数学生希望教师给他们提供事实，寓教于乐，所以在课程之初并不喜欢思考活动。正如已表明的那样，批判性思维是一项艰苦卓绝的事业。帮助学生理解批判性思维与其他思维的区别，可以使我们明白这份辛苦物有所值。

最后，许多教师认为，教学要涵盖所有知识点。教授批判性思维可能比其他教学方法更耗时，需要时间与学生探讨关于某个主题的多种观点，帮助学生理解支持或反对观点的证据，批判性地评估这些主张，或创造性地整合证据以形成新颖的见解或含义。由于学期时间有限，教学总是需要权衡和取舍。试图涵盖教科书上相应章节的所有内容可能会使教师偏离批判性思维教学。如果我们花时间帮助学生学会批判性思考，我们可能不得不放弃关于心理治疗或社会发展的章节。

批判性思维教学框架

鉴于其作为"神秘"概念的地位(Halonen,1995),批判性思维自然是仁者见仁智者见智的。尽管心理学家对于它的定义存在相当大的相似性和重叠,但不同的定义仍比比皆是(见表6)。最重要的是教师个人或团队在定义批判性思维概念过程中的努力。当我们以批判性眼光理解关于批判性思维成分的不同观点以及如何教授批判性思维时,我们每个人都已成为一名更好的教师。接下来描述的批判性思维教学框架是我们同事哈维(Harvey)思考的成果。

表6 定义批判性思维

人物	批判性思维定义
史密斯(Smith)	通过收集证据,考虑和评估替代方案以及得出结论来避免个人先入之见的逻辑和理性思考过程。(Smith, 2002, p.2)
本斯利(Bensley)	(批判性思维)是评估与某些主张相关的证据,以便能够得出关于该主张的合理结论的反思性思维。(Bensley, 1998, p.5)
恩尼斯(Ennis)	合理的反思性思维,关注的是决定相信什么或做什么。(Ennis, 1989, p.4)
哈尔彭(Halpern)	使用那些增加理想结果概率的认知技能或策略。它用于描述有意图的,有理由的,有目标导向的思维方式。思考者使用的对特定情境和思维任务适宜和有效的技能,用于解决问题,作出推理,计算可能性和进行决策时的思维方式。(Halpern, 1996, p.5)
西蒙、卡普兰(Simon & Kaplan)	逻辑推理的形成过程。(引用自 Halpern, 1996, p.5)

(续表)

人物	批判性思维定义
斯塔尔、斯塔尔 (Stahl & Stahl)	发展具有整体性和符合逻辑性的推理模式。(引用自 Halpern, 1996, p.5)
摩尔、派克 (Moore & Parker)	慎重地决定是否接受、拒绝或推迟判断。(引用自 Halpern, 1996, p.5)
麦克佩克 (McPeck)	从事反思性质疑活动的倾向和技巧。(McPeck, 1981, p.8)
亚库贝克 (Jakoubek)	积极系统地尝试理解和验证论点。(Jakoubek, 1995, p.57)
科尔菲斯 (Kurfiss)	（批判性思维是）一项调查，其目的是探索一种情况、现象、问题，以得出关于它的假设或结论，这种假设或结论整合了所有可用信息，因此可以令人信服地证明其合理性。在批判性思维中，所有假设都值得商榷，应当积极寻求不同观点，而且调查应当不偏向于任何特定结果。(Kurfiss, 1988, p.2)
布鲁克菲尔德 (Brookfield)	质疑我们独特的、惯常的思维方式和行为方式时所依据的假设，然后在批判性质疑的基础上愿意进行不同的思考和行动。(Brookfield, 1987, p.1)
阿普斯 (Apps)	解放式的学习……让人们从阻止他们看到新的方向，阻止他们获得对生活、社会和世界的控制的个人、机构或环境力量中解放出来。(Apps, 1985, p.151)

表7中显示的批判性思维教学框架说明了三个教学要素之间的关系：学术技能、批判性思维能力和整个课程的教学方法。学术技能包括听力、阅读、写作和口头表达。这些技能与评估学生学习通常所需的输出（例如，作业、考试）相一致。

表 7　批判性思维教育框架

学术技能	批判性思维能力	教学方法
听力	记忆	定义概念
阅读	分析	推理元素
写作	理解	概念图
口头表达	应用	系统思考
	推断	
	评估	
	综合	

"批判性思维能力"指的是人的思维能力。我们提出这些技能的顺序并不相同。这些能力与布卢姆和其他人对批判性思维技能的思考密切相关。"记忆"是指识别和再认记忆的基本能力。"理解"是超越记忆的,因为它需要用自己的语言来总结或重述他人的想法,从而暗含更深刻和更个性化的知识状态。在大多数批判性思维模型当中,"应用"指的是从简单地使用熟悉情境中的现有知识到识别何时可以在新情况下使用先验知识。"分析"需要将观点或断言分开,检查各个组成部分,并了解彼此之间的关系以及其他想法。在我们的模型中,我们增加了"推断"的能力,这需要推理才能从证据中得出意义或结论。"评估"意味着根据某种证据判断观点或想法。"综合"是我们框架中最高水平的能力,安德森和克拉斯沃尔(Anderson & Krathwohl, 2001)将其称为"创造"的能力。当我们学会综合能力时,我们将之前习得的知识重新组织或重新塑造成新颖的东西。

教学方法是教师用来提高学生批判性思维能力的策略、工具和技术。这些是必须教授学生使用的工具和技术。这些工具和技术需在课堂讲授和课堂讨论期间由教师进行说明和示范。此外,学生则需在课堂上和课外作业中学会使用它们。这些方法应该配合学科性的和更通用的技巧。例如，鼓励学生根据不同理论推测倾向性因素和情境因素如何相互作用来决定行为，这是特定学科（如社会心理学）技巧的例子。而要求学生进行论证分析是一个通用技巧的例子，无论课程内容如何都可以使用。表7中列出了一些通用技巧的方法示例，但肯定会有更多的方法符合该技巧要求的条件，在此我们就不一一赘述了。

该框架说明了教学方法、批判性思维和技能评估之间的依赖关系。在课堂层面，该框架可以作为教师的教学工具，也可以作为学生的元认知的"地图"。要将其用作教学工具，教师首先需要考虑适合该课程的批判性思维水平。然后，教师必须选择那些能够培养学生在该水平进行批判性思考的教学方法和工具。最后，教师选择课程活动、作业和考试形式，让学生参与听力、阅读、写作和口头表达，并且还可以通过学生展现的技能评估其达到的批判性思维水平。

为学生提供教育框架将突出批判性思维能力，这是课程旨在帮助学生发展的能力，并帮助他们更好地理解为什么要求他们展示特定的学术技能。学生通常能预料到他们所修的课程要求听、读、写，偶尔也要开口讲。但是，他们通常不了解这些技能在多大程度上反映了批判性思维的能力。批判性思维教育框架可用于明确指出课程的教学方法与这些重要的批判性思维能力发展之间的联系。此外，它可以帮助学生看到这些批判性思维能力与课程的各种活动和技能评估之间的联系。比如，批判性思维教育框架可以支持学生不断在课程指导和评估之间进行探索。

在课程层面，学生可以根据强调的批判性思维能力水平选择各种课程。通常，较低级别的课程强调学习内容的广度，往往涉及一个或多个基本水平的批判性思维能力（例如，记忆、理解）。例如，在普通心理学中，简单地引入批判性思维能力，从而为学生提供批判性思维的相关术语，可能是必不可少的目标。然后，教师可以告知学生，他们的任务是展示他们对每种批判性思维能力的回忆和理解。与普通心理学紧密相关的课程任务可能会强调培养学生的单一批判性思维能力（例如，分析或推断）。强调深度的高级课程往往需要更复杂和高阶的批判性思维能力（例如，评估、综合），并且通常需要多种能力的组合。

课程概念图技能（例如，Harden，2001）有助于跟踪记录专业课程中的批判性思维教学指导。课程可以根据涉及和评估的批判性思维的复杂性进行设置。以这种方式系统地将批判性思维图示化具有多个优点。首先，可以以更具发展意义和适当的方式有意识地对批判性思维指导进行排序。例如，如果我们指导学生在理解或分析关于某些知识的断言之前，先对这些断言进行评估和综合，那就本末倒置了。概念图还揭示了跨课程的批判性思维教学的差距和重复性。比如，要求批判性分析和推理的教师可能会错误地认为他们的同事正在教授其他批判性思维能力，例如评估和综合。在批判性思维的程序化评估缺失的情况下，我们可能认识不到某些批判性思维能力在我们的课程中被忽略了。跨班级协调批判性思维教学可以帮助教师提升彼此的教学。我们可以帮助学生了解较低级别课程中的批判性思维练习是如何设计的，以便迁移到或促成更高级别课程中更高要求的任务。

两种不同类型课程的批判性思维教学思路

在社会心理学课程中教授批判性思维

社会心理学是我们学院心理学课程的中级课程，并由我们的同事哈维（Harvey）定期教授。从一开始，学生就被明确告知，课程的目标是双重的：(a)介绍社会心理学的各种主题；(b)教他们如何批判性地思考这些主题。学生学习课程的第一天或第二天就收到了课程教学框架（见表7）。该课程包括批判性思维某些水平的内容，最强调的批判性思维能力是理解、应用和分析。为了开启学生的元思考过程，教师使用课程教学框架来重新审视在整个学期中会使用的各种批判性思维工具，以及这些工具如何能够提高学生对材料的理解、应用和分析的能力。教师还会带领学生重新审视活动、作业和考试如何涉及和评估学生的三种批判性思维能力。

用于培养学生分析和理解能力工具的具体例子，包括保罗和埃尔德（Paul & Elder, 2001）的"推理的八个要素"和哈维（Harvey, 2004）的"定义建构的四种方法"。这些工具都被整合到教师的讲座中，并要求学生在作业中使用。其中一个强调应用的重要工具要求学生完成并反思社会心理学家使用的量表（例如，关于自尊、性别、角色、态度的量表）。另一个重要的应用工具要求学生分组合作，根据最著名的态度和说服模型（即推敲可能性模型，见 Petty & Cacioppo, 1984）设计一个有说服力的广告（或竞选词）。这些活动代替传统的课堂讲授模式，要求学生了解说服模型的内部关联，以便能够应用。最后，当团队向班级展示他们的广告或活动时，班级对最佳展示进行投票。因此，各种工具都可以在课堂上锻炼学生的批判性思维能力。

学生被明确告知评估中涉及哪些批判性思维能力（通过作业和考试的形式进行评估）。每项作业都包含一个明确的陈述，说明其中涉及哪些批判性思维能力。此外，整个学期中，通过考试评估的批判性思维能力，其复杂程度不断增加。也就是说，第一次考试主要侧重于回忆概念，而后来的考试主要侧重于应用和分析概念。

在顶点课程中教授批判性思维

在建筑界,"压顶石"是指建筑最顶上的石头。顶点("压顶石")课程通常是旨在加强和整合心理学专业的课程。在顶点课程中表现出有效的和一定程度上独立的批判性思维能力,应该是学生心理学专业学习的"最高成就"。

珀尔曼(Perlman)和麦卡恩(McCann)在1999年对本科心理系的调查报告中称,其中63%的学生达到了顶点课程的要求。在有些大学,顶点课程是以高级心理学研讨会的形式开展的。这些课程通常是基于问题的,其中,阅读和讨论活动以跨课程的形式进行。其他课程通过学习心理学史,实施研究项目,现场实践或实习来促成学生学科能力的整合。他们认为,所有这些顶点课程都可以将培养批判性思维作为目的。

我们的同事屈布尔(Kuebli)教授了一门名为"心理学中的批判性思维"的顶点课程。他的班级通常招收不预备成为心理学家的高年级学生。有些同学毕业后渴望从事法律、医学、社会工作、教育或商业相关的职业。对于一些人而言,学士学位将是他们在高等教育中的第一站和最后一站。许多人表达了学术上的倦怠和强烈的得过且过的愿望,这也确实是他们的真实心态。通常情况下,这类学生与计划攻读研究生的心理学专业学生一样聪明(甚至更胜一筹)。然而,教授这一群体面临独特的挑战,因为他们不会自主地意识到心理学在他们未来从事的职业中所起的作用。这些原因对实现课程目标产生了影响。

该课程有两个主要部分。大约三分之一的课程专门用于与心理学家认为的批判性思维相关的讲座、阅读和课堂讨论。这些课程明确采用批判性思维教学方法。学生首先将他们对批判性思维的先入之见与专家的定义进行对比(见表6)。我们还会将批判性思维与其他相关概念进行对比,包括智慧、常识和市侩精明。学生列出自己欣赏的批判性思维代表人物,并根据构成批判性思维的能力来说明他们这样选择的原因。我们讨论了批判性思维发展的不同观点(例如,特质与习惯),包括佩里(Perry, 1970)的反思性思维阶段理论,该理论让学生深受启发。学生还回顾了语言和记忆对批判性思维重要性的心理学证据。此外,我们探讨了各种错误的和存在谬误的批判性思维心理学解释(例如,基本归因错误,干预—因果关系谬误;参见 Ross, 1977)。学生练习识别报纸文章和互联网上的谬误和伪科学。理想情况下,这些关注批判性思维的课程会对以前的批判性思维课程起到强化作用,同时也会作为剩余三分之二课程的基础。后面这些课程强调在涉及问题解决的项目时应用批判性思维。

项目内容则关于学生在毕业后可能遇到的现实世界(工作、社区或人际关系)中的问题。杜尔索(Durso, 1997)描述了学生将心理学理论和方法应用于当地企业实际问题的项目。这门课程要求学生在以前的课程中积累不同的批判性思维技能,为解决生活中复杂的问题服务。例如,上面描述的社会心理学课程。根据哈尔彭(Halpern, 1998)的观点,批判性思维学习并不容易迁移到新的任务和情境上去,特别是当教授相关思维技能时没有明确向学生强调的话。提醒学生将批判性思维应用于实际问题,有助于他们将这些能力迁移到课堂以外的环境中。此外,使用现实问题作为教学内容,有助于学生将课堂上所学的心理学用于解决毕业后可能遇到的问题。

具体而言,课程项目必须针对不明确的、无法立即得出"正确答案"的问题。而且,这些问题必须是规定性的。规定性问题通常可以用"我们应该做 x 还是应该做 y?"的方式来陈述。例如,在之前的学习中,学生对驾驶的法定年龄是否应该提高到18岁,以及是否应该在小学阶段取消休息进行批判性的思考。规定性问题的特点是涉及价值冲突和多个利益相关者,因此可以产生多种解决方案(Browne & Keeley,2007)。项目问题的解决方案通常取决于许多因素。学生的首要任务是寻找和理解针对规定性问题的多方观点,以及识别和权衡心理学文献中的相关实证证据,这些证据可以使他们理解问题及其可能的解决方案。最后,学生负责生成自己的"最佳"集体解决方案。

课程项目是一个积极的、探究式的小组学习活动,目的是挑战学生"批判性思维始终是一个单独的思维过程"的假设。由于这些项目需要协作式的批判性思维,我们需要利用上课时间来讨论小组活动项目的不足和有效进行团队合作的技巧。我们还讨论了建立批判性和合理共识的策略,例如讨论每个人的角色,允许每个人表达自己的观点,寻求共识,倾听和使用冲突解决技巧。

以下是对顶点课程项目的简要概述。学生首先各自单独检索关于心理学的规定性主题和话题的报纸文章(例如,是否应该在人员招聘决策中使用性格测试,或者是否应该鼓励或劝退年轻人进行高强度的体育活动),然后以小组形式搜集文章,选择主题,并在获得教师批准之后进行下一步活动。接下来,学生通过撰写陈述问题的摘要来表达他们对核心问题的理解。然后,学生小组收集与问题相关的实证证据,确保各自的主题与心理学有关。这个重要步骤会引导他们逐步获得科学的解决方案。

学生小组还会访谈那些受到问题影响的或参与制订解决方案的社区人士。这项活动增加了学生遇到持不同观点的人群的可能性,并且通常会提醒他们手头问题的真正复杂性。在分析和评估他们从实证文献和访谈中收集的证据后,学生形成推论,应用知识,综合新的解决方案,并就最明智的解决或行动方案达成共识。具体而言,在学期结束时,他们会制订出一个科学的行动计划。他们也会制作团队的海报,总结问题及提出建议。这些海报将展示在我们院系的年度本科研讨会上,评委的评级则会成为我们院系年度评估的一部分。学生还会提交一份单独撰写的报告用于评估下列能力:多方面考虑问题,发现不同观点的谬误,逻辑思考和使用证据,综合新颖的解决方案以及清晰沟通的能力。

顶点课程的导师承担着辅导员、顾问和啦啦队的角色。导师本质上是学生训练元认知的同伴和教练。这正适用于顶点课程,因为在这些课程中,学生自己的主动学习应该处于核心位置。顶点课程教学的挑战往往在于,要消除高年级学生的学业倦怠,避免被动学习习惯,帮助团队将他们的项目具体化,提供给学生更多资源,提供管理团体的动力。到学期末,学生会评论他们对自己主题的初步假设是如何受到质疑的,以及他们的思维变化过程。

顶点课程为学生提供了复杂的情境,他们必须主动学习,并且帮助其他人了解如何为新的现实问题创造实用的解决方案。其目的在于锻炼以及展示学生在前面阶段的课程当中获得的,并在后来得以提高的批判性思维能力。对批判性思维持有批判性认识的教师作为"脚手架"支撑起整个项目,然后退后等待(并充满希望地鼓励)每个人收获辛勤劳动后的成果。

结论

我们提出了一个框架,用于在心理学课程中教授批判性思维。我们(含蓄地)提出了一个观点,那就是教授批判性思维的教师自己必须首先成为具有批判性的思考者。此外,教师应该学习如何教授这门课程。为了协助教师开展教学,我们提供了批判性思维教学框架作为构建批判性思维教学的潜在指南。最后,我们说明了如何由低阶的心理学课程向高阶的心理学核心课程推进批判性思维教学。我们认为,批判性思维是教师在课堂上所做的事情与学生真正的学业成就之间的重要中介因素。因此,看到教师的教学方法与学生的批判性思维能力之间的联系对教师来说至关重要。

珍妮特·E. 屈布尔,理查德·D. 哈维,詹姆斯·H. 科恩

参考文献

Anderson, L. W., & Krathwohl, D. R. (2001). *A taxonomy for learning, teaching, and assessing: A revision of Bloom's taxonomy of educational objectives*. New York: Longman.

Apps, J. W. (1985). *Improving practice in continuing education: Modern approaches for understanding the field and determining priorities*. San Francisco: Jossey-Bass.

Bensley, D. A. (1998). *Critical thinking in psychology: A unified skills approach*. Belmont, CA: Thomson Brooks/Cole Publishing Co.

Bligh, D. A. (2000). *What's the use of lectures?* San Francisco: Jossey-Bass.

Bloom, B. S. (Ed.), Engelhart, M. D., Furst, E. J., Hill, W. H., & Krathwohl, D. R. (1956). *Taxonomy of educational objectives: Handbook I: Cognitive domain*. New York: David McKay.

Brookfield, S. D. (1987). *Developing critical thinkers: Challenging adults to explore alternative ways of thinking and acting*. San Francisco: Jossey-Bass.

Browne, N., & Keeley, S. (2007). *Asking the right questions: A guide to critical thinking*. Upper Saddle River, NJ: Prentice Hall.

Durso, F. T. (1997). Corporate-sponsored undergraduate research as a capstone experience. *Teaching of Psychology*, 24, 54–56.

Ennis, R. H. (1989). Critical thinking and subject specificity: Clarification and needed research. *Educational Researcher*, *18*, 13–16.

Forsyth, D. R. (2003). *The professor's guide to teaching: Psychological principles and practices*. Washington, DC: American Psychological Association.

Gray, P. (1993). Engaging students' intellects: The immersion approach to critical thinking in psychology instruction. *Teaching of Psychology*, *20*, 68–74.

Halonen, J. S. (1995). Demystifying critical thinking. *Teaching of Psychology*, *22*, 75–81.

Halpern, D. F. (1996). *Thought and knowledge: An introduction to critical thinking* (3rd ed.). Mahwah, NJ: Erlbaum.

Halpern, D. F. (1998). Teaching critical thinking for transfer across domains: Dispositions, skills, structure training, and metacognitive monitoring. *American Psychologist*, *53*, 449–455.

Harden, R. M. (2001). Curriculum mapping: A tool for transparent and authentic teaching and learning. (AMEE Guide No. 21). *Medical Teacher*, *23*(2), 123–137.

Harvey, R. D. (2004). *Four ways to define anything*. Unpublished manuscript, Department of Psychology, Saint Louis University, Saint Louis, MO.

Jakoubek, J. (1995). Developing critical-thinking skills in psychology content courses. *Teaching of Psychology*, *22*(1), 57–59.

Korn, J. H. (2004). Writing a philosophy of teaching. In W. Buskist, V. W. Hevern, B. K. Saville, & T. Zinn (Eds.), *Essays from e-xcellence in teaching*, *2003* (Chap. 7). Retrieved November 28, 2007 from the Society for the Teaching of Psychology Web site, http://teachpsych.org/resources/e-books/eit2003/eit03-07.pdf.

Kurfiss, J. G. (1988). *Critical thinking: Theory, research, practice and possibilities* (ASHE-ERIC Higher Education Report No. 2) Washington, DC: Association for the Study of Higher Education.

McPeck, J. E. (1981). *Critical thinking and education*. New York: St. Martin's Press.

Paul, R., & Elder, L. (2001). *Critical thinking*. Upper Saddle River, NJ: Pearson Education, Inc.

Perlman, B., & McCann, L. I. (1999). The structure of the psychology undergraduate curriculum. *Teaching of Psychology*, 26(3), 171-176.

Perry, W. G. (1970). *Forms of intellectual and ethical developments in the college years: A scheme*. New York: Holt, Rinehart & Winston.

Petty, R. E., & Cacioppo, J. T. (1984). The effects of involvement on responses to argument q uantity and quality: Central and peripheral routes to persuasion. *Journal of Personality and Social Psychology*, 46, 69-81.

Ross, L. (1977). The intuitive psychologist and his shortcomings. In L. Berkowitz (Ed.), *Advances in experimental social psychology* (Vol. 10, pp. 173-220). New York: Academic Press.

Smith, R. A. (2002). *Challenging your preconceptions: Thinking critically about psychology* (2nd ed.). Belmont, CA: Wadsworth.

Svinicki, M. D. (2004). *Learning and motivation in the post-secondary classroom*. Bolton, MA: Anker Publishing Company, Inc.

作者说明

关于本文的读者来信请寄至珍妮特·E. 屈布尔,地址:Department of Psychology, Saint Louis University, and 3511 Laclede Avenue, St. Louis, Missouri, 63103。电子邮件:kueblije@slu.edu。

统计学与研究方法中的批判性思维教学

心理学课程设置中常见统计学和研究方法两门课程（Perlman & McCann, 2005; Stoloff, Sanders, & McCarthy, 2005），因为统计学和研究方法这两门课程将心理学的其他领域紧密联系在一起。在其基础之上，心理学家建构、验证和扩展他们对心理现象的理解。美国心理学会（American Psychological Association，简称 APA）心理学专业能力工作小组也持有这种观点，特别将科学知识和研究方法列为本科教育的主要目标（APA, 2007）。事实上，一些心理学家甚至认为，心理学本科教育的主要目标是教会学生像科学家一样思考（Brewer et al., 1993）。

很多统计学和研究方法课程的教师在教授批判性思维方面也作出了努力。美国心理学会将批判性思维列为本科教育的主要目标之一（APA, 2007）。大多数教师都积极地支持将统计学和研究方法这两种课程作为帮助培养批判性思维的课程，但学生经常不理解他们可以从这些课程中学到什么。如果学生对这点缺乏认识，那我们也枉为人师了。例如，有些学生在两门课程中"走过场"，或者尽管学习了课程内容（哪怕是为了在考试中取得好成绩），但却未能了解统计学和研究方法的知识如何能让他们在生活中成为好的信息消费者或者决策者。除此之外,许多学生,尤其是那些对应用心理学领域感兴趣的学生(如临床心理学、工业/组织心理学),也都无法理解统计学和研究方法的知识如何让他们成为好的实践者。从本质上讲,学习统计学和研究方法的学生通常不会批判性地思考自己在两门课程中接触到的信息。尽管这些学生可能对统计学和方法论概念有基本的了解,但他们仍无法理解批判性地思考这些信息如何能让他们更好地利用这些信息,甚至帮助他们成为更好的心理学家。因此,本文的主要研究目标是讨论统计学和研究方法的教师可以用何种方法教会学生批判性地思考。首先,我们简要讨论统计学和研究方法的教师在实现教授批判性思维这一重要教学目标的过程中可能遇到的困难。

什么是"批判性思维"?

虽然教师常常谈论"批判性思维",但其概念并不容易定义。例如,哈洛宁(Halonen,1995)将批判性思维定义为:"以反思性怀疑态度参与活动的倾向和能力,侧重于决定相信或做什么。"(第76页)但哈洛宁也提到:"如果要十二位心理学教师来定义'批判性思维'一词,你可能会收到十二个接近但又不同的定义。"(第75页)尽管如此,心理学家逐渐明确了一些代表批判性思维的行为。美国心理学会(APA,2007)心理学专业能力工作小组在他们关于本科心理学教育学习成果和目标的报告中,列出了批判性思维的以下几个特征:(1)验证信息质量(例如:分辨实证证据和推测);(2)分析媒体关于心理学研究的报告;(3)容忍模糊不清的信息;(4)识别定义不明确和定义明确的问题;(5)评估某一解决方案的质量,并在必要时进行修改。

尽管大家对批判性思维的定义存在分歧,但教育家们仍然认为批判性思维是学生应该具备的一项基本能力(如,Appleby,2005)。此外,鉴于统计学和研究方法课程中的大部分内容都有助于培养批判性思维——其中一个特点是:借助科学方法解决问题(APA,2007)。这些课程提供了教授批判性思维这一重要技能的主要场景。事实上,在我们看来,教授统计学和研究方法而不关注批判性思维是错误的。统计学和研究方法的教师在一头扎进这两门课程教学之前,应该认识到自己离教会学生批判性地思考还存在哪些不足。

培养批判性思维过程中的障碍

大多数人认为,教会学生批判性地思考是许多教统计学和研究方法的教师试图达到的重要的课程目标。批判性思维是一种耗费大量时间才能习得的能力。通常情况下,从上课的第一天开始,许多教师就以各种形式着手解决这一问题。然而,正如教授心理学的其他专题一样,教师首先需要考虑哪些情形可能会妨碍学生掌握某些概念,例如,人类只使用了大脑10％的容量这一认识(Chew,2005)。同理,统计学和研究方法的教师也要考虑到学生在学习批判性地思考课堂内外信息的过程中会遇到的障碍。接下来,我们将讨论一些较为突出的障碍,这些障碍可能会让统计学和研究方法课程中的批判性思维教学难上加难。

必修课程

很多时候,学生并不认为统计学和研究方法这两门课程对自己有用。

他们不喜欢这两门课程但又必须学习,因为这两门课程是进入其他"真正的"心理学课程的前提。因此,认为自己无权选择是否研修这些课程的学生,可能没有动力去学习或批判性地思考课程内容。

学生不喜欢数学

教授批判性思维的另一个障碍是学生不喜欢数学。然而,大多数人都明白,他们必须熬过一学期令人焦虑的统计学课程,才能开始学习其他有趣的心理学课程。不幸的是,很多学生失望地发现:他们在研究方法课程中需要对一些饱受争议的专题进行大量讨论(Saville,2008)。因此,在统计学课程中经常困扰学生的"数学恐惧症"有时会在他们的研究方法课程中发作,成为教师教授学生批判性地思考统计学和研究方法过程中必须克服的又一障碍。

对科学的误解和厌恶

如果要求学生自述他们对科学细节的了解,可能会得到以下回答:(1)学生通常对科学有误解,特别是对心理学作为一门科学存在误解;(2)学生不能积极看待科学,或者因为对科学漠不关心,所以声称对科学不感兴趣。例如,有一种普遍观点认为心理学是人文科学之一,包含了研究人员无法进行科学研究的专题(Saville,2008)。同样地,尽管大多数人对心理学有积极的看法,但仍然有人对科学抱有负面看法(Webb & Speer,1985;Wood,Jones,Benjamin,1986),这表明人们对心理学的了解与他们对科学的了解之间存在脱节。学生是如何对科学产生误解和厌恶的并不在本文的讨论范围内(参见 Chew,2005;Taylor & Kowalski,2004)。不过,学生对科学的误解往往使教师很难让学生批判性地思考课程材料,特别是当统计学和研究方法的课程材料对学生而言较其他课程材料的科学性更强时,情况就更是如此。

与真实世界的联系并不明显

大量研究表明,学生认为"与真实世界的相关性"对于学习课程材料非常重要(例如,Buskist, Sikorski, Buckley, & Saville, 2002)。学生可以很快发现记忆和动机等问题的重要性,但很少有人会先了解 t 检验和内部效度与他们的生活有何联系。因此,许多学生,特别是那些未来不打算进入研究生学院继续深造的学生,经常纳闷统计学和研究方法可以给他们带来什么。只有当学生看到他们所学习的课程材料的相关性时,教师才能打破学生批判性思考的障碍。

学生领会不到课程的内在价值

在统计学和研究方法中教授批判性思维的最大障碍,可能是大多数学生希望成为心理学从业者,因而选择心理学专业。例如,许多学生错误地认为,咨询职业并不要求了解统计数据和研究方法,他们往往也因此领会不到学习这些课程的价值所在。另外一方面,学生会认为,专注于变态心理学和人格心理学等课程可以使自身获益(Johanson & Fried, 2002)。当学生还未了解到统计学和研究方法课程对于他们未来的重要性时(例如,Grocer & Kohout, 1997; Keith-Spiegel, Tabachnick, & Spiegel, 1994),他们可能是领会不到批判性地思考课程材料的价值的。

课程内容与批判性思维教学的矛盾

在过去的一个世纪,心理学不断地发展,心理学家常用的统计分析和研究方法也得以发展。新材料不断被编入统计学和研究方法的教科书,以期教师能对这些重要专题展开讨论。在专题数量不断增多,但讲授专题的时间并没有增多的情况下,许多教师认为他们应该花大量时间关注课程内容,把较少时间放在批判性思维技能上。然而,恰恰是这些技能才是需要花费大量时间教授的。

教师如果提前意识到包括以上问题在内的批判性思维障碍,当这些障碍出现(或者说必定会出现)的时候,就能更容易地解决这些问题。接下来,我们将讨论一些消除批判性思维障碍的方法。

消除培养批判性思维的障碍

对想要在统计学和研究方法课程中教授批判性思维的教师来讲,上述每个障碍都是一种挑战。幸运的是,我们发现了可以消除这些障碍的方法。下文中,我们提供了多种策略。从特定的课堂活动,到对单一课程或课程体系的大范围调整……这些策略都有助于消除上述障碍。

课堂活动

教师可以将一系列活动纳入统计学和研究方法课程,以培养学生的批判性思维能力。将课程内容与学生自身的生活联系起来,有助于发掘学生对这些必修课程的兴趣。例如,教师可以在上课的第一天进行调查,了解学生的更多信息(例如,兴趣、爱好),并借此信息来定制与学生的经历相匹配的示例、演示和考试内容。另一项可以在学生与课程材料之间建立联系的活动,是让他们创建个人课程档案(Sciutto, 2002)。这些档案反映出了学生吸收课程材料的个性化方法。通过编辑和整合课程材料(例如,笔记、作业),整理出后续心理学课程中讨论统计学和研究方法时便于使用的资源,有助于学生学习。

解决学生在这些课程中遇到的数学焦虑和"统计学恐惧症"也很重要(Dillon,1982)。其中一种方法是让学生阅读《数学盲:对数学的无知及其后果》(*Innumeracy: Mathematical Illiteracy and its Consequences*)一书。书中,保罗斯(Paulos,2001)消除了对数学的误解,证明了概率论的重要性(另见 Paulos,1995)。例如,经常被误解的一个问题是关于"热手效应"。某位篮球运动员多次投球命中,当要求学生说出这位篮球运动员下一次投中的概率时,学生通常会给出一个比较大的概率(即概率大于50%;即使这次投篮和下次投篮并没有关系)。保罗斯在书中用部分篇幅反驳了"手气"的奥秘,并讨论了概率论的知识如何帮助人们理解这类事件。我们发现,学生对这本书反应积极,并且乐于面对他们对数学的误解。此外,当学生表现不佳时,允许他们补考(Friedman,1987),或进行自我纠错的考试(Montepare,2005),有助于减轻学生对成绩不佳的担忧。无论通过哪种方式,尽早且持续解决学生的数学焦虑和"统计学恐惧症"的问题,教师才能有更多时间专注于培养学生的批判性思维能力。

大众媒体上发表的批判性期刊文章和研究报告也强调了统计学和研究方法在现实当中的应用(例如,Connor-Greene & Greene,2002;Hall & Seery,2006)。例如,通过评估广告商发表的某些观点,学生可以了解统计学和研究方法的重要性(Beins,1985)。教师还可以将真实案例引入课程材料中(例如,报纸文章),并将这些案例与学生的兴趣点联系起来。

一些教师比较喜欢在课程中运用"加工过"的数据集,但是将数据运用到现实中的更好的方法是:(1)让学生自己设计研究(例如,Lutsky,1993;Thompson,1994);(2)让学生重复经典的心理学实验,然后分析实验结果(例如,Stedman,1993)。例如,学生可以设计一项反事实思维实验,在实验中,他们想象自己最近参加了某一门课程的考试(Medvec & Savitsky,1997),只取得了 B+ 的成绩或者差点就取得了 A− 的成绩。通常情况下,想象自己与 A− 成绩擦肩而过的学生,对自己成绩的满意度不如那些幻想自己只能取得 B+ 成绩的学生。然后,学生使用 t 检验或方差分析法分析实验中的数据,这会让他们感到自己对数据有正当的所有权,也能够在实验和统计分析之间建立更强的相关性(Thompson,1994,p.41)。此外,这些类型的活动有助于学生了解统计学和研究方法之间的紧密联系。

改变授课方式

大多数心理学教师认为,无论在什么课堂上,不熟悉课程材料都会妨碍培养批判性思维,这样的情况在统计学和研究方法课程中更甚。例如,在统计学课程中,即使对于数学专业的学生而言,复杂的数学方程式运算也是令人望而生畏的,尤其是当教师将课程重点放在计算方程式上时,还可能会加剧学生的陌生感。为了便于理解,请参考皮尔逊积矩相关系数计算公式:

$$r = \frac{N\sum XY - \sum X \sum Y}{\sqrt{N\sum X^2 - (\sum X)^2}\sqrt{N\sum Y^2 - (\sum Y)^2}}$$

这个公式对于统计学教师来说很熟悉,但它能否真正让学生批判性地思考什么是相关性呢?答案是不太可能。更有可能的是,借助这个公式来讨论相关性,不过是使用计算器进行的一项计算罢了。在这种情况下,正如我们在上一节中讨论过的那样,简单的"一次性"课程活动,可能无益于缓解学生对数学的恐惧感,无益于促使他们批判性地思考相关性。因此,统计学教师可以改变授课方式。我们建议教授学生统计学时采用概念公式,而非计算公式。例如,相关性是指两个变量之间的关系,教师可以着重让学生从概念上思考相关性。为此,教师可以借助以下概念公式,该公式以分数 Z 为基础进行计算:

$$r = \frac{\sum Z_X Z_Y}{N}$$

借助这个公式,学生可以明白"相关性"是指个体在两个不同变量上的得分之间的平均关系。当在散点图中绘制 Z 分数时,正负乘积所处的不同象限更加明显可见。

事实上,学生在完成这些课程后很少会手工计算统计数据。因此,采用更概念化的方法有可能会让他们对统计学和研究方法的课程材料进行批判性的思考。

采用可替代的教学方法

另一种可能促使学生对课程材料进行批判性思考的方法,是采用可替代的教学方法,使学生不再沿用传统教学方法审视材料。统计学和研究方法的教师可以选择在课堂上采用一些替代教学方法。下列方法在提高学生的学习能力和批判性思维能力方面较有价值和前景。

交互式教学法。交互式教学法是一种新型的课堂教学方法,起源于斯金纳的操作性行为心理学(Boyce & Hineline, 2002)。早期的行为主义教学方法(例如,Keller, 1968)专注于改变教学环境和不断强化期望行为,教学效果也更优于传统的教学方法,但大学教师多因各种各样的理由未能采用这些教学方法（Buskist，Cush & DeGrandpre，1991）。交互式教学法秉持与早期行为主义教学方法相同的原则，却更适合在课堂上采用。从本质上讲，交互式教学法需要"两个人之间相互探索，相互对话"（Boyce & Hineline，2002，p.20），需要学生和教师不断地相互交流，并强化教师对学生的期望行为（例如，讨论课程材料，对材料产生困惑时提出问题）。一些学者对交互式教学法有更为详细的描述（Barron，Benedict，Saville，Serdikoff，& Zinn，2007；Boyce & Hineline，2002；Saville，Zinn，Neef，Van Norman，& Ferreri，2006），这里我们不再赘述。我们的关注点在于：交互式教学法是如何对批判性思维产生积极影响的。

交互式教学法面世较晚，但很多研究表明，与传统课堂教学方法下的学生考试成绩相比，交互式教学法下的学生考试成绩较为理想（Barron et al.，2007；Saville，Zinn，& Elliott，2005；Saville et al.，2006）。此外，学生的课堂表现表明，交互式教学法可能会促使学生产生更多与批判性思维相关的行为。萨维尔（Saville）和津恩（Zinn）进行了一项研究，即在整个一学期的课程教学中多次穿插进行交互式教学和授课式教学。为了尽可能地避免研究数据受到影响，他们在本科研究方法课程的两部分学生中依次采用了两种教学法（即，一个班级采用交互式教学法，而另一个班级采用相同教学材料的授课式教学法；参见 Saville et al.，2006）。学期结束时，学生完成了弗雷蒂（Ferrett，1997）的"批判性思考者特点"清单，这一过程要求学生自述他们产生某些与批判性思维相关的行为的频率（例如，询问相关问题，承认缺乏理解，在认识到新事实时改变本来想法）。具体来说，学生自述他们究竟是在交互式教学方法下还是授课式教学方法下产生这些行为的。

针对弗雷蒂列出的 15 个特点/行为，两部分学生都称自己更多在交互式教学法下出现了其中 10 种行为。两部分学生都称自己在两种教学法中都同样地出现了下面三种行为：评估阅读中和课堂上的观点，检验自己对课程材料的假设和观点，以及寻找问题的支持证据。最后，两部分学生在其中两种行为上出现了差异：一部分学生称在交互式教学法中对课程材料感到比较好奇，而另一部分则称在授课式教学法中对课程材料感到比较好奇；一部分学生称在授课式教学法中对课程材料作出评估，而另一部分则称在两种教学法中都对课程材料作出评估。

总体而言，以上结果表明，交互式教学法可能会促使学生产生反映批判性思维的行为。显然，这并不意味着，设计合理的授课式教学法不能培养批判性思维（McKeachie，2002）。交互式教学法的重点在于学生讨论、点对点教学和多次反馈，更有可能提供给学生机会做出那些被高度赞许的行为。

统计学—研究方法综合课程。最近，邓恩、史密斯和拜因斯（Dunn, Smith, & Beins, 2007）编撰了《基于行为科学的统计学和研究方法最佳教学实践》（*Best Practices for Teaching Statistics and Research Methods in the Behavioral Sciences*）。有趣的是，他们的标题反映了教师通常讲授统计学和研究方法课程的两种方式。首先，标题将统计学和研究方法分割开来。同样，大多数教师将统计学和研究方法视为不同的课程——就像它们通常出现在我们的心理学课程中的那样。其次，标题中，统计学置于研究方法之前，反映了另一种常见的教学实践：在教授研究方法之前先教授统计学。的确，在我们的大学，我们已经采用这种方法有一段时间了。学生先参与心理测量学与统计学课程，然后是心理学研究方法课程。

开设两学期逻辑课程的目的在于，希望学生掌握日后可以在研究方法课程中应用的基本统计学概念，但有人批评这种方法可能无法提供机会让学生理解为什么要学习统计学课程（Barron et al., 2007；Christopher,

Walter, Horton, & Marek, 2007)。脱离学习环境会严重影响学生的学习动机(Lepper & Henderlong, 2000)和理解程度(Bransford & Johnson, 1972)。因此,在教授研究方法之前先教授统计学无异于本末倒置。在教导学生为什么进行研究之前,先花费大量时间教他们学习用于分析数据的特定工具,这样做真的有意义吗?当学生难以消化统计学课程中的知识时,我们不应该感到惊讶吗?当我们不得不花时间在研究方法课程中重新审视统计学内容,我们不应该感到惊讶吗?

除了教授两门单独的课程外,我们现在还提供了新一学年的综合课程。具体而言,学生每学期都会轮流上统计学和研究方法课程。我们的目标是为学生提供更好的环境,让他们了解心理学研究人员建立有效知识体系的不同方法和统计工具。为了纠正我们之前提到的本末倒置问题,学生首先要了解某个特定的研究方法(例如,描述性研究方法)和研究人员可以用它来解决什么样的问题(例如,不同心理障碍的患病率)。然后,学生学习研究人员用于分析数据并从特定研究方法中得出结论的统计工具。接下来,学生需要利用该方法及相应的统计工具完成一个动手实践的研究项目。最后,学生讨论采用特定研究方法的优势和局限性,以及采用其他方法和统计数据回答其他类型研究问题的必要性,这些研究问题将重复上述过程。采用这种方式的目的很简单,就是让学生更好地理解为什么不同的研究方法和统计工具是心理学所必需的,也是我们成为更优秀的研究人员所必需的。

在常规的课程中采用这种更精细的方法,将极大地限制教师在一学期中可以引入的研究方法和统计技术的数量。但是,通过为期一学年的课程,我们可以教授和在常规学期课程中一样多的内容。在"心理学研究方法和数据分析Ⅰ"课程中,学生学习心理学的历史,心理学对技术的应用,以及四种心理学主要研究方法中的两种:描述性方法和相关性方法。我们还介绍了与这些方法相关的统计工具(描述性统计,相关性和回归,推论统计的基础知识)。在"心理学研究方法和数据分析Ⅱ"课程中,学生将学习心理学领域的其他主要研究方法——实验设计和准实验设计,以及与这些方法相关的统计工具(t 检验和方差分析)。完成这两个学期的课程后,学生可以了解研究人员如何在不同研究目标的推动下,使用特定的研究方法回答特定的研究问题,以及特定的研究方法中如何使用特定的统计工具(见图9)。

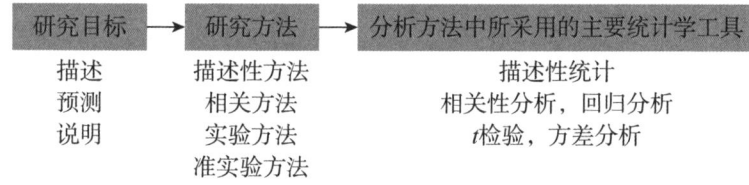

图9 综合研究方法和统计学课程背景组织框架

作为教师,我们很少会说我们发自内心地喜欢对比单样本、独立样本和非独立样本 t 检验之间的差异,更不用提如何手动计算公式。但是,如果这些被看作心理学最首要的问题,那么就值得我们了解和学习应当采取何种策略来回答了。虽然不断教授更多统计学概念对教师来讲是有意义的(例如,从单样本 t 检验转向非独立样本 t 检验和独立样本 t 检验),但我们需要始终记住学生的感受,尤其是如果我们希望他们对所教的内容进行深刻的批判性思考的话。

结论

作为学生认识心理学现象的基础知识,统计学和研究方法可以说是传统心理学课程中最重要的两门课程或者合二为一的最重要的课程。此外，统计学和研究方法课程的设置是最理想的。在这两门课程中，教师可以教会学生如何批判性地思考课堂内外的知识。事实上，巴伦和哈洛宁（Barron，Halonen，2005）发现，心理学专业的学生称他们在统计学和研究方法课程中所作的批判性思考比在其他心理学课程中更多。然而，由于这类课程的性质，即使在最初阶段，教师也会遇到一些障碍，这些障碍可能会妨碍他们教授学生重要的批判性思维能力。因此，教师需要在解决批判性思维教学的障碍后，再开始尝试教授批判性思维技能。我们希望本文中的观点能帮助统计学和研究方法的教师排除这些障碍。随着时间的推移，学生不仅会更好地批判性地思考心理学课程中的知识，更重要的是，当他们走出学术殿堂时，能够更善于批判性地思考他们所接触的信息。

布莱恩·K. 萨维尔，特雷西·E. 津恩，娜塔莉·科尔·劳伦斯，
肯尼斯·E. 巴伦，杰弗里·安德烈

参考文献

American Psychological Association, Task Force on Psychology Major Competencies. (2007). *APA guidelines for the undergraduate psychology major*. Washington, DC: Author.

Appleby, D. C. (2005). Defining, teaching, and assessing critical thinking in introductory psychology. In D. S. Dunn & S. L. Chew (Eds.), *Best practices for teaching introduction to psychology* (pp.57 – 69). Mahwah, NJ: Erlbaum.

Barron, K. E., Benedict, J. O., Saville, B. K., Serdikoff, S. L., & Zinn, T. E. (2007). Innovative approaches to teaching statistics and research methods: Just-in-Time Teaching, Interteaching, and Learning Communities. In D. S. Dunn, R. A. Smith, & B. C. Beins (Eds.), *Best practices for teaching statistics and research methods in the behavioral sciences* (pp.143 – 158). Mahwah, NJ: Erlbaum.

Barron, K. E., & Halonen, J. (2005, September). *Programmatic assessment of critical thinking*. Paper presented at Engaging Minds: Best Practices in Teaching Critical Thinking Across the Psychology Curriculum conference, Atlanta, GA.

Beins, B. C. (1985). Teaching the relevance of statistics through consumer-oriented research. *Teaching of Psychology*, *12*, 168 – 169.

Boyce, T. E., & Hineline, P. N. (2002). Interteaching: A strategy for enhancing the user-friendliness of behavioral arrangements in the college classroom. *The Behavior Analyst*, *25*, 215 – 226.

Bransford, J. D., & Johnson, M. K. (1972). Contextual prerequisites for understanding: Some investigations of comprehension and recall. *Journal of Verbal Learning and Verbal Behavior*, *11*, 717 – 726.

Brewer, C. L., Hopkins, J. R., Kimble, G. A., Matlin, M. W., McCann, L. I., McNeil, O. V., et al. (1993). Curriculum. In T. V. McGovern (Ed.), *Handbook for enhancing undergraduate education in psychology* (pp.161 – 182). Washington, DC: American Psychological Association.

Buskist, W., Cush, D., & DeGrandpre, R. J. (1991). The life and times of PSI. *Journal of Behavioral Education*, *1*, 215 – 234.

Buskist, W., Sikorski, J., Buckley, T., & Saville, B. K. (2002). Elements of master teaching. In S. F. Davis & W. Buskist (Eds.), *The teaching of psychology: Essays in honor of Wilbert J. McKeachie and Charles L. Brewer* (pp.27 – 39). Mahwah, NJ: Erlbaum.

Chew, S. L. (2005). Seldom in doubt but often wrong: Addressing tenacious student misconceptions. In D. S. Dunn & S. L. Chew (Eds.), *Best practices for teaching introduction to psychology* (pp.211 – 223). Mahwah, NJ: Erlbaum.

Christopher, A. N., Walter, M. I., Horton, R. S., & Marek, P. (2007). Benefits and detriments of integrating statistics and research methods. In D. S. Dunn, R. A. Smith, & B. C. Beins (Eds.), *Best practices for teaching statistics and research methods in the behavioral sciences* (pp.187 – 202). Mahwah, NJ: Erlbaum.

Connor-Greene, P. A., & Greene, D. J. (2002). Science or snake oil? Teaching critical evaluation of "research" reports on the Internet. *Teaching of Psychology*, 29, 321–324.

Dillon, K. M. (1982). Statisticophobia. *Teaching of Psychology*, 9, 117.

Dunn, D. S., Smith, R. A., & Beins, B. C. (Eds.). (2007). *Best practices for teaching statistics and research methods in the behavioral sciences*. Mahwah, NJ: Erlbaum.

Ferrett, S. K. (1997). Peak performance: Success in college and beyond (2nd ed.). New York: McGraw-Hill.

Friedman, H. (1987). Repeat examinations in introductory statistics courses. *Teaching of Psychology*, 14, 20–23.

Grocer, S., & Kohout, J. (1997). *The 1995 APA survey of 1992 psychology baccalaureate recipients*. Retrieved May 15, 2007, from http://research.apa.org/95survey/homepage.html.

Hall, S. S., & Seery, B. L. (2006). Behind the facts: Helping students evaluate media reports of psychological research. *Teaching of Psychology*, 33, 101–104.

Halonen, J. S. (1995). Demystifying critical thinking. *Teaching of Psychology*, 22, 75–81.

Johanson, J. C., & Fried, C. B. (2002). Job training versus graduate school preparation: Are separate educational tracks warranted? *Teaching of Psychology*, 29, 241–243.

Keith-Spiegel, P., Tabachnick, B. G., & Spiegel, G. B. (1994). When demand exceeds supply: Secondorder criteria used by graduate school selection committees. *Teaching of Psychology*, 21, 79–81.

Keller, F. S. (1968). Good-bye teacher ... *Journal of Applied Behavior Analysis*, 1, 79–89.

Lepper, M. R., & Henderlong, J. (2000). Turning "play" into "work" and "work" into "play": 25 years of research on intrinsic versus extrinsic motivation. In C. Sansone & J. M. Harackiewicz (Eds.), *Intrinsic and extrinsic motivation: The search for optimal motivation and performance* (pp.257–307). San Diego: Academic Press.

Lutsky, N. (1993). A scheme and variations for studies of social influence in an experimental social psychology laboratory. *Teaching of Psychology*, 20, 105–107.

McKeachie, W. J. (2002). *McKeachie's teaching tips: Strategies, research, and theory for college and university teachers* (11th ed.). Boston: Houghton Mifflin.

Medvec, V. H., & Savitsky, K. (1997). When doing better means feeling worse: The effects of categorical cutoff points on counterfactual thinking and satisfaction. *Journal of Personality and Social Psychology, 72*, 1284–1296.

Montepare, J. M. (2005). A self-correcting approach to multiple choice tests. *APS Observer, 18*(10), 35–36, 43–44.

Paulos, J. A. (1995). *A mathematician reads the newspaper*. New York: Anchor Books.

Paulos, J. A. (2001). *Innumeracy: Mathematical illiteracy and its consequences* (2nd ed.). New York: Hill and Wang.

Perlman, B., & McCann, L. I. (2005). Undergraduate research experiences in psychology: A national study of courses and curricula. *Teaching of Psychology, 32*, 5–14.

Saville, B. K. (2008). *A guide to teaching research methods in psychology*. Malden, MA: Blackwell.

Saville, B. K., Zinn, T. E., & Elliott, M. P. (2005). Interteaching vs. traditional methods of instruction: A preliminary analysis. *Teaching of Psychology, 32*, 161–163.

Saville, B. K., Zinn, T. E., Neef, N. A., Van Norman, R., & Ferreri, S. J. (2006). A comparison of interteaching and lecture in the college classroom. *Journal of Applied Behavior Analysis, 39*, 49–61.

Sciutto, M. J. (2002). The methods and statistics portfolio: A resource for the introductory course and beyond. *Teaching of Psychology, 29*, 213–215.

Stanovich, K. E. (2007). *How to think straight about psychology* (8th ed.). Boston: Allyn & Bacon. Stedman, M. E. (1993). Statistical pedagogy: Employing student-generated data sets in introductory statistics. *Psychological Reports, 72*, 1036–1038.

Stoloff, M., Sanders, N., & McCarthy, M. (2005). Profiles of undergraduate programs in psychology. Retrieved May 10, 2007, from http://www.apa.org/ed/pcue/profiles_intro.html.

Taylor, A. K., & Kowalski, P. (2004). Naïve psychological science: The prevalence, strength, and sources of misconceptions. *The Psychological Record*, *54*, 15–25.

Thompson, W. B. (1994). Making data analysis realistic: Incorporating research into statistics courses. *Teaching of Psychology*, *21*, 41–43.

Webb, A. R., & Speer, J. R. (1985). The public image of psychologists. *American Psychologist*, *40*, 1063–1064.

Wood, W., Jones, M., & Benjamin, L. T., Jr. (1986). Surveying psychology's public image. *American Psychologist*, *41*, 947–953.

第四部分 将批判性思维融入心理学课程

写作也是一种批判性思考

批判性思维不只包含一种策略,而是涉及多种策略。发展批判性思维需要运用和发展各种相关技能,以便消除当前状态和期望状态之间的差距(Halonen & Gray, 2000; Sternberg, Roediger, & Halpern, 2007)。在心理学中,教授批判性思维的目的通常是为了提高学生描述、预测、解释和控制行为的能力。那么写作呢?心理学专业学生的文本表达能力如何体现批判性思考?写作和批判性思维类似,都需要整合和运用各种能力,包括论证能力、组织能力和策划能力,以及对语法和标点规则的基本理解。一些作者甚至认为写作是一种解决问题的方式(Flower, 1998;另见Hayes, 2006; Hayes & Flower, 1980),是批判性思维的工具之一。

我们认为写作只是批判性思考的另一种形式,也许是一种更高级的形式,因为大多数心理学写作者,无论是学生还是专业人士,其写作目的都是与他人分享自己的想法。也就是说,他们的写作传达了批判性思维的沟通本质。为了让他人更理解自己的想法,作者必须将他们的想法转化成文,这个过程不仅需要运用上述能力,还需要一点社交智力,特别是从读者的角度思考问题的能力,以此来预测读者想要提出的问题以及他们的学习需求。

在设计课程活动和作业时,我们要求教师考虑学生的科学推理水平:学习心理学入门课程的学生对学科的理解不同于学习研究方法课程或参加高级专题讲座的学生(Halonen et al.,2003)。对于心理学写作技巧的课程教学和学习也是如此。心理学专业一年级学生的写作应该更具表达性和探究性,而针对高年级本科生(通常是专业学生)的写作可以更具沟通性和科学性。

撰写本文的目的在于提出"写作也是一种批判性思考"的观点。为此,我们将讨论批判性阅读在写作中的作用,找出能够培养批判性思维的实用写作活动,并探讨美国心理学会写作格式(American Psychological Association,2001)在教授和学习心理学批判性思维中的特殊作用。

用于批判性写作的批判性阅读

学生需要阅读和写作,教师也是如此。我们认为,学习心理学批判性写作与学习批判性阅读密切相关。我们希望让学生接触心理学领域的高质量读物和更广泛的社会科学文献,目的在于教会他们评估实验和非实验研究的定量和定性性质。

"评估"这个术语对学生来说可能是一个含义丰富的词语。这是因为学生们经常以为,期刊发表的观点已由专家审查过(一般情况下是这样的,至少是顶级期刊的内容);在某种程度上,期刊内容是神圣而不被质疑的(事实并非如此,知识需要被重复验证、修订以及不断完善)。对心理学文献的批判性评估取决于对科学方法的了解,对数据分析和统计推断的熟悉程度,以及对该学科采用的特定研究方法的了解。因此,我们的设想是学生应该参加一些关于研究方法和统计学的课程(例如,Brewer et al.,1993;Dunn,Smith,& Beins,2007)。除了教授学生这些基本技能(或假定他们已经拥有这些技能),教师还必须确保学生能够检索文献、理解研究观点及其论证,在范例中学习,并通过写作来评估所阅读的内容。下面从检索文献开始介绍。

检索文献

学习通过各种渠道检索心理学文献——心理学在线数据库(例如,PsycINFO)、在线图书馆目录和已出版的期刊等,是学生在研究中建立分析性视角的绝佳方式。例如,在研究方法课程和专题研讨会中,教师可以指出现有研究中的优势、不足和未知领域。最好的学习方法离不开对文献的有效、科学的搜索,以及对这些文献进行追踪,仔细阅读,了解研究是怎样开展的,为何要开展研究,研究发现了什么。教师的指导在这里很重要,哪怕仅仅只教会学生分析什么是主要和次要的文献来源,为什么期刊对该学科很重要,以及如何评估期刊质量(例如,Dunn,2008)。

我们相信,与图书馆专业的检索人员密切合作可以帮助学生学到很多东西。学生可以在图书管理员的帮助下追踪相关资料,或借助演示教程来搜索馆藏资源。这样的方式往往可以帮助学生学会在不同来源的文献当中分辨科学和伪科学(例如,Toedter & Glew,2007)。很多学生不会利用本地资源的优势,这是因为他们不知道这些资源的存在,或不知道如何查找和利用。因此,我们认为批判性阅读和写作的一个重要方面是学会如何有效地使用图书馆的文献资源、期刊和藏书。

解读观点

说到底,心理学写作是一种说服性写作,即说服读者相信某些特定的假设及支持数据,即人们是出于某种显而易见的原因而采取某种行动、进行某些思考或产生某种感受的。构建一个心理学理论的案例,一般需要通过实验收集支持性证据。早期研究结果为后续研究工作的设计和实施指明了方向。这个实证研究的过程建立在观点和论证的基础上,即包括作者在内的研究者提出的观点,以及论证支持或反对行为发生的理由。心理学观点和论证,指的是倡导和表达想法以便说服读者,吸引读者,获得赞叹,甚至使读者感到兴奋(例如,Spellman, DeLoache, & Bjork, 2007)。

论证有三种基本类型:情感的、伦理的和逻辑的。有感而发的论证在科学领域中没有地位;因此,学生需要识别情感的作用,即缺乏可靠的实证支持的呼吁(例如,"主要照顾儿童的应该是女性而不是男性,因为她们生来就负有养育之责")。伦理性论证的基础在于主体的特征,通常涉及权威关系、诚信或可信度等议题。研究伦理是心理学研究的重要组成部分,对研究者与参与者之间的关系而言更是如此。不仅仅是资料来源,心理学论证的各个方面都应该具备权威的可靠性和可信度(例如,"常春藤联盟实验室获得的智商结果比缺乏资金支持的公立大学的研究中心发现的结果更具可靠性")。

当然,心理学领域的科学观点理应是合乎逻辑的,并且立足于事实和理性。此类观点应基于明确的、可验证的假设,并由现有的心理学文献中的同行评审证据支持。大多数观点或论点的目的在于利用支持性证据(即实证资料和引证文献)去说服读者。心理学中几乎没有观点不需要先前的研究作为基础。斯派曼(Spellman, 2007)和她的同事明确提出了心理学中五类较为常见的观点(见表8)。

表8 观点分类:心理学领域一些典型的论证类型

理论改进或修正——为扩展或修改已知理论而发表的观点(例如,"我们的发现证实了某些自动加工在工作记忆中的作用")。

新观点或已有观点的优化——分享新的方法(例如,"我们开发了一种新的纸笔测验来评估内隐态度")。

对现有假设的挑战——旨在推翻对现有结果的理论解释(例如,"我们的研究结果证实,与消极情绪相比,积极情绪会产生明显不同的行为反应")。

结果的实用性和实际应用——将研究结果建设性地用于解决某些问题(例如,"我们发现对有学习拖延情况的小学生而言,其内在的学习动机可以得到激发")。

对既定判断的质疑——反驳理论预期或有证据支持的假设(例如,"尽管媒体广告无处不在,但我们的系列研究表明,说服性信息与实际购买行为之间的联系非常有限")。

资料来源:改编自斯派曼(Spellman)等人2007年的研究。

课堂讨论应该从多个角度对研究观点进行评估。在读到一个论点时,学生应该考虑该观点的作者即研究者的意图。此外,学生应该反思目标受众究竟是哪些人,他们为什么要对这些发现感兴趣。诸如此类的问题对于教师来说是显而易见的,对学生来说则不是。我们相信,当学生学会搜索心理学文献以后,鉴别观点的类别对他们会有帮助。反过来,他们可以利用表8中所示的观点类别,在实验室报告、综述文章和其他写作练习中提出自己的观点(另见 Spellman et al., 2007; Stoloff & Rogers, 2002)。

从范例中学习

如何教会学生分辨符合逻辑的、以证据为基础的心理学研究,和设计不良或有缺陷的心理学研究?最好的方法是让他们阅读优秀的文献范例。我们将通过课堂作业、图书馆文献检索和学科教材,让心理学专业的学生接触到各种范文。教师还可以有意识地向学生讲解高质量的研究细节来作为补充。向学生展示无确定结论的、可疑的、结果难以解释的研究或描述性(即非因果性)研究结果也不失为一个好的主意。这样,学生就可以像区分小麦和谷壳一样,学会区分哪些是有根据的、科学的研究。还可以参考一些提升批判性思维的优质书籍(例如,Marton,2006;Meltzoff,1998;Stanovich,2007)。

此外,学生也可以通过阅读和评价其他学生的作品来相互学习。本科生很容易理解发表在本科生期刊上的材料(Ware, Badura, & Davis, 2002)。更重要的是,与直接评估专业心理学家尤其是著名心理学家的作品相比,评估学生作品的优缺点可以帮助学生更轻松地开启批判性阅读之路。

通过写作评估阅读

对于学生来讲,评估阅读内容的典型做法是用索引卡或者(纸质或电子)笔记本做笔记。如果能创建所研究主题的"读者指南",阅读效率更高(Henderson, 2000)。读者指南是一种专题简介,包含:内容大纲(例如,主题的历史、主要论题、理论和方法),主要研究人员和理论家的名单目录,主要问题,当前研究焦点和重要参考文献(如书籍、手册、论文)。准备读者指南是一种相对轻松的方式,可以帮助学生在实证研究或撰写特定主题的研究论文之前阅读和回顾相关文献(具体指导参见 Henderson, 2000)。

写作活动可以提高批判性思维能力

我们认为学生需要培养一种批判性写作的敏锐态度。他们怎么才能达到这样的目标呢?心理学写作不是一项走马观花的活动,在写作中,学生必须完成与研究设计、开展实验或其他研究活动相关的基本任务。我们认为写作过程中的三类活动可以练习批判性思维,即基本任务、过程问题和成果。表9列出了写作活动的三类范例。我们鼓励读者思考这个框架下的其他写作活动。接下来依次简要讨论这三类活动。

表9 批判性思维教学的示范性写作活动

基本任务
- 概述文献
- 作出假设
- 将结果以文本形式表现出来(即将数据分析转换为文本)
- 根据表格和数字进行写作

过程问题
- 表达性写作与事务性写作
- 预测读者需求
- 起草、修改、完善
- 批判性看待自己的作品(将修改和编辑写作内容作为批判性反思和自我调整的过程)
- 寻求同行以及教师对论文的评价
- 评价同行的作品

成果
- 非正式论文(课堂写作、阅读体会)
- 正式论文(实验室报告、文献综述)
- 档案
- 海报展出

基本任务

基本任务构成心理学课堂写作活动的"建筑材料"。上述大多数活动都与心理学领域研究方法和实验的教学有关。通常情况下,在完成由教师指定的实验之后,学生必须学会概括现有研究的要点,描述自己的研究正在验证的问题(突出对自变量的操纵和因变量的测量),将统计结果转化为陈述性观点,并通过表格或图形数据去引导读者(见表9)。所有这些任务都要求学生作者以最清晰、最简洁的方式传达较复杂的信息的含义(例如,定义和操作变量、变量之间的关系、统计结果)。掌握上述技能需要耐心、坚韧、(一般来说多次的)研究经验、良好的理论模型,以及教师以掌握为教学目标所给的反馈。除非获得足够的研究经验并在反复试错后获得反馈,大多数学生不会意识到实证研究和对此进行的写作活动是相辅相成的。施密特和邓恩的文章(Schmidt & Dunn,2007)中可以找到其他多种写作活动,其中一些较为基础的任务和研究方法与统计学课程相关。

过程问题

如前所述,写作过程需要作者具备一定程度的社交智力,即:让读者能理解自己的观点,并能够与读者进行交流(见表9)。高等教育中的表达性或探究性写作活动(例如,自由写作)在培养社交智力方面很有帮助(例如,Elbow & Belanoff,1989;另见 LePore & Smyth,2002)。学生能很快地写出论文,意味着他们有了思考和学习的东西(例如,Dunn,1994)。掌握让他人理解自己这一能力需要较多的事务性写作,即:学会为特定受众写作。在教学实践中,受众仅有一个,那就是学生的老师,但从理论上讲,心理学专业的其他学生都是专业受众。

批判性思考是起草、修改和润色论文过程中的一部分。由于论文是经过反复修改之后才形成的(即从自由写作到打草稿再到不断润色),因此学生应该学会反问自己问题,以便从读者角度不断地改进文章——从选词到语法和标点符号的使用。起草和修改论文要求作者学会批判性地看待自己的写作,提升用批判性思维进行自我评估的能力(如我是否达到了作业的要求?其他人是否懂它?)(Dunn,McEntarffer,& Halonen,2004)。

自我调节能力,即知道何时应继续修改写作内容,何时寻求他人的反馈,或何时终止写作等也很重要。这是因为上述能力帮助学生重新审视并反思他们已经完成的写作内容(参见表9)。例如,在研讨会类型的课程中,学生会逐渐形成这样的习惯:在整个写作过程中定期阅读和评价彼此的文章(例如,Dunn,1994,2008;Elbow & Belanoff,1989)。

成果

最终,大多数学生和许多教师将论文视为成果。论文是在操作、思考或讨论之后形成的(见表9)。这样的成果固然很重要,但我们也不想淡化基本写作任务和过程的重要性——我们认为这一类的写作活动与完成正式论文具有相同的重要性。我们必须补充一点,非正式的写作活动,如课堂写作、简短的读后感,甚至是研究的海报摘要,也是有价值的写作经验,哪怕这种经验有局限。不应低估帮助学生快速有效地完成书面评论的重要性,特别是因为课堂上大多数崭露头角的写作者并不会成为心理学家。尽管如此,我们仍然有义务在本学科的影响范围内提高他们的写作能力。

与瑞卡鲍(Rickabaugh,1993)的观点一致,我们认为,保存心理学课堂内外写作的作品集,不管是次要的作业还是主要的作业,都可以让学生受益。定期复习作品集可以让学生看到自己的进步,避免犯同样的写作错误(例如,被动语态、格式问题、考虑不周的研究观点)。假如院系将写作作为批判性思维教学的重点,教师也可以将这些作品集作为形成性评价或终结性评价的指标。

以美国心理学会格式的写作作为一种批判性思维模式

按照美国心理学会格式撰写论文

马迪根、约翰逊和林顿(Madigan, Johnson & Linton, 1995)将美国心理学会格式概念化为一套认识论,我们基本同意这种观点。他们认为,学习美国心理学会格式远不止学习一套写作规则,实际上它也帮助学生了解心理学家的思维方式;理想情况下,学生将会以同样的方式思考自身,这一过程被马迪根等人称为"范式思维"。通过学会用心理学家采用的范式进行思考,学生在写作过程中可以获得批判性思考的能力。

美国心理学会格式论文的每一部分写作,都要求学生学会运用不同类型的批判性思维技能。例如,"摘要"要求学生辨别他们研究中最重要的因素,并就这些因素做报告,字数需控制在 120 字以内;"引言"要求学生具备几种批判性思维技能;学生必须进行批判性文献检索,尽管很容易检索到与主题相关的许多研究,但学生必须在众多研究中筛选出真正重要的研究;接下来,学生须按照逻辑发展对这些研究进行整理——虽然按时间顺序进行整理看似合乎逻辑,但这可能不是讲述他们开展研究"缘由"的最佳方式;最后,他们必须学会将故事串联在一起,以便读者可以明白,他们的实验是研究进展中接下来的合乎逻辑的一步;"方法论"部分要求学生批判性地思考如何实际地验证他们已经作出的假设,以及如何呈现他们所做的事情,以便为读者描绘一幅关于研究的完整画面;"结论"部分要求学生批判性地思考他们收集的资料类型,他们采用的实验设计,以及如何清楚地与读者交流他们所发现的内容;最后,"讨论"部分让学生思考他们的研究在"整幅画面"中的位置——他们的研究如何完善心理学的知识体系,他们的研究解决了什么问题,哪些问题没有得到解决,研究发现了哪些新问题。事实上,所有这些思考对于学生来说都是陌生的,并且不容易实现。每个心理学家都阅读过各种已发表的实验报告,而这些报告在某些(或许多)方面存在不足,由此可见,即使对于专业人士来说,这些思考也不一定容易。

故事模式。除了将美国心理学会格式视为认识论的范畴之外,马迪根等人(Madigan et al.,1995)将实证报告(引言、方法论、结论、讨论部分)的格式看作一种故事模式,这种模式具备心理学和心理学家关注的特征。故事模式与科学过程的模式一致,都与批判性思维有莫大的关系。在研究过程中,按照美国心理学会格式报告的大纲,学生首先学习回顾相关的实证文献来提出研究问题。从大量文献检索中发现研究问题的过程必定涉及批判性思维。在提出研究问题后,学生必须批判性地思考如何找到能够解决研究问题的方法。在进行实验、收集数据和分析数据后,学生必须运用自身的批判性思维能力来解释、分析实验结果。最后,学生必须运用批判性思维能力来回答关于当前研究的关键问题:本研究结论对于以前的文献意味着什么,以及本研究的总体结论是什么?

避免直接的结论。马迪根等人(Madigan et al.,1995)也指出,对心理学专业的学生来讲,不要直接给出结论,这点很重要。根据我们近五十年教授学生撰写研究报告的经验,我们经常看到学生在他们撰写的第一份研究报告的结论中使用"证明"或"可证明"这些词语(例如,这些数据证明……)。精通美国心理学会写作格式的心理学家是不会犯这种错误的。这样看来,批判性思维对于发现和了解自己研究的缺陷是必要的。以美国心理学会格式进行阅读和写作有助于培养这类批判性思维,马迪根等人认为这一点对于学生了解心理学的文化很重要。

美国心理学会格式的写作。马迪根等人(Madigan et al., 1995)也强调,美国心理学会格式的写作方法与学生之前所学的写作方法大为不同。例如,在英语写作课程中,学生学会了专注于将语言作为成果。换句话说,在作文写作中,重点是写作本身。学生学习了各种语言技巧和写作风格后润色作文;读者阅读的目的在于愉悦身心或欣赏好作品。另一方面,马迪根等人认为,在美国心理学会格式的写作中,"语言是作为媒介的"。换句话说,科学报告中,语言的作用在于普及知识而非娱乐大众。这种方法对于大多数学生来讲是陌生的,这也导致了学生在撰写和阅读美国心理学会格式的实证报告时会遇到巨大困难。他们也可能会认为这种写作是"干巴巴"或"沉闷"的。就美国心理学会格式的写作而言,其乏味的特点并不是有意为之,但因缺乏创作故事的文学传统,学生可能会很容易发现这类写作风格确实无趣。事实上,在尝试提取关键信息或者研究报告中的细节时,华丽的语言是不必要的,还可能会分散注意力。这时候,学生需要进行批判性思考才能领会到严谨的科学写作的重要性。采用美国心理学会格式进行写作练习,有助于学生学习和掌握这一点。

阅读和评论美国心理学会格式的论文

通过阅读美国心理学会格式的报告来提升批判性思维能力,与借助美国心理学会格式写作来提高批判性思维能力是相关的。当学生第一次阅读这样的报告时,常常会对不同类型的写作感到困惑,以至于无法理解这份报告。然而,在了解心理学家如何编写各个部分之后,学生开始在阅读中获得批判性思维能力,甚至能够评论研究报告。

学生应该用批判性的眼光进行文献检索和阅读,就像他们在撰写研究报告时必须批判性地思考每个部分一样。例如,在阅读摘要时,学生必须运用批判性分析技能来确定文章是否与他们的研究主题或领域相关。这种能力对于有效检索文献至关重要。在引言部分,学生应该以批判性的眼光阅读作者提出的研究假设:每项研究是否都会推进假设提出的思维进程?作者是否准确地对每项研究进行了总结?作者在推导假设时是否遗漏(或仅仅是忽略)了对某一研究的其他解释?结论部分要求学生运用他们在数据分析方面的批判性思维技能:所做的分析是否适合作者报告的数据类型?作者是否为文中的分析提供了所有必要的信息(例如,具有两个独立变量的研究设计是否存在交互作用项)?最后,在阅读讨论部分时,学生必须批判性地分析作者的结论,以确定它们是否合适。此外,关于讨论部分的批判性思考可以引导学生在新的研究项目中产生其他新想法,而这样的研究项目是学生阅读的新成果。因此,阅读和评述研究报告为学生提供了充分的机会提升和运用批判性思维能力。

下文是阅读活动和批判性思考的一个例子。加赖斯(Gareis,1995)让修读心理学导论课程的学生阅读和评论教科书中引用的文章。学生描述了研究变量、假设、操作定义、方法和结论,而不是简单地概述文章。此外,学生对该研究进行了批判性评估,讨论了该文章如何呈现课程中提及的概念,并将原文与课文中的描述进行了比较。在评估作业时,学生称:作业帮助他们"批判性地思考科学研究"(p.234)。当然,学生的报告不一定与实际结果一致。学生能够发现文本和实际研究之间的差别。某些差别不太重要(例如,一组中的参与者数量),但有些差别相对来说比较重要(例如,将被试内设计描述为被试间设计)。考虑到修读研究方法课程的学生也会在评估已见刊的文章时犹豫不决,这些修读入门课程的学生所取得的成果是令人瞩目的。

结语：教师在批判性思维写作中的作用

最后，我们既希望能够给读者以鼓舞，同时也请各位考虑到现实情况：写作教学需要投入时间和精力，还要与学生坦诚相待。你会经常感到劳累过度，还会因批改文章、反馈批改意见而感到有压力。在与那些声称自己知道如何写作的学生谈话时，尤其那些声称自己已经写得很好的学生（如果只是在他们看来），你一定要厚脸皮一些。发表心理学论文后，同行评审过程会让你的脸皮变厚（也就是说，你的脸皮可能因为过去与审稿人和编辑的争论而变得越来越厚），向学生介绍你的早期经历也是如此。你必须向他们解释为什么写作实际上是每个人教育经历中必不可少的，然而经常被忽视。你的目标是通过帮助他们在练习中变得更有批判性，更有建设性，更有决断力，以改进他们既有的做法。

达纳·S. 邓恩，伦道夫·A. 史密斯

参考文献

American Psychological Association. (2001). *Publication manual of the American Psychological Association* (5th ed.). Washington, DC: Author.

Brewer, C. L., Hopkins, J. R., Kimble, G. A., Matlin, M. W., McCann, L. I., McNeil, O. V., et al. (1993). Curriculum. In T. V. McGovern (Ed.), *Handbook for enhancing undergraduate education in psychology* (pp.161 – 182). Washington, DC: American Psychological Association.

Dunn, D. S. (1994). Lessons learned from an interdisciplinary writing course: Implications for student writing in psychology. *Teaching of Psychology*, *21*,

223-227.

Dunn, D. S. (2008). *A short guide to writing about psychology* (2nd ed.). New York: Longman.

Dunn, D. S., McEntarffer, R., & Halonen, J. S. (2004). Empowering psychology students through self-assessment. In D. S. Dunn, C. M. Mehrotra, & J. S. Halonen (Eds.), *Measuring up: Assessment challenges and practices for psychology* (pp.171-186). Washington, DC: American Psychological Association.

Dunn, D. S., Smith, R. A., & Beins, B. C. (Eds.). (2007). *Best practices for teaching statistics and research methods in the behavioral sciences*. Mahwah, NJ: Erlbaum.

Elbow, P., & Belanoff, P. (1989). *A community of writers: A workshop course in writing*. New York: McGraw-Hill.

Flower, L. (1998). *Problem-solving strategies for writing in college and community*. Fort Worth, TX: Harcourt Brace College Publishers.

Gareis, K. C. (1995). Critiquing articles cited in the introductory textbook: A writing assignment. *Teaching of Psychology*, 22, 233-235. Halonen, J. S., Bosack, T., Clay, S., & McCarthy, M. (with Dunn, D. S., Hill, G. W. IV., et al.). (2003). A rubric for authentically learning, teaching, and assessing scientific reasoning in psychology. *Teaching of Psychology*, 30, 196-208.

Halonen, J., & Gray, C. (2000). *The critical thinking companion for introductory psychology* (2nd ed.). New York: Worth.

Hayes, J. R. (2006). New directions in writing theory. In C. A. MacArthur, S. Graham, & J. Fitzgerald (Eds.), *New directions in writing theory* (pp.28-40). New York: Guilford.

Hayes, J. R., & Flower, L. S. (1980). Identifying the organization of writing processes. In L. Gregg & E. Steinberg (Eds.), *Cognitive processes in writing* (pp.3-30). Hillsdale, NJ: Erlbaum.

Henderson, B. B. (2000). The reader's guide as an integrative writing experience. *Teaching of Psychology*, 28, 257-259.

LePore, S. J., & Smyth, J. M. (Eds.). (2002). *The writing cure: How expressive writing promotes health and well-being*. Washington, DC: American Psychological

Association.

Madigan, R., Johnson, S., & Linton, P. (1995). The language of psychology: APA style as epistemology. *American Psychologist*, 50, 428–436.

Marton, J. (2006). *Fables for developing skeptical and critical thinking in psychology*. Victoria, BC: Trafford.

Meltzoff, J. (1998). *Critical thinking about research: Psychology and related fields*. Washington, DC: American Psychological Association.

Rickabaugh, C. A. (1993). The psychology portfolio: Promoting writing and critical thinking about psychology. *Teaching of Psychology*, 20, 170–172.

Schmidt, M. E., & Dunn, D. S. (2007). Teaching writing in statistics and research methods: Addressing objectives, intensive issues, and style. In D. S. Dunn, R. A. Smith, & B. C. Beins (Eds.), *Best practices for teaching statistics and research methods in the behavioral sciences* (pp.257–273). Mahwah, NJ: Erlbaum.

Spellman, B. A., DeLoache, J., & Bjork, R. A. (2007). Making claims in papers and talks. In R. J. Sternberg, H. L. Roediger III, & D. F. Halpern (Eds.), *Critical thinking in psychology* (pp.177–195). New York: Cambridge University Press.

Stanovich, K. E. (2007). *How to think straight about psychology* (8th ed.). Boston: Allyn & Bacon.

Sternberg, R. J., Roediger, H. L., III, & Halpern, D. F. (2007). *Critical thinking in psychology*. New York: Cambridge University Press.

Stoloff, M. L., & Rogers, S. (2002). Understanding psychology deeply through thinking, doing, and writing. *APS Observer*, 15(8), 21–22, 31–32.

Toedter, L. J., & Glew, D. F. (2007). Is it science or pseudoscience? An inquiry-based exploration of science gone astray. In T. E. Jacobsen & T. P. Mackey (Eds.), *Information literacy collaborations that work* (pp. 161–176). New York: Neal-Schuman Publishers.

Ware, M. E., Badura, A. S., & Davis, S. F. (2002). Using student scholarship to develop student research and writing skills. *Teaching of Psychology*, 29, 151–154.

作者说明

有关本文的问题可直接邮寄给本文的任一作者:达纳·S.邓恩(邮寄信息:Dana S. Dunn, Department of Psychology, Moravian College, 1200 Main Street, Bethlehem, PA 18018－6650),电子邮箱:dunn@moravian.edu;伦道夫·A.史密斯(邮寄信息:Randolph A. Smith, Department of Psychology, PO Box 10036, Lamar University, Beaumont, TX 77710),电子邮箱:randolph.smith@lamar.edu。

在心理学课程中利用服务性学习提高批判性思维能力

提到学习目标,大多数心理学教师希望他们的学生能获得批判性思维能力,识别课程材料的相关性,而不仅是学习心理学的基本概念和理论。考虑到这些目标,服务性学习(即通过主动参与社区服务来学习课程中的概念)不失为一种极好的教学手段,可以鼓励学生建构知识而不是简单地接受知识,激发学生的学习动机,培养学生的批判性思维能力(Beckman,1997;Klinger,1999)。服务性学习可以让学生在真实情境下讨论和分析课程材料,这不仅能够强化学生对课程材料的理解,而且能提高学生对社区的认识、社区活动的参与度、自我意识,以及对多样性的敏感度(Gelmon, Holland, Driscoll, Spring, & Kerrigan, 2001)。与其他许多教学手段不同,服务性学习对高校和社区也有多重好处,有利于双方建立积极的、互惠的合作伙伴关系(Roschelle, Turpin, & Elias, 2000; Valerius & Hamilton, 2001)。

要成功地培养学生的批判性思维能力,提升学生的学习效率,服务性学习必须包括以下社区活动:(a)达到课程特定的学习目标,(b)满足社区需求,(c)始终与课程无缝衔接(Ozorak,2004)。这些特征将服务性学习与志愿服务(另一项有趣的活动)区分开来。在志愿服务中,学生仅仅参与社区活动,志愿服务并不直接涉及学术内容,而服务性学习的特点在于追求学术目标。

赫弗曼(Hefferman,2001)描述了服务性学习融入大学课程的几种常见方式,包括基于学科的服务性学习课程、高阶课程和服务性实习。本文重点介绍了基于学科的服务性学习,学生在整个学期参与社区服务,并将他们的服务经历整合到课程内容当中。此外,我还介绍了自己在心理学课程中采用的一些服务性学习作业,用以提升学生的批判性思维能力。我提供了一些技巧,帮助学生入门,并让学习效果最大化。

服务性学习作业

服务性学习是跨学科的,只要教师有想法,设计出创造性任务,服务性学习可以适用于任何学科领域。作为重点研究人类行为的学科,心理学最适合采用这种教学手段(Ozorak,2004)。在研究人类行为时,心理学家可以利用社区互动来阐明理论,将专业的概念更简明地表达出来。在这点上,其他许多领域难以望其项背。发展心理学和社会心理学等课程很容易应用到人群密集居住的社区。事实上,大多数社会心理学课程都有一个关于亲社会行为的单元——在不让学生参与社区服务的情况下,有什么更好的方式可以来阐明助人行为理论?为了鼓励学生将社会心理学概念应用于现实情境并提升他们的批判性思维能力,我将服务性学习任务融入了课程中。

我邀请三到五名社区导师在课堂上介绍他们所在的社区,并在学期的第一周招募学生。我通常要求学生在他们选择的社区完成至少16个小时的服务性任务；截至学期中，必须完成8个小时，截至学期末完成最后8个小时的服务性任务。学生各自的社区导师需要在他们的服务时间表上签名确认。根据实际情况（例如，课程负担或班级规模），我交替采用了两种类型的作业：撰写服务性学习日志和传统形式的论文。

对于日志作业，学生在整个学期内都要记录并更新结构化的社会心理学日志。每一章，学生都会针对特定主题撰写两到三页内容。表10提供了典型的写作任务示例。整个学期，学生上交七次日志（大约每两周一次），日志的整体成绩与考试的最终成绩有相同的权重（通常约为15%）。

表10 社会心理学服务性学习日志作业的章节样本

亲社会行为章节
服务性学习是指你正在参与的助人行为。对于这些经历，描述在其中发挥作用的动机因素、情境因素、个人影响以及人际影响。选取记录一些真正令人难忘的因素或影响，才能使日志清晰而具体。

社会认知章节
讨论模式。在你参与服务性学习的社区，哪些模式影响了你的行为或他人的行为？将第3章中提供的研究证据作为你个人观察的支持依据。

对于传统形式的论文作业，学生分别在学期中和学期末各写一篇论文，将课程材料融入他们在社区服务的经历中。针对期中论文，我为学生提供以下写作指南。

运用课程前半部分中的两个不同理论分析你的服务性学习经历。这项任务不仅仅要求应用理论，更要求分析课程材料如何影响你的经历。例如，了解特定理论如何改变了你解释互动的方式，或者如何使你的行为方式有所不同。

除了学生必须采用上半学期的一个理论和下半学期的两个理论,期末论文的要求与期中论文是相同的。(有关学生论文样本的摘录,请参阅附录。)

为了提高学生的批判性思维能力,我要求学生在论文中不仅仅简单应用课程材料,实际上许多(尽管不是全部)学生可以轻松做到这点。而且,我会要求学生运用从课程中学到的知识批判性地思考自己的行为。这个过程对学生而言有点困难,运用课程材料批判性地思考他们的经历对他们而言可谓是一种挑战。例如,在最近的一个学期,一名学生与消除饥饿组织合作,该组织为无家可归的人提供食物。这名学生选择在论文中研究图式的心理学概念,即关于社会中物体或事件的有组织知识的心理单元(Fiske & Taylor,1991)。这名学生提到她为无家可归的人设计的方案并不合适,因为与她交谈过的很多人本身并不懒惰或对自己自暴自弃;相反,许多人积极寻求就业机会并试图改善他们的处境。她指出,她在基本归因方面犯了一个错误,因为她对无家可归的人作出了一般的内部归因(即所有无家可归的人都很懒惰)(Ross,1977)。到目前为止,学生在论文中只采用了这些材料,但作业要求她必须进一步深入研究。也就是说,当她知道自己犯了基本归因错误之后,她会作出怎样的改变呢?起初,她能想到的只是"意识到这种偏见有助于我将来消除偏见"。通过课堂讨论以及自身批判性思维能力的提升,学生能够意识到,发现自己认知图式的错误会让她觉得她与自己所帮助的人有更多的共同之处,这反过来让她感到不那么胆怯和害怕,并且更有可能与其交往。经历了这个艰难求索的思维过程,学生不仅意识到社会认知的强大影响,而且还意识到自己能够批判性地思考自身所处的社会。

每项作业都存在利弊。日志的主要好处是能够让学生在整个课程中思考服务性学习的经历。通过每两周做一次记录,学生不断将他们在社区的工作与课程材料相融合(并不是每学期只做两次)。此外,每章一则日志可确保学生将更多的理论和话题融合到他们的经历中。而传统的论文则要求他们进行更深入的探讨。日志的一个显而易见的缺点是,需要教师进行大量批改工作并进行评分。与期中论文和期末论文不同,学生每两周就会上交一篇日志,因此教师必须勤勉地批改作业,并尽快将作业反馈给学生。教师还可以将作业形式多样化(例如,可以在博客或论坛上完成反思作业)。总之,任何形式的作业都是为了达成课程目标。

服务性学习的课堂应用

要使服务性学习更有效地提升批判性思维能力,不仅要关注服务性学习本身,还要使其成为课程的重要组成部分。只在课程中加入服务性学习任务,而不改变课程材料的呈现形式,或不将服务性学习融合到课程中,这通常是低级错误(实际上我自己也犯过)。在这种情况下,学生很快将服务性学习视为一项"忙碌的工作",并草率对待。此外,如果没有很好地融入课程,服务性学习可能只是"感觉良好的活动"(Valerius & Hamilton, 2001, p.339)。相比之下,当教师将服务性学习严丝合缝地融入整体课堂教学中,并在课程评分中凸显服务性学习的重要性时,学生会将其视为一个重要的组成部分,并像对待传统作业那样对待服务性学习。因此,除了实际的作业之外,将学生的服务经历纳入课程是有用的。

定期在课堂上讨论服务性学习期间的事例是将服务性学习融入课堂的一种简单方法。例如,在讨论了自我实现的预言的研究之后(Rosenthal & Jacobsen, 1968),我要求学生思考这个理论可能通过哪些方式影响他们在社区的互动。另一种方法是将服务性学习纳入课堂小组活动中。因为我曾在课程中采用协作学习技巧(参见 Giordano & Hammer,1999),我才能将学生的经历融入他们的课堂活动中。例如,在讲授助人行为的理论之后,我让学生(在他们的课堂小组活动中)运用开展服务性学习的经历,自主评价每个理论。这项活动通常会激发学生关于内在和外在动机的有趣讨论(即,他们是以助人经历还是成绩为动机),而这种将理论付诸实践的方式,是假设的教学情境所不能实现的。我还在考试中加入了服务性学习的反思性问题,这些问题强调了服务性学习是课程重要且有价值的组成部分。例如,"请你运用服务性学习中的经历举例,区分规范化社会性影响以及信息化社会性影响。"最后,我利用课堂评估技术(如一分钟作文)(参见 Angelo & Cross,1993)将服务性学习融入课堂教学中。这些方式将学生的服务性学习社区体验视为课程中最重要的部分,并鼓励他们在整个学期中持续地将自身经历应用到课程内容中。

学生评估数据

我收集了社会心理学课程 2002 年春季至 2003 年秋季几个学期的数据,为下一学期的新生课程做准备。[1] 对"这门课程的服务性学习帮助我更好地理解了课程必修的讲座和阅读"这项,59% 至 71% 的学生回答"同意"或"非常同意"。[2] 对"本课程的服务性学习帮助我掌握了如何将

---

[1] 在此期间,我是美国新奥尔良洛约拉大学心理学系的一名教师。
[2] 较低的百分比反映了一个学期内,学生在其中某个服务性学习社区存在困难。后来,我在学期中放弃了该社区的服务性学习,学生也作了其他安排。有趣的是,在我采用服务性学习的 10 个学期中,这是我唯一一次在学期中终止服务性学习的情况。

所学知识应用于日常生活中"这项,71％至83％的学生回答"同意"或"非常同意"。对于"本课程的服务性学习让我意识到自己存在偏见"这项,77％到92％的学生回答"同意"或"非常同意"。当要求指出服务性学习体验的积极方面时,学生这样回答:"服务性学习让我走出舒适区,变得更加成熟""让我更好地理解社会心理学如何与日常生活联系起来""让我们在课堂上学到的理论变成现实""让我有一种价值满足感""让我有机会帮助社区"。当被问到服务性学习体验的消极方面时,学生的回答是"耗时""难以适应服务性工作的时间"和"通勤方面存在问题"。

服务性学习入门和成效最大化的诀窍

像其他所有方式一样,成功的服务性学习要求教师认真地将教学法与学生学习成果相匹配(Valerius & Hamilton,2001)。因此,首先要揣摩课程目标:你希望通过作业达成什么目标?你如何达成这一目标?

若条件允许,请向贵校的服务性学习办公室寻求合作。如果贵校有上述办公室,工作人员可以帮助将课程目标与合适的社区相匹配,与社区主管联系并加强联络,为社区服务时出现的任何问题提供建议,作出协商。若贵校没有专门针对服务性学习的办公室,你需要自己联系社区,查看是否有你熟悉的或与你有联系的当地组织。请记住,学校里可能会有工作人员帮助建立与这些社区的联系。例如,组织学生开展志愿者服务的学生会或学校相关部门的职员,他们不失为帮助发现社区需求和建立联系的宝贵资源。

围绕服务性学习开展有意义的工作。这一点非常重要。服务性学习内容本身就是一个重要因素(例如,学生在辅导学童和清理被洪水淹没的房屋的经历中获得的经验是大不相同的),在作业当中将服务性学习体会聚焦到课程内容上对于达成课程目标来讲至关重要。在整个学期中,为提高学生写作作业的质量,我与跨课程写作的主管教师密切合作。结果是,与我刚刚将服务性学习融入课程时相比,学生发生了很大变化。

选择不同的社区。学生有不同的兴趣和职业目标,因此,为他们提供一系列可供选择的社区是件好事。我通常会与三到五个社区开展合作。我发现,社区数量少会限制学生的选择,而社区数量过多也会使服务性学习难以实施。在社区的位置分布(例如,步行可回学校,位于公共交通线路上,需要乘坐汽车前往),所需服务(例如,辅导,体力劳动,艺术才能),所需服务的频率(例如,每周 2 小时,一次性服务一天)和服务的特定人群(例如,儿童,老人,残疾人)等方面,我力求实现多样化。请注意,学生通常喜欢和孩子打交道的工作。在某一个学期的服务性学习中,我由于没有向学生提供为孩子服务的社区,还多次听到学生的抱怨。

我在此提醒各位,不必要求学生必须开展服务性学习,虽然我第一学期是这样做的。并非所有学生都愿意参与社区活动。这可能是个人压力或创伤,日程安排或时间冲突造成的。无论什么原因,强迫学生进入社区并不会使学生或社区受益。因此,提供服务性学习的替代方案很重要。在研究替代方案时,必须考虑时间投入和难度水平。在我的课程中,学生可以选择阅读和评论小说而非社区服务。除了学生评价的内容不同(即服务社区互动与角色互动),阅读小说所需的时间与服务性学习所需的时间相当,学生的论文(或日志)作业也是相同的。顺便提一下,很少有学生选择这种替代方案。

尽可能走访社区。显然,到每个社区去考察每个学生并不大可能。但是，无论如何，我还是要着重强调走访社区能够让教师深入了解学生经历，并熟练地将所思所感融入课堂。此外，教师还可以将课程内容融入学生与社区服务的互动中。由于教师生活节奏紧张，很难做到时常走访社区，但我发现，走访社区对我和我的学生来说都是非常宝贵的经历。

服务性学习需要教师付出精力和努力。要注意避免倦怠。我没有在每个学期、每个班级都采用服务性学习的教学方法。相反，我选择一个班级作为试点。就像我们在课堂上做的任何事情（例如，讲座和作业）一样，一遍又一遍地做同样的事情会使事情本身变得枯燥。轮流开展服务性学习的课程可以让我在不同的内容领域、不同年级的学生中采用这一教学方法。服务性学习让我保持新鲜感，也促使我发现将服务性学习内容融入课程的新方法。

最后，"要灵活"。服务性学习的一个优点是让学生走出课堂，不再拘泥于传统的教师传授知识的模式。这也是服务性学习令人望而生畏的一面。不过，真正的体验式学习需要教师翻转课堂，让学生自己去把控自己的学习。服务性学习就是这种方法的缩影。这种独特的方式可以强化学生对课程内容的学习，还可以拓展学生对社区和社会的看法，提高批判性思维能力。此外，这种方式还可以丰富教师的教学活动，鼓励师生参与社区活动，并为课程加入新内容。正如奥佐拉克（Ozorak，2004，p.138）所说："我们还等什么？"

伊丽莎白·哈默

参考文献

Angelo, T. A., & Cross, K. P. (1993). *Classroom assessment techniques: A handbook for college teachers* (2nd ed.). San Francisco, CA: Jossey-Bass.

Beckman, M. (1997). Learning in action. *College Teaching*, 45, 72–75.

Fiske, S. T., & Taylor, S. E. (1991). *Social cognition*. New York: McGraw-Hill.

Gelmon, S. B., Holland, B. A., Driscoll, A., Spring, A., & Kerrigan, S. (2001). *Assessing service learning and civic engagement*. Providence, RI: Campus Compact.

Giordano, P. J., & Hammer, E. Y. (1999). In-class collaborative learning: Practical suggestions from the teaching trenches. *Teaching of Psychology*, 26, 42–44.

Heffernan, K. (2001). *Fundamentals of service-learning course construction*. Providence, RI: Campus Compact.

Klinger, T. (1999). Applying sociocultural psychology to the service-learning experience: Service-learning as a pedagogical tool for developing critical thinking in college students. *Korean Journal of Thinking and Problem Solving*, 9, 25–37.

Ozorak, E. W. (2004). Integrating service-learning into psychology courses. In B. Perlman, L. I. McCann, & S. H. McFadden (Eds.), *Lessons learned: Vol. 2. Practical advice for the teaching of psychology* (pp.137–146). Washington, DC: American Psychological Society.

Roschelle, A. R., Turpin, J., & Elias, R. (2000). Who learns from service learning? *American Behavioral Scientist*, 43, 839–847.

Rosenthal, R., & Jacobsen, L. F. (1968). *Pygmalion in the classroom*. New York: Holt, Rinehart, & Winston.

Ross, L. (1977). The intuitive psychologist and his shortcomings: Distortions in the attribution process. In L. Berkowitz (Ed.), *Advances in experimental social psychology* (Vol. 10. pp.174–221). New York: Academic Press.

Valerius, L., & Hamilton, M. L. (2001). The community classroom: Serving to learn and learning to serve. *College Student Journal*, 35, 339–344.

附录：

摘自学生的范文

我在"孩子就是理由"项目中辅导贫困儿童的经历让我认识到了社会的贫困问题，感到积极的社会组织对于消除社会贫困的恶性循环有重要作用。此外，了解各种心理学研究对于我理解社会因素和个人感知发挥了积极影响。

我在"孩子就是理由"项目第一个下午的心态证实了基本归因错误的影响。在新奥尔良长大后，我已经对公立学校的学生类型形成了预设。我的预设无疑会引导我挑选出我所期望的样本。整个下午，我对那些不愿意尝试或者让我做他们课外作业的学生越来越生气。尽管我羞于承认这点，但是我发现自己将这些学生归类为没有动力、懒惰的孩子。我不断地对他们的个性作出类似的假设。直到学期结束时，我才有机会与一些不是来自新奥尔良的志愿者进行交谈。其中一位说："我想知道那个小女孩的家庭生活是什么样子。"那时我意识到，我多么倾向于基于自己的假设作出概括性的判断。我明白了将心理学课程中学习的内容融入服务性学习经历当中是通过考察社会情境而非主观判断实现的。

我对学生行为的初步概括是基于我对他们性格的看法。因为他们懒惰而且不配合，所以，我就认为这些学生没有潜力。回想服务性学习的经历，我意识到，假如将我的关注点转移到情境上，我就能够改变对他们性格的看法和解释。结束了学校满满一天的课程后，这些学生又参加了学校的课外项目,直到晚上六点才结束,这时候,他们很可能会表现得很懒惰。通过进一步分析,我开始认为大多数学生是有可塑性的。我也很欣赏"孩子就是理由"计划在改善这些学生的处境方面发挥了作用。

作者说明

非常感谢卡罗尔·让德罗纳博士(Dr. Carol Jeandrone),她为我指明了服务性学习的方向;感谢梅勒妮·麦凯博士(Dr. Melanie McKay),得益于他的帮助,我才能更好地完成作业。我也很感谢丽贝卡·冈萨雷斯(Rebecca Gonzales)在她所在的社区充分发挥自己的作用。最后,感谢本书编辑对本文初稿所作的有益点评。

标准课堂之外：
通过认知心理学课程促进批判性思维发展

作为认知心理学家，我们对人的学习方式非常感兴趣。我们也喜欢教学，思考和研究如何更好地育人。我们认为，严谨且有条理的学习环境有助于学生获得特定学科的知识和技能，提高学习该学科的兴趣和动力，并能够支持学生终身学习能力和批判性思维的发展。在这样的环境下，学生的学习能力得到进一步强化。我们根据学习和认知原则，调整教学策略（即教学法）、领域内容（例如，记忆和认知）和评估技巧。

认知心理学文献表明，一旦有了学习动机，对学习内容感兴趣并在学习过程中遇到挑战时，学生可以达到更好的学习状态（例如，Donovan, Bransford & Pellegrino, 1999）。为了使学习内容有意义，教师还应该激发学生将课堂材料与他们的生活和经历联系起来。他们应该学会对教授、科学家、教科书和媒体的观点进行批判性思考并作出评价。要取得成功，学生必须对自己的学习负责，并学会有策略地完成学习任务。学习效率高的学生往往了解他们采用的学习策略，清楚地知晓他们对刚刚学习的、听到的或阅读到的材料的理解程度。对记忆和认知的研究表明，当人们做到以下几条时，学习效率较高：

- 通过补充和修正已有知识来建构新的理解
- 在较长的时间段内保持学习状态（例如，不是在考试前一晚突击）
- 从多个角度多次回顾相同的材料
- 分析新知识的意义和相关性
- 将抽象概念与具体实例和经历联系起来
- 反思自身的思考和学习，并尝试新的学习策略

将基于理论的学习原则、教学原则和评估原则纳入高等教育课程设计往往是一项挑战，因为此类设计都需要考虑环境限制，即考虑什么活动是可行的。在我们的案例中，问题和限制因素起到了重要作用。伊利诺伊大学芝加哥分校（University of Illinois at Chicago）的学生群体较为多元，他们中的许多人在完成全部课程的同时，还有兼职或全职工作。我们教授的课程通常面向大学二年级至四年级的学生。在参加我们的"认知和记忆"课程之前，他们已经学习了"心理学导论"和"研究方法"等预修课程。通常，在没有单独的讨论课或助教支持有限的情况下，我们不得不在大型教室中每周两次以讲座形式开设 75 分钟的课程。我们相信，即使在这种情况下，纳入旨在提升学生学习成果的理论驱动型活动也是可行的。

为了了解如何提高学生的学习水平，我们需要先弄清楚，在我们的领域，什么才是重要的。认知心理学主要的研究对象是思维。然而，思维并不能被直接观察和认知，认知心理学家通过间接的方式对心理特性进行推断，观察人们如何执行精心设计的任务。为了正确评估关于心理结构和过程的论断并形成观点，认知心理学的学生必须了解用于得出结论的研究方法和逻辑。我们期望学生在课程中学到的东西不再是"事实"这个词的传统意义。所有理论和结论都是暂时的，是我们迄今为止对实验观察的最佳

解释。这些解释并非一成不变。对于认知现象,往往还存在相互矛盾的解释。对理论的评估不是基于谁相信这些理论,而是基于理论如何能够解释各种观察的结果。解释效力、对优化研究的作用、应用性和对理论发展的意义等,都是对理论进行评估的尺度。

我们对本文讨论的活动进行了设计,旨在促进学生科学思维能力的发展,强化对认知心理学中重要内容的学习。本文讨论的三项活动都与前面提到的设计原则相一致。这项原则要求学生思考理论与证据之间的关系,在我们看来,这是科学批判性思维的核心。虽然三项活动在证据类型和分析方法上有所不同,但它们都推进了对这种关系的批判性评价。我们相信这些活动也提升了学生对材料的兴趣。有些教师要求学生反思科学过程,而有些则鼓励学生将课堂材料与课外知识和经历结合起来。我们出于不同的缘由选择了相应的活动,并根据班级规模和其他因素选择以不同方式开展这些活动。

在本文的余下部分,我们描写了已经采用过的一系列不同类型的活动,包括一些活动的变式,旨在达成上文提到的目标。在每种情况下,我们就活动本身,以及如何开展这种活动展开描述。我们还会提供证据证明该活动可以有效地提高批判性思维能力。若条件允许,我们会提供学生及其学习成绩的评估数据,并描述将活动应用于其他情境的方法。

参与实验和反思数据的意义

通过让学生参与在线实验和课堂实验,我们使学生获得了教材和课堂讨论中涉及的心理学现象的第一手经验。课前参与在线实验能让学生在讨论这些现象之前获得具体的经验，从而强化对材料意义的理解和对材料的记忆。学生在课堂上参与实验，也提高了自身的兴趣和参与度。在这两种情况下，学生都非常想知道结果是如何产生的。不过，这些活动的最大好处是通过让学生在课堂上预测和解释结果，促进学生批判性思维能力的发展。在本节中，我们回顾了课外经历和课堂演示采用的实验类型，并说明我们如何在课堂上利用这些数据来提升学生的批判性思维能力。

活动的开展

对于在线活动，学生要么参加付费的 CogLab 2.0（Wadsworth, n.d.）实验，要么参与我们自己创建和管理的实验。学生可以单独购买沃兹沃斯（Wadsworth）的在线 CogLab 的使用权，也可以利用各种低成本的教科书资源（例如，Goldstein，2005，我们已经多次使用过）。CogLab 网站按主题列出了各个实验室，戈尔茨坦（Goldstein）的论文显示了不同主题的相关实验室。大多数实验室只涉及了基本认知现象（例如，感知、表象、情景记忆、简单的语言推理），因此我们还创建了自己的实验，以展示 CogLab 未涵盖的更复杂的认知现象，例如，非语言推理、文本理解和技能学习。表 11 列出了主题的示例列表、相关实验室及其受欢迎程度，此外还列出了沃兹沃斯和在本地开发的实验室。为了促进批判性思维的发展，我们介绍了特定的实验范式和理论背景，然后要求学生对结果进行预测。在展示结果后，根据经典的有时又存在相互竞争的理论，我们和学生共同讨论如何对结果作出解释。心理学的错误记忆（Deese-Roediger-McDermott，简称 DRM）实验范式（Deese，1959；Roediger & McDermott，1995）和斯特鲁普（Stroop，1935）任务是我们在线 CogLabs 和课堂演示实验的两种经典认知情境。

错误记忆有各种特点和程度,但在所有情况下,它们都是对从未发生过的经历的回忆。存储系统的特点使其极其强大,能够快速解释和记忆事件,并迅速回想起久远的、从前的、无关联的经历,也使其容易受到各种认知歪曲的影响。理论家认为:图式(schema)有助于解释和记忆经历过的事件,以及随后在"检索"时重建这些事件的记忆。这些特点和机制很容易通过 DRM 心理学实验范式进行演示,这些演示实验是罗迪格和麦克德莫特(Roediger & McDermott,1995)对迪斯(Deese,1959)经典研究的重现:呈现目标词(例如,酸、方糖、糖、苦、好、味道等)的列表,然后参与者立即对一列新词之前是否在列表中出现过进行分类。

表 11　佩莱格里诺(Pellegrino)课程中的 CogLab 清单:按主题和受欢迎程度排列

主题	CogLabs[a]	欢迎度[b]
心理想象和视觉加工	心理旋转	13%
心理想象和视觉加工	心理扫描	7%
语义记忆:组织和加工	原型	8%
语义记忆:组织和加工	词汇判断	6%
语义记忆:组织和加工	内隐学习	5%
感觉记忆	部分报告	3%
短时和工作记忆	记忆广度	34%
短时和工作记忆	布朗-彼得森范式	13%
短时和工作记忆	操作记忆广度	8%
短时和工作记忆	斯滕伯格短时记忆搜索	3%
情景记忆:存储和检索	编码特异性	12%
情景记忆:存储和检索	加工水平	7%
情景记忆:遗忘和错误记忆	错误记忆	36%
情景记忆:遗忘和错误记忆	完全遗忘	17%

（续表）

主题	CogLabs[a]	欢迎度[b]
情景记忆:遗忘和错误记忆	记住/知道	15%
语言简介	词的优势	21%
	斯特鲁普实验	13%
理解	（词汇和理解）	5%
解决问题和决策	风险决策	21%
	蒙蒂霍尔问题	15%
	沃森选择任务	9%
智力	典型推理	9%
	（非言语推理）	12%

[a] "自主"开发的实验列在括号中，其余是沃兹沃斯 CogLab 工具包的一部分。
[b] 将该实验选为他们最喜欢的三个实验之一的学生所占的百分比。

因为原始列表中的单词都倾向于激活"甜味"图式，所以这个关键的诱饵不可避免地被"记"在目标词列表上，而新列表中和"甜味"不相关的干扰词正好被忽略。学生常常感到惊讶的是，即使提前意识到这些效应，他们也无法阻止错误记忆的出现。这种简单而稳定的记忆效应可以通过视觉或听觉刺激以及再认或回忆测试来证明。在课堂上，教师可以在视觉上或口头上呈现目标单词列表，并且记录识别出每个单词的人数。

为了促进对情景记忆过程本质的批判性思考，我们引入了情景记忆范式，然后让学生对结果进行预测（即使可以在线访问他们的实验结果以及更大规模组的实验结果，许多学生也不会利用 CogLab 的这个功能）。图10 是奥尔松 2005 年春季课程的沃兹沃斯 CogLab 结果图，显示了对原始目标词的准确识别，对无关干扰词或诱饵词的准确识别，以及对"错误记忆诱饵"（相关词）的高误认率。我们展示这个结果，可以进行富有成效的讨论。讨论中，学生批判性的思考可以解释这个结果的产生机制，以及这个现象揭示了与情景记忆准确性相关的什么重要原则。

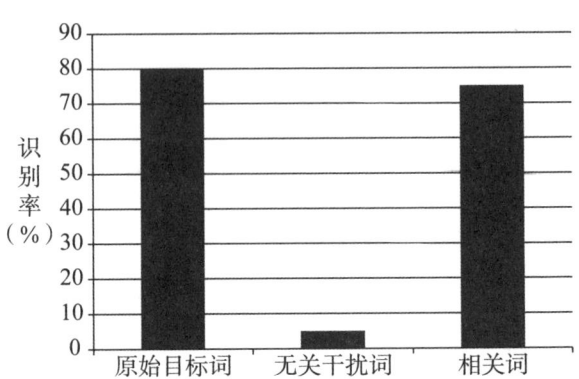

图 10 来自沃兹沃斯 CogLab 错误记忆实验的数据

沃兹沃斯 CogLab 2.0 认知心理学在线实验室网站。2007 年 4 月 24 日，来自 http://coglab.wadsworth.com/。

"斯特鲁普效应"(Stroop effect)是呈现自动化加工的简单和稳定的效应(Stroop，1935)。颜色词的列表或者以匹配的条件呈现(单词所表达的颜色与字色相同，例如，用黑色墨水打印单词"黑色")，或者以不匹配的条件呈现(单词所表达的颜色与字色不同，例如，以黑色墨水打印单词"红色")。在沃兹沃斯的在线版本中，学生必须尽快对单词的字色进行分类。课堂上，教师可以采用各种方式呈现单词，并且可以要求学生一起大声回答。一种非常有效的方法是让一名学生自愿成为大声朗读的测试参与者，让另一名学生计时，其他学生默默地执行与自愿参与者一样的任务。学生很容易发现，在匹配条件下比较容易完成任务，但在不匹配条件下会受到相当大的干扰，并且会降低他们的反应速度，甚至出现错误。我们参照呈现斯特鲁普效应案例的方式呈现错误记忆实验：学生进行预测，我们揭示结果，然后讨论和解释结果。

"斯特鲁普效应"让学生得以思考高度熟练的自动加工与更慢、更费力的控制加工之间的差异。此外,活动可以引发学生对控制加工过程何时以及如何变为自动加工的讨论。例如,如果多次执行不匹配条件下的斯特鲁普任务,它会变得更容易吗?如果一个不懂英语的人以及普通的大学生尝试斯特鲁普任务又会怎么样?那种条件下会发生什么?那些正在学习阅读的孩子呢?这种类型的讨论引入了与个体差异、学习和练习的影响因素有关的观点——这就超越了对自动加工和控制加工过程两者区别的简单讨论。

个人反应系统(personal response systems,简称 PRS)。佩莱格里诺(Pellegrino)和李普曼(Lippman)还通过使用手持式个人反应系统实验装置与相关的数据采集和演示软件(互写学习个人反应系统,Interwrite Learning Personal Response System,n.d.)吸引课堂上的学生。这样的系统可以显示多项选择题或判断题,并即时获取和显示所有学生的回答。在佩莱格里诺的课程中,每个学生在学期开始时都被分配到一台装载个人反应系统的设备,在课堂上使用它来获得课堂参与的平时分数。我们要求他们在课程最终成绩公布之前退还该设备(或支付更换费用)。学生也可以购买个人反应系统设备,然后将这些设备出售给后来的学生。在某些情况下,这些设备可以与教材绑定在一起,并在书店进行出售。个人反应系统设备在大型课堂中特别有用。离开这些设备的支持,很难引起所有学生的注意并且判断他们的答案分布情况。因为可以匿名回答,所以学生几乎不会拒绝回答具有挑战性的问题。如果事实证明学生对问题的回答不正确,他们也不用担心自己在公开场合尴尬。通常,学生会发现他们并不是唯一一会面临这种情况的人,所以不再担心要主动解释为什么自己作出这样的选择。

我们使用个人反应系统来引出学生对关键概念和主题领域的误解或

偏见,例如记忆的工作方式、智力的本质,或者展示错误记忆等现象,以及对在线 CogLab 实验数据的预测和解释。在描述了理论和研究设计(通过在线 CogLab、课堂演示或其他描述性研究)之后,我们有时会展示一组可能的预测,然后让学生选择一种。在展示了学生的答案分布图之后,我们要求一个或多个学生自愿解释他们的答案。最后,我们展示真实的答案。或者,我们在介绍完研究设计和结果之后,使用个人反应系统测量学生更认可哪种对数据可能的解释。通过这种方式,个人反应系统可以让所有参与大型讲座的学生运用批判性思维来预测和解释结果。它还为我们提供了一种即时收集形成性评估信息的方法,可以测量学生对关键材料的理解(Wiliam,2007),并抓住机会立即消除误解,而不单是继续讲后面的课。

活动分析

在学生自愿参与的佩莱格里诺课程的期末评估中,我们向学生询问他们最喜欢的课程。学生一致评价在线 CogLab 和讲座是他们最喜欢或第二喜欢的课程。学生对为什么将 CogLab 视为课堂最喜欢的部分作出了解释,并给出了对课堂活动的评论。我们对此进行了编码。最常见的评论表明:学生喜欢 CogLab,因为它具体、易于操作、有趣、有互动还不乏味。以下评论说明了学生为何喜欢 CogLab 作业:

- "课程最棒的部分就是实验。能看到我的实验结果出来,很有意思。"

- "我认为这是很好的互动方式,可以让我们切身体验课堂上学到的认知心理学难题。"

- "CogLab 易于操作又有趣,因为它直观地演示了课堂上讨论的现象。"

尽管大多数学生都喜欢CogLab,但也有一些人认为我们可能分配了太多的实验给学生完成,以及最初设置CogLab账户太困难了。我们的经验是,后一个问题是由于学生未能仔细阅读说明并按说明操作而导致的。因此,教师需要为这些问题做好准备。

克肖(Kershaw)2005年的夏季课程让50名学生评定了课堂演示实验。他们最喜欢的两个演示实验是斯特鲁普效应和错误记忆实验(每项活动的评分达到4.4,满分是5)。学生倾向于认为,个人反应系统是深入学习某些课程材料的有效方式。事实上,佩莱格里诺课堂中大约75%的学生认为,在每节课当中使用个人反应系统的时间刚好合适,并且这个学期当中使用的次数也刚刚好。

结论和其他课程中的应用

让学生积极地参与生成数据、预测和解释结果的过程,是促进学生对抽象概念批判性思考的有效方法。学生可以在课前完成在线CogLab上的问题,通过演示或使用个人反应系统参与课堂活动。通过切身体验原本只会阅读或听到的认知现象,学生可以更深入地理解课程材料。通过预测和评估结果可能的含义,学生可以获得科学推理的经验。

除了学生可以从这些活动中获益之外,教师也会从中受益。教师可以很容易地将这些活动融入正常的课堂,特别是对有经验的教师更是如此。一些材料,如沃兹沃斯CogLab系统或个人反应系统是与教科书配套的。其他材料,例如课堂演示也只占用极少的资源。我们在包括25名到150名学生的规模不等的课堂上都开展过上述活动。此外,在其他课程中开展这些活动也很容易,例如,沃兹沃斯和其他出版商现在提供许多学科的在线实验室。除了提供分析材料,我们认为,这些活动有利于提高学生的批判性思维，帮助学生将个人经验与数据和理论联系起来，并提供机会讨论和反思这种联系。

实证文章分析与课堂内容的联系

我们在认知心理学课程中使用的一项旨在提高批判性思维能力的活动要求学生分析实证性期刊文章，并思考他们如何与课程内容建立联系。

在克肖的课堂上，主要的阅读材料是论文。针对每篇论文，学生要完成由克肖和李普曼开发的必修活动。在佩莱格里诺的课程中，这项活动可以获得额外的学分。我们开展这项活动的目的是提高学生的批判性思维能力和阅读能力，为学生提供参与真实活动的机会。此外，我们还向学生介绍了科学界报告心理数据的方式。

活动的开展

克肖根据以下标准为认知心理学中的每个主要领域选择了一篇文章：(a)该文章必须提供原始实验结果而不是一篇综述文章；(b)该文章的长度须相对较短，约为 10 页或少于 10 页；(c)该文章必须涵盖克肖认为与学生生活相关的某个认知心理学主题（按课程主题分类的例文列表，见表 12）。

表 12 按主题分类的期刊文章列表

话题	采用的文章
认知能力	McCarley, J. S., Kramer, A. F., Wickens, C. D., Vidoni, E. D., & Boot, W. R. (2004).机场安检筛查中的视觉能力.心理科学，15，302 – 306.[b]

(续表)

话题	采用的文章
注意分散	Strayer, D. L., & Johnston, W. A. (2001).驾驶时的分心：模拟驾驶和手机通话的双任务研究.心理科学，12，462-466.[b]
工作记忆	Conway, A. R. A., Cowan, N. A., & Bunting, M. F. (2001).鸡尾酒效应再回顾：工作记忆容量的重要性.心理环境通报和综述，8，331-335.[a] Beilock, S. L., & Carr, T. H. (2005).当能人失败时：工作记忆和数学中的"压力下失手"效应.心理科学，16，101-105.[c]
情境记忆	Lewandowsky, S., Stritzke, W. G. K., Oberauer, K., & Morales, M.(2005).事实、传闻和不实的记忆：伊拉克战争.2003.心理科学，16，190-195.[c]
认知老化	Ryan, L., Hatfield, C., & Hofstetter, M. (2002).咖啡降低老年人记忆表现的即时效应.心理科学，13，68-71.[b]
语言	Boroditsky, L. (2001).语言是否塑造思维？汉语和英语使用者的时间概念.认知心理学，43，1-22.[c]
问题解决	German, T. P., & Barrett, H. C. (2005).技术匮乏文化环境的功能固着.心理科学，16，1-5.[b]
创造力	Ward, T. B., & Sifonis, C. M. (1997).任务要求和生成性思维：变与不变.创造性行为期刊，31，245-259.[a]

[a] 本文仅在 2004 年夏季学期使用。
[b] 本文仅在 2004 年夏季和 2005 年夏季学期使用。
[c] 本文自 2005 年夏季学期开始使用。

上课前，学生需要阅读每篇文章并提交一份阅读清单，提出几个标准问题以及针对每篇文章的特定问题。学生参与科学实践，通过分析文章中关于研究方法或研究解释的问题，提出改进研究的建议，进一步锻炼科学思维和批判性思维能力。针对每篇阅读材料的特定讨论问题，学生要考虑研究的实际应用，考虑其如何与课堂上的其他文章或研究建立联系。在引入这个活动的时候,我们让学生阅读一篇示例文章并尝试自己回答问题,然后我们在课堂上一起讨论,思考如何剖析期刊文章。

我们将通过斯特雷耶和约翰斯顿(Strayer & Johnston, 2001)的一篇文章来说明这种教学方法。他们进行了一项关于驾驶汽车时打电话的研究。克肖将这篇文章作为注意力主题的阅读材料,因为它关于注意力分散对驾驶表现的影响,也说明了注意力分配和注意力分散的实验范式,并引入了与自动加工和个体差异相关的问题。学生发现研究目的(例如,研究分心对驾驶表现的影响),通过识别自变量(例如,分心与不分心的条件)和因变量(例如,附加跟踪任务的表现)及结果(例如,分心条件下表现较差)简要解释研究方法。然后,学生将研究结果和研究目的联系起来(例如,实验1表明使用手持或免提设备打电话会影响驾驶表现)。学生对此研究进行评价,并提出增加外部效度的建议(例如,提出模拟驾驶任务不符合现实,并提出替代方案)或内部效度的建议(例如,建议设置其他人在汽车中交谈的实验条件)。关于这篇文章的问题是:"2006年7月8日,芝加哥宣布一条禁令,认定开车时使用移动电话是违法行为。根据文章的结果,以及你自己的看法,这条禁令合理吗?为什么合理或为什么不合理呢?"在回答这个问题时,学生将研究结果与更高层面上的社会和政治问题联系起来,实践批判性思维并认识到课堂所学内容的意义。

活动分析

克肖通过比较美国伊利诺伊大学芝加哥分校2003年春季和2004年夏季学期认知心理学的本科课程,评估了这种教学方法。这两个时段的课程涵盖了相同的教学内容,并采用了相同的作业。课程之间的主要区别在于:2003年春季课程采用了教科书(Ashcraft, 2002)作为学习材料,2004

年夏季课程采用了期刊文章作为学习材料。

比较两个时段课程中学生的总分和与文章内容无关的普通作业的分数,我们发现,使用教科书的学生在课程总分或在其中一项作业分数上和使用期刊文章的学生没有差异,但对于其他作业,使用教科书的学生表现优于那些使用期刊文章的学生。比较学生的课程评估分数,除了"阅读必读材料很有价值"和"你是否已经学习并理解了本课程不同专题的阅读材料"这两项外,两个时段的课程并没有其他区别。这两个问题的评分在只阅读期刊文章的课程中更高。

学生还评价了必读材料和阅读清单练习活动当中最好和最差的方面。学生对采用期刊文章代替2004年夏季课程的教科书反应不一,但总体上是积极的。例如,一位学生指出:"我喜欢不用教科书上课,因为我们接触到了更多人们做过的、教科书未必会提到的真实实验和案例研究。"然而,一些学生也注意到某些文章过长或难以理解,例如,一名学生说,"有些阅读材料不好理解。很难确切地知道结果是什么以及文章想表达什么含义。"总的来说,学生大多认为:尽管这些文章很有趣并可以帮助他们在课堂上掌握一些概念,但如果能够有教科书可以参考,会更有帮助。正如一位学生所说:"我碰巧在课堂上使用文章而不是教科书……唯一的不足是,有时候我有疑问,但却没有教科书可供参考。"

结论和其他课程中的应用

本科心理学课程的学生通过阅读原始文献或教科书,可以学得一样好。正如莱文(Levine, 2001)的建议,采用期刊文章可以促进学生批判性地思考和理解心理学研究过程。此外,反思和分析期刊文章有助于学生提高科学推理能力(例如,预测和评估结果的能力),将他们先前学习的知识与课程内容相结合。

采用期刊文章作为本科心理学课程的原始阅读材料,其适用性和可行性可能受到课程形式和特点的限制。例如,以伊利诺伊大学芝加哥分校的标准衡量,克肖选择开展研究的两个班级,人数都比较少(2003 年春季班有学生 23 人,2004 年夏季班有学生 35 人)。在助教支持有限的情况下进行评分,以及让所有学生参与文章讨论,这些做法的可行性可能会限制这种技术应用在大班教学中。然而,克肖在马萨诸塞大学达特茅斯分校心理学导论课程中调整了这种教学技术,班级平均人数达到了 65—75 人。为人数较多的班级选择的文章大多比一般认知心理学课程中选用的文章更容易理解和常见。此外,克肖并没有采用更强调方法和理论的标准化阅读清单,而是为每篇文章创建了引导性的阅读清单,帮助学生利用教材中的特定内容来回答问题。

日常生活中的认知练习

我们设计了日常生活中的认知练习来帮助学生批判性地思考心理学理论,让他们根据心理学理论分析他们的日常生活。这项活动可以帮助学生思考课堂上讨论的现象如何反映在日常生活中(即对科学知识的概括和应用)。我们相信,此活动有助于提高学生的批判性思维能力,增强他们对该主题的兴趣,并强化他们对课程内容的理解和记忆。将理论与日常生活经验联系起来,可以细化和强化学生对理论的记忆痕迹,从而促进学生对学习内容的记忆。由于大脑中存储的理论和不同应用背景联系起来了,学生在将来更容易用概念来解释行为,进而增加了记忆提取和成功迁移的可能性。

活动的开展

我们主要采取三种活动方式:"记忆失败日记"(奥尔松、佩莱格里诺和克肖),"日常生活中的认知报告"(佩莱格里诺)和"写给亲爱的奶奶的信"(佩莱格里诺)。在每种情况下,学生都会记录他们生活中的事件,并在最终报告中用课程概念解释这些事件。所涵盖内容的广度和深度,记录和报告事件的逻辑以及最终报告形式因每项任务而异。"记忆失败日记"针对长时情景记忆的障碍现象,而另外两项作业"日常生活中的认知报告"和"写给亲爱的奶奶的信"要求学生反思三个记忆专题在日常生活中的应用。我们要求学生定期提交更新的日记或保存好他们的日记,直到写完一份最终报告为止。我们还要求学生在课程结束后不久提交针对每个记忆专题的报告(例如,语义记忆、情景记忆、高级认知)。"记忆失败日记"和"日常生活中的认知报告"是用理论解释事件的正式报告,但"写给亲爱的奶奶的信"要求学生以他们的祖父母可以理解的对话方式叙述记忆的事件和理论。

学生的例子。"日常生活中的认知报告"中记忆失败的例子,以及"写给亲爱的奶奶的信"中问题解决的例子,说明了尽管这些作业形式不同,但都能强化批判性思维能力。

例1:"日常生活中的认知报告"——记忆失败

这是一个星期天的下午,大约1点30分,这个周末压力比较大,在完成了我的第二份工作——芝加哥论坛报的工作后,我开车回家。在回家的路上,我经过一家邮局,意识到我完全忘了邮寄一份非常重要的工作文件。幸运的是,看到邮局这件事引起了我的记忆,让我意识到自己应该马上做点什么。

这与记忆失败和记忆的线索依赖性有关。在开车的时候看到邮局是一个视觉提示。邮局提醒我，我需要做一些事情，然后我立即将邮局与芝加哥论坛报联系起来，又和我要邮寄的文件联系起来。……这说明了信息编码和信息检索之间的紧密联系，以及检索提示可能依赖于特定情境。前摄抑制也可能起作用。每个星期天的周末，我都需要邮寄更新过信息的文件。但是关于前几周的记忆可能使我无法记起那个周末我还没寄出文件。

例2:"写给亲爱的奶奶的信"——问题解决

亲爱的奶奶：

最近，在我的认知心理学课上，我们讨论了一些有关如何解决问题的有趣理论……显然，我们做事情的效率并不如你想象的那么高。例如，我们倾向于以熟悉的、预期的方式解决问题，哪怕这时候"打破常规"或者不走寻常路是更好的选择。有个描述这种现象的词是"einstellung"（定势），你应该知道，这是德语! ……我正前往市中心（南边）去和朋友吃饭。即使当时气温低于零度，我也选择了等公共汽车，因为我不想在出租车里浪费我的时间。大约15分钟后，我的脚已经冻僵了，我看到一辆北行巴士接近了……它停了足够长的时间，这段时间里我本来完全有时间上车，但我哪怕在路边挨冻，也不愿意坐在车子里向相反的方向（北边而不是南边）前进（然后调头到目的地）……

这让我想起了我们在课堂上讨论的一个问题，这个问题需要在某一点上"倒着走"才能解决。大多数人都拒绝"倒着走"，因为这似乎让他们远离了预期的目标。要是我愿意向反方向前进，愿意打破思维常规，我可以让脚免于受冻! 结果却是，我不得不等待那辆公共汽车调头到向南行驶后,才上车取暖!

虽然以上两位学生的反应差异很大,但上述两个案例都表明:学生们试图运用课程中的概念来理解自己日常行为的认知机制。

活动分析

我们要求佩莱格里诺班里的学生提供三个学期(2004年春季、2004年秋季和2006年春季)中对"日常生活中的认知报告"最佳和最差部分的评论,然后对这些开放式回答进行编码。学生的反应不一,但大多数是积极的。最常见的评论涉及该任务如何帮助学生学习课程内容并了解其与日常生活的关系。例如,一位学生写道:"即使在作业完成后,我仍然继续思考生活中与课堂相关的事情。"负面评论主要关于任务流程,如更新日记的难度,以及必须撰写与两到三个主题相关的三个复杂事件。例如,一位学生写道:"我观察到的许多认知事件都没有关联,这使得我们在撰写论文时很难将它们结合到一起。"学生要在5级李克特量表上评估他们从课程中学到了多少,对课程的喜欢程度如何,这个评分的数值高于3.5,表明学生喜欢这些任务并从这些任务中学到了东西。

为了简化报告和写日记的任务,我们将活动改为"写给亲爱的奶奶的信"。

我们询问了佩莱格里诺的学生在2006年秋季学期最喜欢的课程内容。他们最喜欢的两个部分是在线CogLab和"写给亲爱的奶奶的信"作业。没有学生表示"写给亲爱的奶奶的信"是自己最不喜欢的任务。我们对学生最喜欢这个部分的原因进行了编码。原因是这项任务较为容易,并令人感到愉快。学生认为将课程内容与现实生活联系起来可以帮助他们学习概念,他们喜欢写一封形式简单的非正式的信而不是报告。

结论和其他课程中的应用

关于日常生活的认知任务让学生批判性地思考如何能够（或不能）用理论解释他们日常生活中的认知经历。让学生根据课堂上学到的理论评价自己的经历，可以让他们更好地认识到认知现象的普遍性，以及更好地记忆、理解科学原理和内容。

在实际采用这些作业的过程中，我们认为重要的是明确教师对学生写作的期望，并尽可能简化日记流程。总体而言，学生喜欢这项任务，因为它可以帮助学生学习到东西并思考其与生活的相关性。

在其他课程中也可以轻松实施这种类型的任务。克肖在她的心理学导论课程中使用了简缩版的记忆日记（这门课程容纳了75名学生）。另外一项应用是，社会心理学课程的学生可以记录他们的归因或刻板印象的经历。

总讨论

所有人都认同，学生在主动学习时效果最佳。经过一个世纪的学习研究，认知心理学家逐渐了解哪些心理活动类型能有效促进学习。挑战来自活动的实施：如果课堂设置是1位教授和100—200名学生，每周两次课程，每次课程时长为60—75分钟，在这种情况下如何吸引学生主动学习和批判性思考？教师需要不少创造力来设计活动，以便在常规的本科课程当中有效实施活动。

上面总结的例子描述了我们发现的一些有用的技巧。其中一种方法是创造性地利用家庭作业来提高批判性思维能力。通过各种日记活动吸引学生，并将注意力集中在批判性地评估他们的日常生活经历上。在线演示实验既能够在一堂课当中对特定现象进行课堂演示，也可以在整个学期进行心理学实验方法教学。这些活动的主要好处是可以在课堂上讨论实验设计的意义和实验结果。

另一个技巧是将课堂本身变成学生活动的场合。课堂讨论当然是可取的，但不是每个问题都可以进行讨论。学生可能会发现，如果老师已经将问题的正确答案"藏在袖子里"，提出自己的立场就是徒劳的。布置原始文献为课堂讨论提供了空间，因为学生可以就结论的解释向教师发起挑战。正是因为这篇文章是由教师以外的其他人写的，所以教师对它的看法不一定是标准的，学生可以和教师在这个问题上保持意见分歧，而不会因此表现出无知或承担影响成绩的风险。如果主题本身很有趣并且讨论是有条理的，那么讨论对学生而言是大有裨益的。

技术使这种活动成为可能。个人反应系统让教师了解学生的意见，迫使他们对手头的问题作出回答。此外，技术也可以实现基本实验效果的课堂演示。技术起到辅助作用，但并非必需品。我们经常在课堂上让学生举手回答问题，这本身就是一种廉价易得的个人反应系统。

基于活动的讲座需要教师在课程规划和准备阶段付出更多的努力并作出创新。也许是因为现在讲课的内容比以前更少了，通过适当的教学设计和改进，课程教学对于学生和教师来说都会更容易和更轻松。这类活动也符合当代美国学生的心态，与需要持续被动关注的场景相比，这些活动更适用于交互式场景。这些优势换来了学生更好的评价，更高质量的学习和更强的批判性思维。虽然我们还没有客观证据来支持这一说法，但我们认为，通过这些活动所掌握的批判性思维能力很容易迁移到学生学术和个人生活的其他领域。至少，我们已经为这种能力迁移创造了一些关键条件。

乔丹·P. 李普曼，特瑞纳·C. 克肖，

詹姆斯·W. 佩莱格里诺，斯特兰·奥尔松

参考文献

Ashcraft, M. H. (2002). *Cognition* (3rd ed.). Upper Saddle River, NJ: Prentice Hall.

Deese, J. (1959). On the prediction of occurrence of particular verbal instructions in immediate recall. *Journal of Experimental Psychology*, 58, 17 - 22.

Donovan, M. S., Bransford, J., & Pellegrino, J. W. (1999). *How people learn: Bridging research and practice*. Washington, DC: National Academy Press.

Goldstein, E. B. (2005). *Cognitive psychology: Connecting mind, research, and everyday experience*. Belmont, CA: Wadsworth.

Interwrite Learning Personal Response System. (n. d). Retrieved April 24, 2007, fromhttp://www.interwritelearning.com/products/prs/index.html

Kershaw, T. C., & Lippman, J. P. (under review). Using empirical journal articles as primary reading material in undergraduate cognitive psychology courses. *Teaching of Psychology*.

Levine, E. (2001). Reading your way to scientific literacy. *Journal of College Science Teaching*, 31, 122 - 125.

Roediger, H. L., III, & McDermott, K. B. (1995). Creating false memories: Remembering words not presented in lists. *Journal of Experimental Psychology: Learning, Memory, and Cognition*, 21, 803 - 814.

Strayer, D. L., & Johnston, W. A. (2001). Driven to distraction: Dual-task studies of simulated driving and conversing on a cellular telephone. *Psychological Science*, 12, 462 - 466.

Stroop, J. R. (1935). Studies of interference in serial verbal reactions. *Journal of*

Experimental Psychology, 28, 643-662.

Wadsworth CogLab 2.0 Cognitive Psychology Online Laboratory Web site. (n.d.). Retrieved April 24, 2007, from http://coglab.wadsworth.com/

Wiliam, D. (2007). Keeping learning on track: Formative assessment and the regulation of learning. In F. K. Lester Jr. (Ed.), *Second handbook of mathematics teaching and learning* (pp.1053-1098). Greenwich, CT: Information Age Publishing.

我们为什么相信研究方法有助于提升批判性思维和科研素养?

批判性思维

人们知道自己相信什么,也相信自己所知道的东西。但在某些情况下,他们是错的。例如,尽管研究充分表明优秀学生表现出社会所赞许的众多特质(Stanovich,2004),许多人仍然认为优秀学生在社交上是近乎无知的。简单地提供新信息往往无法改变人们的想法(Anderson, Lepper, & Ross, 1980)。因此,在获取和更新自己所了解的知识方面,学生应该养成批判性思考的习惯。研究方法课程有助于提高学生的批判性思维能力。

批判性思维包括清晰准确地提出问题,收集和验证相关信息,辨识我们(和其他人)的假设和观点,并通过有效的沟通来制订解决方案(Scriven & Paul, 2007)。其中,所有的目标都与开展研究相关。

此外,学生必须学会区分他们可以相信和不能相信的知识。不幸的是,这种决策没有固定法则,充其量只是尝试性的启发式方案,并且批判性思考者必须明确自己及他人的偏见和假设(Smith, 2002)。

正如其他教师致力于培养学生的批判性思维,心理学教师致力于培养特定类型的批判性思维:科学思维。最近的研究表明,民众的科研素养水平相对较低,约为28%。令人惊讶的是,这与1988年的数值相比,实际上只增长了10%(Miller,2007)。

在上述研究当中,米勒(Miller)的评估实际上反映了梅恩沙因(Maienschein,1998)和学生所称的"科学素养"(science literacy),即关于科学素材的知识。这种类型的知识不同于科研素养(scientific literacy),科研素养侧重于科研过程和背景,而不是科研内容。从广义上讲,科研素养涉及对科学概念和过程的知识及理解,而这些知识及理解对于个人决策和公众参与是必需的(National Science Education Standards,1995)。因此,科研素养是教学所期望得到的结果。一个重要的问题是:学习研究过程是否有助于提升科研素养?

心理学能提升科研素养吗?

科研素养与一个人描述、解释和预测自然现象的能力有关。根据美国国家科学教育标准(National Science Education Standards,1995),很容易看出心理学如何促进科研素养能力的提高,如表13所示。

表13 心理学提升科研素养的方法

科研素养的组成部分	心理学研究方法课程如何促进科研素养不同方面的发展
询问有关日常事件的问题并找出答案	提出研究问题并找出与感兴趣行为有关的因素
描述、解释和预测自然现象	构建与行为相关的定义良好的变量,然后利用这些因素(即变量)拓展与行为相关的知识

（续表）

科研素养的组成部分	心理学研究方法课程如何促进科研素养不同方面的发展
阅读大众媒体的科学类文章，在充分理解的情况下，参与对文章的讨论	举出媒体报道的研究案例，并就这些案例的优势和局限性展开讨论
对科学信息的质量进行评价	学会提出问题，并对研究结果作出不同的解释
根据证据提出论证并进行评估	对研究项目的结果进行讨论，针对有争议的话题，撰写反映各方观点的文献综述

如果将科研素养视为一般批判性思维能力的变体，有证据表明，心理学促进了批判性思维习惯的养成，至少在研究生阶段是这样的（Lehman, Lempert, & Nisbett, 1988）。社会科学领域的心理学研究生在统计和方法推理以及日常生活的条件推理方面，能力都有所提升。在研究生院学习三年后，自然科学领域的心理学学生和化学专业的学生在这些方面的能力表现出不显著的下降。但是最初，这三个领域的学生在批判性思维方面的水平是旗鼓相当的。

雷曼等人（Lehman et al., 1988）的研究表明，社会科学领域心理学研究生的训练模式提升了美国国家科学院所称的科研素养。另一个问题是，研究生阶段的批判性思维倾向性是否在本科阶段就可能存在。一些初步的证据表明，这一倾向性是存在的（Holmes & Beins, 2008）：通过学习高度实证取向的心理学课程，学生的科研素养水平提高了，并且科研素养模式趋近于研究生。

而科学素养（即事实性知识）的发展则不太明显。心理学专业学生学习的是行为科学。通过神经科学、感觉和知觉课程，心理学专业学生的科学素养得以提升，并扩展到自然科学。但是，学生的物理、化学和生物学知识仍然有限,就像物理系学生可能不会在行为科学或其他生命科学中表现出很高的科学素养一样。与之相反的是,正如雷曼等人的研究已经表明的:学生学习心理学中社会领域的知识对提高学生非心理学情境下的推理能力有着更普遍、更积极的影响。

关于日常生活的复杂问题,我们能找到复杂的解决方法,这应该不足为奇。心理学涉及复杂的系统,其中有多个影响行为或与行为相关的共变变量。分离这些变量及其影响是困难的。心理学往往涉及模糊的解释,至少部分是由于行为的复杂性所致。马迪根,约翰逊和林顿(Madigan, Johnson, & Linton, 1995)指出,心理学写作揭示了复杂性和学科现象,因此得出结论:

> 模糊词隐含的意思是:认识到探究复杂现象的实证研究结果具有不确定性。新发现可以而且确实会导致旧的结论被遗弃。模糊词也传达了一种观点,即理论比支持它们的数据更不堪一击,更不稳定。自培根时代以来,这一直被认为是经验学科的特征(Madigan et al., 1995, p.428)。

这样的模糊词包括"倾向于"或"建议",意指试探性。短语中也存在模糊词,例如"不排除"而不是"结果指出"(Madigan et al., 1995, p.431 - 432)。

不同认知方式的例子

学习研究方法课程的学生可能不太了解他们掌握知识的不同方式,或者正如查尔斯·皮尔斯(Charles Peirce)所言,他们固守着某种观念。了解了科学方法的优势以后,学生将从理解其他认知方式中受益。皮尔斯列举了四种认知方式:固执己见、诉诸权威、先验方法和科学方法(Peirce,1877)。在课程导论中介绍这些获取知识的方式,有助于学生了解如何看待知识。

固执己见

根据皮尔斯(Peirce,1877)的观点,有时人们对自己的信念坚信不疑,即使面对相反的事实,仍拒绝考虑任何可替代观点。为什么会这样固执?皮尔斯认为:"在许多情况下,很可能他从自己稳定的信念中获得的快乐,远胜于这种信念所带来的所有不便。"

在讨论这种信念时,可以给学生举一个体现固执己见局限性的例子。例如,学生(以及一般民众)对旅鼠的了解是什么?关于旅鼠的刻板印象是它们会集体自杀。

不幸的是,根据学生所了解的知识,这些啮齿动物不会单独或成群地自杀(这一点对于旅鼠来说是幸运的)。

旅鼠自杀的概念似乎长期存在于美国的文化中。在1958年的迪士尼电影《白色荒野》(White Wilderness)里,制片人捕捉到了旅鼠跳水而亡的画面(Snopes,2007;Woodford,2003)。由于人们强烈地相信旅鼠会自杀,而电影制片人无法诱导旅鼠个体自杀,所以他们豢养啮齿动物然后将其赶到水中,用来拍摄动物不会做的事情(即自杀)。哪怕所有证据都显示真实情况并非如此,电影制作者仍然坚持着旅鼠会自杀的信念。

正如皮尔斯(Peirce,1877)所指出的那样,"一个人可能会过着这样的生活,系统地忽视掉所有可能导致其观点发生变化的事情"(p.23)。皮尔斯认识到了这种固守信念的做法存在局限性,最终一个人的信念会与现实不符。他指出:不是所有人都能认识到固执己见的不足,并设法克服这种固执的倾向。

诉诸权威

建立观念的第二种方式是诉诸权威。皮尔斯(Peirce，1877)讨论了权威如何强加信念以控制行为，但对权威的依赖不一定都与社会控制有关。当代关于权威的讨论很容易与无所不在的"专家"的科学宣言有关。

诉诸权威获得知识的问题在于，权威人士可能会发表与现实不符的声明。例如：由于宗教权威的陈述，有些人相信创世论或与其类似的智慧设计论，而科学证据则支持进化论(APA Online，2007)。

一个诉诸权威的经久不衰的例子，是人们反对哥伦布(Christopher Columbus)提出的从欧洲向西航行可以到达印度的观点。费迪南德国王(King Ferdinand)和伊莎贝拉女王(Queen Isabella)宫廷中的教条主义者认为地球是平坦的，所以这样的旅行是不可能实现的。哥伦布则用他的智慧维护了自己的观点。

这个故事出现在无数教科书中，然而，它的问题是真实性存疑(Gould，1994)。根据古尔德(Gould)的说法，康奈尔大学的一位创始人虚构了这一神话，计划以此划清宗教和科学的界线：宗教教条主义者持有"地球是平的"观点，但相信科学和经验的哥伦布显然是了解真相的。实际上，古尔德报告，从古希腊时代起，受过教育的人们就已经知道世界是圆的。那些反对哥伦布探险的人只是认为世界太大了，哥伦布和船员在到达印度之前就会死亡。幸运的是，探险者无意中来到了一个未知的大陆，并因此得救。

最近，一个更具破坏性的权威观点是涉及自闭症儿童的所谓"冰箱母亲"。该术语源于 20 世纪 40 年代的精神病学家利奥·坎纳(Leo Kanner)，由布鲁诺·贝特尔海姆(Bruno Bettelheim)(Laidler，2004)进行推广。根据卡那的假设，母亲的情绪冷漠和缺位是孩子出现自闭症的原因。这个假设明显引起了母亲们的负罪感。这一假设似乎从来没有得到任何实证支持，那些接受这个观点的人就是因为权威所作的声明才相信的。当学生学习理论是如何发展的，认识到有必要使理论立足于经验数据时，这种类型的材料非常有用。

皮尔斯（Peirce，1877）认为，敏锐的思想家和观察者可以不诉诸权威而坚守自己的信念。这些人"敏感地发现，他们所受的教育，以及自身周围的礼仪和交往，仅仅是出于偶然；正是这些教育和环境使他们相信他们所相信的，而不是其他不同的观点"（p.28）。

先验方法

有时候人们会建立自己的信念，因为这些信念看起来似乎最有意义或合乎道理。不幸的是，正如皮尔斯（Peirce，1877）指出的那样，观念有时是在没有事实的情况下产生的，坚持信念意味着会被诱导，但归根结底，这些信念背后的假设基于传统思维或流行观念。因此，皮尔斯说，尽管可能没有被强制遵从，这种方式却类似于诉诸权威。

举一个人们为何感冒的例子。大家普遍认为，人暴露在寒冷天气里会感冒；科学观点认为，病毒是罪魁祸首；经典研究显示，温度和感冒之间没有联系（例如，Douglas, Lindgren, & Couch, 1968），医务人员似乎确信人暴露在寒冷天气里并不会感冒，他们认为"已经多次回答了这个问题。只要你不是太冷，你的身体防御系统就不会被破坏，因此寒冷不会破坏你的免疫力"（Mirkin，2007，p.3）。

最近的一些研究（Johnson & Eccles, 2005）提示了将一只脚放在冰冷的水中和患上感冒之间的联系。但是患有感冒的人报告说他们本来就更容易感冒,所以目前尚不清楚冷水是否加剧了感冒症状。似乎有很多已发表的证据反对"冷"和感冒之间存在联系。

事实上,一个好的批判性思维问题应该是:如果温度和感冒之间确实有关联的话,为什么很少有证据表明它们之间的关系?一些研究表明,二者之间没有关联。如果这些研究的统计分析缺乏足够的效力,那么它们的研究结果有可能犯Ⅱ型统计学错误。在这种情况下,哪怕温度和感冒之间存在可靠的相关性,研究结果也可能缺乏统计学意义上的显著性。发现相关性的那一项研究则可能是由于Ⅰ型统计学错误而产生的——由于未知的原因,那些感觉到冷的一组参与者可能只是因为患了感冒。此外,由于所谓的文件抽屉问题(Rosenthal,1979),即人们倾向于发布有统计学意义的研究结果,研究人员将不重要的结果放在了他们的文件抽屉里,所以可能有若干未发表的研究未能找到感冒与寒冷之间在统计学意义上的联系。

信念可能建立在当前流行的观念之上,并可能在一定程度上表现出一致性。但先验方法并不足以让人相信某种知识。

科学方法

至少大多数心理学家认为,提升批判性思维的最佳方法是以事实和证据占主导地位的科学方法。正如皮尔斯(Peirce,1877)所描述的那样:"我可以从已知和观察到的事实开始,进入未知世界。"(p.33)

研究人员都知道,并非每个问题都适合实证的科学方法。如果一个人无法对一个想法进行可靠的测量,那么就无法进行科学的验证。因此,即使人们可以科学地研究信仰宗教人士的行为,但解决道德和宗教问题的最好方式却可能是非科学的。

例如,在对祷告效力的研究中,高尔顿(Galton,1872)调查了一个宗教话题：接受祷告的人（例如，王室）是否比不那么幸运的人（例如，律师）活得更长？这项研究是否科学？这项研究符合科学的四个标准：客观，基于数据，公开和可验证。因此，可以得出结论：该研究是科学的。这项研究显然并不完美，但完美并不是科学的特征之一。另一方面，一个特定的行为是道德的还是伦理的，这个问题不适合用科学的方法来解决。讨论科学与伪科学之间的差异是一项特别有用的练习。

怎么能知道一个人的信念是否真实？遗憾的是，很难知道信念是否真实。这是因为随着新信息的出现，知识的准确性成为暂时的。在科学领域，真理是一个难以捉摸的概念，研究人员基本上已经用置信水平（level of confidence）取代真理了（Salsburg，2002）。

斯蒂芬·布雷耶（Stephen Breyer，1998）认识到，一个人知道该相信什么是困难的。关于科研素养的信念，他的贡献在于，知道如何选择专家并了解他们的局限性和偏见，并不需要科学知识本身。他的观点反映了科研素养的实用定义。科研素养不同于对权威的盲目依赖，因为具有科研素养的人能认识到局限性，并且能够认识到哪些对象具有高的置信度。

学生应该如何选择相信什么？他们不可能阅读与主题相关的所有文献或进行自己的研究，因此他们往往依赖于教授或其他权威人士。但是，一般来说，学生必须决定哪个权威机构具有最大的可信度。作为知识来源的知识，元知识很重要。

皮尔斯（Peirce，1877）的科学观虽然强大，但仍然存在局限性。他的假设是，"必须找到一种方法，通过这种方法，我们的信仰可能不是由人类决定的，而是由某种外在的永恒决定的——由某种不受人类思维影响的东西决定的"（p.31）。他不能认识到：一个人的假设和理论观点会相应地影响事实，甚至带来无关的事实。尽管人们可能对单个的数据大有信心，但导致新理论出现的数据后来也可能被其他事实所取代，从而产生其他理论。

大众传媒

大众媒体讲述了一系列关于科学发现的故事，包括心理学的发现。然而，记者不是科学家，因此必须考虑他们的报告在多大程度上准确反映了研究结果。出于同样的原因，科学家不是记者，可能无法与不是科学家的人进行有效沟通。

显然，研究结果总是不能让人容易理解或者不能准确呈现，这些并不仅仅是新闻传播的缺陷。众所周知，研究人员经常以常人无法理解的方式写作。研究人员有时候并不是好的作家，这是大家都知道的。正如布鲁纳（Bruner，1942）半开玩笑地写道，"我甚至屈服于一种信念，即作者在写作当中故意地、恶意地压制每一处自发的和强调的痕迹"（p.53），包括"被动语态的赘述"（p.55）。而在赘述的文本当中发掘信息无疑会导致许多新闻失误。

质疑结论

有这样一个例子，几家报纸报道称：非裔美国人接受某些心脏治疗的频率只有白人男性的60%。实际上，黑人男性接受治疗的频率与白人男性没有区别，黑人女性接受治疗的频率是白人男性的87%。问题是，记者误解了技术术语和研究结果。结果，《纽约时报》《华盛顿邮报》和《今日美国》都错误地报道了这项研究结果（Greenstein，1999）。

由于科学和新闻写作的目标不同,读者需要意识到,对科学家来说重要的问题与记者眼中重要的问题不同。记者倾向于寻找引人入胜的故事,而对研究人员认为重要的事情不太感兴趣。这种类型的材料对于学习如何以技术或非技术形式撰写研究结果的学生非常有用,不同写作形式,其要求也各不相同。

例如,记者吉姆·戴尔(Jim Dyer)写了一篇关于所谓的《怪物研究》(*Monster Study*)的文章。文章中,一名研究人员通过条件反射让孩子们得了口吃,其中一些孩子因此而遭受了终生的痛苦(Dyer,2001)。这个故事虽然吸引眼球,但也很可怕。研究人员随后质疑了戴尔的观点(Ambrose & Yairi,2002)。例如,一名小时候参加过这项研究的妇女声称她的生活因为口吃而毁了。但是在研究之后的六十年里她并没有口吃,只有当她遇到她的丈夫(Owen,2003b)或者丈夫去世时(Owen,2003a),她才开始口吃。

《乡村之声》(*The Village Voice*)(Collins,2006)中也出现了错误信息。该报道暗示,研究人员试图矫正他们所诱导出来的被试者的口吃,但没有成功。而研究结果实际上是:在那些被认为因条件反射导致了口吃的人群中,患口吃的人数并没有增加(Ambrose & Yairi,2002)。

一些正规的新闻媒体后来报道了这个故事。不幸的是,专业期刊中更多的学术研究并未引起太多关注。一个有趣的争论总是比一个冷静的反驳更容易写成新闻稿。学生应该认识到,有关研究的新闻报道总是比实际研究更简单。尤其是,在有争议的研究中,只看浮于表面的新闻报道是不明智的。

质疑数据

有时,人们不仅可以质疑大众媒体中的结论,还可以质疑作者用以支持其论点的数据。贝斯特(Best，2001，2004)报道了大众媒体中"突变统计"的新闻案例。这些案例篡改了原始数据从而失去了有效性。

贝斯特(Best，2001)提到了"历史上最糟糕的社会统计"：一位作家声称，自1950年以来，每年被枪杀的儿童人数翻了一番(pp.1—4)。这种说法显然是错误的，因为如果这是真的，那就意味着到了世纪之交，一年内会有一千万儿童被枪杀。儿童保护基金引用的实际统计数据显示，自1950年以来，死于枪支的儿童数量翻了一番，这个数字显然不同于前者。

另一个流传较广的虚假数据涉及"周日超级碗"(Super Bowl)与家庭暴力事件。自1993年以来，城市里流传着这样一个说法：在"周日超级碗"比赛的那一天，家庭暴力案件显著增加(Snopes，2005)。幸运的是，似乎没有证据支持女性在比赛日更多地遭遇家庭暴力。根据都市传奇网站(Snopes，2005)的报道，一个组织甚至向女性邮寄信件，建议她们在比赛期间不要和丈夫待在一起(一项报道不多但却准确的关于"周日超级碗"的统计数据显示，"周日超级碗"过后，比赛输家所在州的交通死亡率更高；Redelmeier & Steward，2005)。

另一个有争议的统计数据是：美国有400万青少年(12至17岁的儿童)吸烟(Kovar，2000)。美国某前外科医生的这一说法有许多负面意义。但是，有一些重要的因素需要借助上下文加以理解。例如，几乎所有的吸烟行为都发生在年龄较大的青少年身上。这一数据并不完全令人放心，但好于许多12岁和13岁的人吸烟这一观点。此外，如何定义一名吸烟者？研究人员将在过去30天内至少吸过一口烟的人归为吸烟者。事实上，41%的人在不常抽烟的日子里抽过一到五支烟。此外，31%的人吸烟少于一支，这通常意味着他们与朋友共同享用一支香烟(Kovar，2000)。如果只看最初的数据，情况看起来似乎是不容乐观的。如果只看已经上瘾的

25%的青少年,情况也是很可怕的。但是,对于大多数"吸烟者"来说,这个问题是可以控制的。在学习操作性定义和测量方法时,学生思考以上问题是有益的。

评估

帮助学生养成批判性思维和科研素养的习惯是教师面临的重要任务。教学过程的一个重要组成部分是评估学生是否按照预期发展。在本节中,有几个活动可以指导评估过程。

认知方式

在学生了解皮尔斯(Peirce,1877)确立信念的不同方式之后,他们应该能够从自己的生活中找到一些代表固执己见、诉诸权威、先验方法和科学方法的例子。也就是说,他们知道每种确立信念的方式会产生什么后果,为什么这种信念属于这一类认知方式。

学生应该认识到,"固执己见"与简单地想要相信或拒绝考虑替代方案有关。权威,可能涉及社会胁迫或仅仅依赖专家,根据发表声明的人的地位考虑是否接受其观点。先验方法涉及接受既定假设(这些假设可通过逻辑推导出信念),即使这些假设没有得到过验证。最后,科学方法与独立于人类及其观点和信仰而存在的永久性事实的获得有关。

科研素养

具有科研素养的学生应该能够质疑获得信息的过程。例如,对于有多少青少年吸烟的问题,学生可以联想"吸烟者"和"青少年"的操作性定义如何影响研究人员得出的结论。当被问到的时候,学生应该能够识别问题背后的假设和偏见。调查中有足够多的错误问题供学生练习怎样分析和重组调查研究的各个部分。

最后,学生应该知道,真实世界的现象是不接受简单的因果解释的。例如,有研究调查了美国青少年怀孕率和美国 50 个州的温度,调查显示,一个州的平均温度与该州的青少年怀孕率之间存在相关性。学生可能首先会想到温暖、衣服不足、性生活和怀孕的简单因果关系。然而,还存在其他的解释,那些在性教育课程中强调禁欲的州,青少年平均怀孕率最高。于是,学生可能会想到另一个简单的因果模型:不了解避孕的学生最终会怀孕。问题在于,性教育与怀孕之间的联系一样是相关关系。具有科研素养的学生应该能够想出多种可能的推论和方法来检验这些推论的有效性。

科研素养的另一个方面是能够帮助人们认识到什么是科学的,什么是不科学的。例如,在 20 世纪 90 年代,莫扎特效应(the Mozart effect)(Rauscher, Shaw, & Ky, 1993, 1995)引起了轰动性的媒体报道:当人们听莫扎特音乐而非故事时,他们的智力随之增长。随后的研究未能重复该效应。事实上,一些研究发现了可能的混淆因素(例如,Steele, Bass, & Brook, 1999; Thompson, Schellenberg, & Hussain, 2001),例如,听众对这种音乐的偏好。学生应该能够认识到为什么对所谓的莫扎特效应的研究是科学的,即使这种现象并不真实存在。同样,学生应该有足够的知识来评估关于促进沟通的观点(一种普遍被认为不可信的与自闭症患者沟通的技术),或者关于占星术的观点。判断科学与否的标准在于提出问题的过程,而不是在于这些问题涉及的主题本身。

评估大众传媒

大多数完成入门心理学课程的学生都听说过凯蒂·吉诺维斯（Kitty Genovese）被谋杀以及与她相关的旁观者介入研究（例如，Darley & Latané, 1968）。事实证明，她被谋杀的故事只是过于简单地陈述了旁观者的介入。

学生应该能够识别出所写文章中的观点，其中大部分与心理学导论教材中的描述一致（例如，Dorman, 1998）。例如，人们怎么知道有38人目击了吉诺维斯遭遇袭击，却没有人进行介入？他们不介入是因为他们只是麻木不仁，还是旁观者效应？

德迈（DeMay, 2006）对媒体上关于凯蒂·吉诺维斯谋杀案的报道进行了评估。根据他的评估，报道中有不少有问题或完全不准确的说法。学生可以通读一篇报道（如之前引用的多尔曼的《新闻日报》的文章），以了解哪些事实被轻易断言。此外，他们应该能够区分事实和结论。然后，他们还可以阅读德迈的批评文章，比如实际目击者的数量存在问题，一个目击者实际上能看到多少，等等。此外，凶杀案发生的地方靠近一个酒吧，那里经常有很大的骚动，所以吉诺维斯的呼救声与醉酒的人发出的声音是难以区分的。这个标志性的故事是一个好故事，但它提出的假设是有问题的。

结论

知道该相信什么是一个复杂的过程。研究方法课程是一门理想的工具，用来向学生表明知识是有条件的，他们需要评估他们对某个信念的固守程度,以及与他们信念有关的证据的质量。

日常生活中的例子可以引发关于如何培养批判性思维和科研素养的有益讨论。一知半解可能是件危险的事,但是对自己的知识有一点了解可能不是一件危险的事情,反而可能是一件非常有益的事情。

伯纳德·C. 拜因斯

参考文献

Ambrose, N. G., & Yairi, E. (2002). The Tudor study: Data and ethics. *American Journal of SpeechLanguage Pathology*, 11, 190 – 203.

Anderson, C. A., Lepper, M. R., & Ross, L. (1980). Perseverance of social theories: The role of explanation in the persistence of discredited information. *Journal of Personality and Social Psychology*, 39, 1037 – 1049.

APA Online. (2007). *APA adopts policy statement opposing the teaching of intelligent design as scientific theory*. Retrieved March 20, 2007 from http://www.apa.org/releases/design.html

Best, J. (2001). *Damned lies and statistics: Untangling numbers from the media, politicians, and activists*. Berkeley: University of California Press.

Best, J. (2004). *More damned lies and statistics: How numbers confuse public issues*. Berkeley: University of California Press.

Breyer, S. (1998). Science and society: The interdependence of science and law. *Science*, 280, 537 – 538.

Bruner, K. F. (1942). Of psychological writing: Being some valedictory remarks on style. *Journal of Abnormal and Social Psychology*, 37, 52 – 70.

Collins, P. (2006, April 10). Monster mash: Uncovering a secret history of stuttering research. *The Village Voice*. Retrieved February 16, 2007 from http://www.villagevoice.com/arts/0615, Collins, 72806, 12.html

Darley, J. M., & Latané, B. (1968). Bystander intervention in emergencies: Diffusion of responsibility. *Journal of Personality and Social Psychology*, *8*, 377–383.

DeMay, J. (2006). *Kitty Genovese: The popular account that is mostly wrong*. Retrieved March 13, 2007 from http://www.oldkewgardens.com/ss-nytimes-3.html

Dorman, M. (1998, June 10). The killing of Kitty Genovese. *Newsday*. Retrieved March 31, 2008 from http://www.newsday.com/community/guide/lihistory/ny-history-hs818a,0,7944135.story

Douglas, R. G. J., Lindgren, K. M., & Couch, R. B. (1968). Exposure to cold environment and rhinovirus common cold. Failure to demonstrate effect. *New England Journal of Medicine*, *279*, 743.

Dyer, J. (2001, June 10). Orphan experiments come to light: Children were made to stutter, and left with a lifelong burden. *JSOnline*. Re trieved February 16, 2007 from http://www2.jsonline.com/news/nat/jun01/stutter11061001.asp

Galton, F. (1872, August 1). Statistical inquiries into the efficacy of prayer. *Fortnightly Review*, *12*, 125–135. Retrieved March 9, 2007 from http://galton.org/essays/1870-1879/galton-1872fort-rev-prayer.pdf

Gould, S. J. (2004, March). The persistently flat earth. *Natural History*, *103*, 12, 14–19.

Greenstein, J. (1999, October). The heart of the matter. *Brill's Content*, 40.

Holmes, J. D., & Beins, B. C. (2008). *Psychology is a science: At least some students think so*. Manuscript submitted for publication.

Johnson, C., & Eccles, R. (2005). Acute cooling of the feet and the onset of common cold symptoms. *Family Practice 22*, 608–613. Retrieved March 9, 2007 from http://fampra.oxfordjournals.org/cgi/content/abstract/22/6/608

Kovar, M. G. (2000). Four million adolescents smoke: Or do they? *Chance*, *13*, 10–14.

Laidler, J. R. (2004). *The "Refrigerator Mother" hypothesis of autism*. Retrieved March 12, 2007 from http://www.autism-watch.org/causes/rm.shtml

Lehman, D. R., Lempert, R. O., & Nisbett, R. E. (1988). The effects of graduate training on reasoning: Formal discipline and thinking about everyday-life events.

American Psychologist, 43, 431–442.

Madigan, R., Johnson, S., & Linton, P. (1995). The language of psychology: APA style as epistemology. *American Psychologist*, 50, 428–436.

Maienschein, J., & students. (1998). Scientific literacy. *Science*, 281, 917. Retrieved March 8, 2007 from http://www.sciencemag.org/cgi/content/summary/281/5379/917

Miller, J. D. (2007, February). *The public understanding of science in Europe and the United States*. Presented at the annual meeting of the American Association for the Advancement of Science, San Francisco, CA.

Mirkin, G. (2007). *Catch a cold*. Retrieved March 9, 2007 from http://www.drmirkin.com/morehealth/9941.html

The National Campaign to Reduce Teen Pregnancy. (2002). *State data*. Retrieved March 8, 2007 from http://www.teenpregnancy.org/america/default.asp

National Science Education Standards. (1995). Retrieved February 28, 2007 from http://books.nap.edu/readingroom/books/nses/

NOAA Satellite and Information Service. (2007, October 5). *U.S. statewide analysis*. Retrieved March 31, 2008 from http://www.ncdc.noaa.gov/oa/climate/research/cag3/state.html

Owen, T. (2003a, July 12). UI professor's son defends him, research. *Gazette Online*. Retrieved February 16, 2007 from http://www.uiowa.edu/~cyberlaw/wj/crg-2-20030713.htm

Owen, T. (2003b, July 12). When words hurt: Stuttering study story missed the mark. *Gazette Online*. Retrieved February 16, 2007 from http://www.uiowa.edu/~cyberlaw/wj/crg-120030713.htm

Peirce, C. S. (1877, November). The fixation of belief. *Popular Science Monthly*, 12, 1–15. Retrieved March 9, 2007 from http://www.peirce.org/writings/p107.html

Rauscher, F. H., Shaw, G. L., & Ky, N. (1993). Music and spatial task performance. *Nature*, 365, 611.

Rauscher, F. H., Shaw, G. L., & Ky, N. (1995). Listening to Mozart enhances spatial-temporal reasoning: Towards a neurophysiological basis. *Neuroscience Letters*, 185, 44–47.

Redelmeier, D. A., & Steward, C. L. (2005). Do fatal crashes increase following a Super Bowl telecast? *Chance, 18*, 19 – 24.

Rosenthal, R. (1979). The "file drawer problem" and tolerance for null results. *Psychological Bulletin, 86*, 638 – 641.

Salsburg, D. (2002). *The lady tasting tea: How statistics revolutionized science in the twentieth century.* New York: Owl Books.

Scriven, M., & Paul, R. (2007). *Defining critical thinking.* (2004). Retrieved February 28, 2007 from http://www.criticalthinking.org/aboutCT/definingCT.shtml

Smith, R. A. (2002). *Challenging your preconceptions: Thinking critically about psychology* (2nd ed.) Belmont, CA: Wadsworth.

Snopes. (2005). *Super bull Sunday.* Retrieved March 13, 2007 from http://www.snopes.com/crime/statistics/superbowl.asp

Snopes. (2007). *White Wilderness.* Retrieved March 9, 2007 from http://www.snopes.com/disney/films/lemmings.htm

Stanovich, K. E. (2004). *How to think straight about psychology* (7th ed.). Boston: Allyn and Bacon.

Steele, K. M., Bass, K. E., & Brook, M. D. (1999). The mystery of the Mozart effect: Failure to replicate. *Psychological Science, 10*, 366 – 369.

Thompson, W. F., Schellenberg, E. G., & Hussain, G. (2001). Arousal, mood, and the Mozart effect. *Psychological Science, 12*, 248 – 251.

Woodford, R. (2003). *Lemming suicide myth: Disney film faked bogus behavior.* Retrieved March 9, 2007 from http://www.wildlifenews.alaska.gov/index.cfm?adfg=wildlife_news.view_article & issue_id=6 & articles_id=56

困难话题的批判性思维教学

批判性思维不是"内容上的中立"。许多众所周知的认知和情感偏见会影响评估观点的能力（Kahneman，Slovic，& Tversky，1982）。因此，学生的批判性思维实践并不取决于他们掌握的一般性批判性思维技能。我们发现，那些能够展示出扎实的批判性思维能力的学生，也极有可能无法利用这些思维能力来评估某些类型的信念。因为一些信念是"无法改变的客观事物"，即我们秉持的信念是我们个人经历的直接结果。另外一些信念似乎受到"不可抗拒的力量"的影响，例如道德价值观和道德推理的偏见。在本文中，我们将讨论这些信念如何影响心理学教学，并对如何在课堂上解决由这些信念引发的问题提出建议。

无法改变的客观事物

个人经验的说服力

许多心理学教师都熟悉以下两种课堂情境：

- 发展心理学课上的一名学生反对教材中关于体罚对抚养孩子影响的讨论,她用自己的亲身经历作为论据。
- 在一个关于睡眠和梦的心理学入门讨论中,学生向教师询问心理学家如何解释她的预知梦。

乍一看,这两种情况似乎没什么共同之处,因为它们涉及不同的主题:一种涉及正常事件,而另一种则涉及超自然的力量。然而,这两种情况有一个重要的共同点:学生都提到以个人经验来支持自己的信念。在考察学生对课堂讨论目的的理解时,特罗塞(Trosset,1998)发现了应用个性化知识(不是所有人都能接触到的知识,比如学术著作中包含的知识)的偏见。这种偏见经常干扰学生在某些情形下的批判性思维,而这些情形往往是我们作为教师最希望看到批判性思维能力发挥作用的。

当学生引用个人经验支持错误信念时,教师面临一种特别尴尬的情况。在这个过程中,他们必须在以下两者之间取得平衡:一方面需要对心理学上的观点持开放态度,另一方面又要对反驳观点持适当的怀疑态度。当然,有可能学生引用个人经验是正确的,教科书是错误的,但由于个人轶事缺乏最基础的研究都具备的对照条件,基本不能成为置疑的正当理由。不幸的是,尽管心理学教师可能意识到个人经验作为知识来源的严重局限性,但学生和普通公众并不能意识到这一点。他们更常见的看法是,个人经验作为一种独特而强大的知识来源,它的重要性超越了研究,从而使批判性思维变得无关紧要。

批判性思维的条件

为什么具备高效批判性思维能力的学生不能将这些能力应用于他们基于个人经验的信念?即使能力再强,也未能将之应用,这种情况并不罕见。在适当的情况下运用知识和技能的能力是区分某一领域专家和新手的重要方面（Glaser，1992；National Research Council，1999）。当学生在合适的情况下按照惯例应用知识时，学生的知识是所谓的"条件化"知识（National Research Council，1999，p.31）。不幸的是，常规教育往往要求学生采用不恰当的方法来条件化他们的知识。例如，数学课上，学生学习了一个新的解题技巧，他们可以放心地假设他们会使用这一解题技巧来完成当天布置的作业。布置与当天课程相关的作业，使学生不用考虑新学习的解题技巧是否适用于其他问题。同样，批判性思维和心理学研究技能的教学可能会导致学生不清楚在什么条件下应用这些能力。如果教师只专注于批评媒体报道，以此教授和评估学生的批判性思维能力，那么学生可能仅会在看媒体报道时合理地运用这些能力。或者，如果这些例子集中在受动机性偏见影响的观点（例如，广告或故意的诈骗）上，学生可能只会批判性地思考那些明显带有欺骗动机的观点，并且不加批判地接受看似真诚的观点。

一般来说，我们可以预期学生将在他们学习和实践这些能力的情景中尝试应用他们的批判性思维能力。我们主要担心的是，如果用来教授批判性思维能力的案例过于侧重于对正式研究结果的评估，那么学生只学会将批判性思维能力应用于此类评估，而非评估他们的其他想法。如果这样的话，我们将可能教会他们排斥不符合他们毫无根据的固有观念的任何研究，而不是对这些固有观念进行评估；我们将可能教会他们捍卫个人偏见，而反对合理和有根据的反对意见。

每当我们教授学生技能时，明确地教授这些能力的适用条件也很重要。就批判性思维能力而言，如果不这样做很可能造成不良后果。

教学生评估基于个人经验的信念

将基于个人经验的信念作为批判性思维实践的范例,并不能保证学生用批判性思维能力评估基于个人经验的信念。例如,学生希望学会评论研究和媒体信息,并为能够识破蓄意的骗局而感到自豪。但是对于批判性地思考自己的信念,特别是那些基于个人经验而形成的信念,他们可能会比较抵制。无论提供的证据数量和质量如何,他们经常会想方设法避免改变自己的信念(Chinn & Brewer, 1993, 1998)。人们在多大程度上保有和相信这些信念,部分取决于这些信念在多大程度上影响了对周围发生事件的解释(Anderson, Lepper, & Ross, 1980; Preston & Epley, 2005; Slusher & Anderson, 1996)。认为个人经历对于形成认识具有特殊的地位,正是大多数人看待世界的主要方式(Trosset, 1998)。此外,个人经验对形成认识具有独特性这一信念,通过文化规范甚至常规教育得到强化。

凯里和史密斯(Carey & Smith, 1993)认为,关于个人经验独特力量的假设构成了"常识认识论"的一部分(p.237)。他们认为,持有这种认识论的人不知道理论解释在建立信念过程中的作用;相反,他们认为,"知识毫无疑问地从感觉经验中(直接地)产生,知识只是许多真实信念的集合"(p.237)。如果学生认为特定的信念直接来自感官体验,就会认为没有必要评估这些信念。如果我们坚持让学生评估这些信念,我们要挑战的不仅是他们的信念,还要挑战他们的"常识认识论"。改变这种基本的认识论假设需要学生对他们的信念体系进行整体改变。

"常识认识论"在多大程度上是正确的?显然,学生不需要通过研究或批判性思维来评估以下信念，例如，他们有两个孩子或驾驶的是二手车。但学生可能出于同样的原因，即他们的个人经历，认为自己拥有预知梦这一点也不属于研究和批判性思维的范畴。如果我们坚持让他们批判性地思考预知梦的证据，他们可能会如同我们坚持让他们批判性地思考他们有多少孩子，或者他们是否开的是二手车那样，觉得难以理解。

究竟是什么因素让某些信念成为研究和批判性思维合适的对象？要建立一个清晰的分界线并不容易：为批判性思维和研究建立确切的适用条件，会涉及一些尚未解决的认识论问题。具有批判性思维的心理学教授能够很好地判断批判性思维和研究技能的适用条件，但矛盾的是，他们使用的是一种"当我看到它时，我就知道了"的启发式规则，而不是明确的规则。他们常常作出错误的和基于个人经验的断言，诉诸想象和排除其他可能的解释。我们具备专业知识，但这些知识没有被明确表达。因而我们没有一种好的方法来教学生如何辨别实际上受某些个人经验支持的观点和不受某些个人经验支持的观点。若我们期望学生在日常生活中运用他们的批判性思维能力，我们就需要设计这样一种方法。

不可抗拒的力量

在要求学生做运用批判性思维的作业时，另一个始终存在的困难是，当内容涉及他们的价值观时，他们的批判性思维能力似乎会减弱。参与讨论社会问题的学生可能很快就会转向防御或人身攻击。虽然这种行为可以归因于学生缺乏背景信息或分析能力，但也有可能是主题本身的性质妨碍了批判性思维。

以研究方法中的一个作业为例：理解相关关系与因果关系之间的区别。在这项作业中，学生被要求阅读一篇讨论日托机构儿童认知结果的报道及作为其原始来源的学术文章（Brooks-Gunn, Han, & Waldfogel, 2002）。尽管该课程已经广泛涵盖了相关关系和因果关系之间的差异，大众媒体也在标题中使用了"原因"一词，并且作者及其同事也明确表示他们的研究没有反映因果关系，但学生往往无法找出原始论文和大众媒体报道之间的关键区别。

相反，在斯坦诺维奇（Stanovich, 2007）所举的中国台湾小家电数量与避孕用品使用之间的关系这一例子中，学生发现得出因果关系的结论是荒唐的。然而，不知何故，当谈到全职母亲的问题时，一些学生似乎无法作出这种重要的区分。谈及全职母亲问题时，学生对因果结论有效性的批判性思考居于下风，相反，对于以下议题的情绪化观点开始占据上风，比如，迫使养育幼儿的妇女加入劳动力队伍的社会经济因素，母亲对孩子负全部养育责任的假设中所固有的性别偏见，以及不愿意"做该做的事"——在家带孩子的母亲的自私。

在缺乏批判性思维的情况下，类似的立场还会发生在诸如"同性恋倾向产生的基础"或"进化在择偶中的作用"等话题。人们很容易认为，这种缺乏理性交流的现象反映了推理能力的不足。听取学生的论证当然可以获得其推理能力不足的证据。然而，最近的社会心理学研究表明，触及道德问题可能会引发学生的一系列可预见的反应，从而表现为缺乏批判性思维能力（见下文"道德观如何干扰批判性思维"和"动机诱发的非理性"部分）。

道德

道德观被认为是普遍的和强制性的（Turiel, 1983）。也就是说，一个人是否遵守道德标准是没有选择的。在观察者看来,无论行动者的文化或环境如何,违反道德都是错误的。此外,道德观还会让行使暴力者体验到情感上的后果——一种内在的犯错感(Gibbard,1990;Rokeach,1973)。这些价值观不仅仅是个人选择或社会习俗,而是一种暗含指令的规则:所有人,无论在任何地方,都应该以这种方式行事。

此外,根据定义,道德观是关注人际的(Rokeach,1973),因此,正如我们在这篇文章中所主张的,道德观干扰批判性思维,我们更应该在社会科学而非物理科学的范畴内看待这个问题。也就是说,一个学生可能会争论一个从飞机上掉下来的物体是否会垂直下落,但不太可能对它是否应该垂直下落争论不休。

长期以来,人们一直认为,道德决策是建立在深思熟虑的推理基础上的,并且随着一般认知能力的发展,道德决策的复杂性也会增加(例如,Kohlberg,1981)。在这个模型中,一个人通过考虑情境因素,并根据相关的道德规则,判断一种行为是否可以被接受。如果人们以理性的方式对道德问题进行推理,那么就有可能通过证据和逻辑来解决道德问题。假设学生已经达到了一个合理的认知发展水平,通过教师冷静而细致的陈述,应该有可能克服最初的任何阻力。然而,这些在实践中并不总是能够实现。

道德观如何干扰批判性思维

最近的研究表明,许多道德判断可能并不像传统模型所显示的那样理性。例如,海特(Haidt,2001)提出,道德问题主要来自情感反应,任何推理都发生在判断之后。如果海特是正确的,一旦学生对某个主题作出初步的"直觉"判断,他们就不太可能根据事实改变主意。面对压倒性的相反证据,学生仍然可以通过选择性关注和有偏见的推理来维持最初的观点。这一过程非常类似于其他原因造成的批判性思维能力不足,比如缺乏对证据的理解。然而,如果学生对话题作出了感性的道德判断,那么即使证据再多,也不会有效地促进批判性思维能力的提高。

动机诱发的非理性

作为教师,我们可能会有一个隐含的假设,即人们更喜欢对世界持有准确而不是歪曲的看法。每个人在生活中都会有一些时候无意识地或缺乏逻辑地行动,也无怪乎教育工作者往往以为学生更愿意学习有证据支撑的知识,而不会为了避免认知冲突固守错误的信念。后一种行为在课堂上是非理性和适应不良的,通常在生活中的其他领域也是如此。不过,后一种行为也是很常见的。(我们可能会沮丧地问)为什么人们更喜欢非理性而不是理性?这样做有什么目的呢?

这种行为可以通过泰特洛克(Tetlock,2002)的社会功能主义框架来理解。泰特洛克的"直觉神学家"概念特别有用。"直觉神学家"这个认知框架是用来保护神圣的价值观的,也就是社会公认的价值观。对一些人来说,自由可能是一种神圣的价值观;对另一些人来说,遵守神的律法比较有价值。信仰这些符合前述道德标准的价值观,为社会创造了一种共同的认同感。保护价值观不受攻击有助于个人在社会系统中承担责任。值得注意的是,"直觉神学家"并不关心世界观的正确性,只关心社会成员的行为是否与之一致。

正如人们所预料的那样,鉴于道德价值观的特点,在"直觉神学家"看来,违反道德是一件严重的事情。在情感上,违反的结果是强烈的和消极的(愤怒、轻蔑)。从行为上看,违规行为会促使人们做出象征性的行为,以显示其恪守相应的道德价值观。泰特洛克和他的同事带来的惊人发现，就是个人根本不需要做出违反价值观的行为；哪怕他们有违反它的想法，也会带来直接而严重的情感和行为后果。

这项研究表明，一旦课堂讨论激发了道德价值观，学生就会发现，他们几乎不可能以理性的方式去思考证据，因为他们关注的是来自社会生活的更迫切的需求。例如，与个人宗教信仰保持一致是许多美国学生身份认同的核心组成部分。要求他们接受，哪怕只是假设让他们接受一个他们认为违反其宗教观点的论点，也会使他们感到愤怒，并且比以往任何时候都更维护受到质疑的那些观点。如果他们在没有学习批判性思维的情况下信奉这些价值观，就不能对这些价值观的正确性进行检验，即使他们愿意这样做，他们也看不到这样做的价值，所以他们也体现不出批判性思维。

太多的"直觉神学家"破坏了讨论

和被激发了道德判断的学生打交道是具有挑战性的。学生之间涉及道德问题的课堂互动更是如此。斯基特佳、鲍曼和萨吉斯（Skitka，Bauman，& Sargis，2005）发现，与讨论道德以外问题的学生相比，讨论道德问题的学生较难合作，对合作伙伴的善意更少，更紧张，更具防御性，倾向于保持更大的身心距离，并且不太可能实现讨论的目标。学生意识到了这些讨论的危害：虽然现在许多大学生在很多方面表达了对多样性的强烈支持，但道德价值的多样性显然是不受欢迎的（Haidt，Rosenberg，& Hom，2003）。只有和那些肯定我们价值观的人交谈，我们才会感到舒服得多。

在讨论中或讨论结束之后不必向学生指出他们做法中存在的问题。

在捍卫价值观的过程中,这种批判有可能被看作是对他们的攻击,并再次激活学生的"直觉神学家"思维框架,使学生发起防御。一旦讨论结束,学生就不太可能认识到他们的非理性。那些已经放弃证据来捍卫道德价值的人将不会认识到他们已经这样做了,因为他们相信只有自己是理性的(参见 Robinson, Keltner, Ward, & Ross, 1995)。我们假设其他人都是有偏见的,哪怕是与我们持有共同观点的人也是如此,没有理由向持有明显错误观点的人妥协或达成共识。

课堂上会发生什么?

思考所有类似研究之后,我们可以看到,学生处在一种困境当中——他们认为一些问题永远不应该被提出,因为仅仅想象这些问题的答案都可能是违反道德的行为。一旦发现违反道德的行为,学生会极力避免像我们要求的那样去思考,并积极地恢复到自己先前的状态。他们自己也无法认识到这种情况是否发生。

这个过程与教育是对立的,但考虑到学生想要完成多个目标,这是可以理解的。"直觉神学家"思维框架是具有功能的,因为它维护了社会联系并帮助我们驾驭社交关系。这些目标对学生来说很重要,不能因为它们给课堂练习带来不便而不予考虑。泰特洛克的研究(Tetlock, 2002)预测了常见的课堂行为:当面对与已有信仰不可避免的矛盾时,"直觉神学家"思维框架被激活,导致学生接受滑稽的观点,引开话题以避免直面悖论,或选择攻击踏入认知禁区的对象。这种推理方式当然不是批判性思维,但不应作为一种迹象来说明学生普遍缺乏批判性思维能力,或者缺乏适合证明当前主题的证据。之所以会出现这种现象,只是因为"直觉神学家"的思维框架破坏了学生本来可以表现出的批判性思维能力。

给教师的建议

学生个人基于经验的信念和道德观会阻碍他们应用批判性思维的能力。仅仅通过更多地传授批判性思维技能不可能克服这个问题。问题不一定是学生的批判性思维能力不足，而是学生因为对道德议题的热情分散了注意力，所以无法更好地应用这些能力，或者因为他们简单地认为这些评估信念的能力不需要用在这种情境下，因为他们已经知道这种信念是真实的。因此，我们认为教师需要解决课堂上学生的个人经验和道德问题。针对这个问题，这里提供一些教学和评估建议。

评估各种情境中的批判性思维

学生是逐渐学会了广泛地进行批判性思考，还是只是学会了捍卫他们非批判性的信念？如果我们对学生批判性思维能力的所有评估都要求他们判断研究结论，我们永远也不会知道他们是否学会了将这些能力应用于其他情况。大多数学生不需要我们敦促，就会对科学、媒体、医学或政治持怀疑态度。仅仅以评估这些领域的观点作为批判性思维的目标，会让学生忘记批判性地思考自己的信念。仅仅针对超自然信念的评估也有类似的风险。批判性思维评估至少应该明确评估学生对奇闻轶事和个人经验的信念：在评估以上两类内容时，学生是否能像评论某个研究或媒体的观点那样运用他们的批判性思维技能？如果学生能够理解：一个人对某个观点的确定性并不能作为该观点真实性的证据，以及虚假观点可以反映诚实的错误而不仅仅是故意的欺骗行为，这也是非常有帮助的。

同样，学生应该明确地认识到，对高热度话题的当下情绪反应并不能证明他们的判断是正确的。虽然期望学生将直觉的道德判断和情感反应区分开来是不现实的，但学生可以通过练习，学会识别他们的情感反应，并在考虑论证内容和证据的质量之前冷静地思考。为了在有情感反应的情况下有效地评估批判性思维，我们可能要让学生同时反思他们的思维和情感反应。即使对具有高度自我意识的人来说，这也是有挑战性的。

对自己的信念进行批判性思考

由于挑战个人价值观和个人经验容易引起情绪反应，因此要向学生示范如何对自己的信念进行批判性思考。例如，我们可能会讨论为避免感冒而做的一系列事情，然后指出因为我们担心感冒而经常做很多这样的事情，所以无法从个人经验中知道哪些做法可以有效地抵御感冒。"为相反的态度辩护"方法（Miller, Wozniak, Rust, Miller, & Slezak, 1996）对帮助学生理解要批判性地思考自己的信念也特别有用。

展示如何消除特定偏差的研究方法

学生很容易错误地认为，要成为一名合格的研究者，只需要遵循一套研究方法加以实践即可。认为基于个人经验的信念不需要被评估的学生，永远不会考虑采用这些实践方法来评估个人信念。如果教师呈现将研究方法作为消除推理偏差的途径，学生将能够理解如何应用这些方法进行基于经验的推理。

这个策略最好的两个例子可能是对因果信念的评估和消除确认偏误（Lord, Ross, & Lepper, 1979）。第一个例子是，在实验中，我们将参与者随机分配给不同小组的原因，并不是研究人员要求我们这么做。我们之所以这样做是因为我们希望能够回应问题:"你怎么知道这些组从开始时并没有什么不同?"同样,我们使用盲法测量不是因为我们想要服从于其他研究人员,而是因为我们希望自己的测量不会受到确认偏误的影响。

留意建构辩论的方式

"直觉神学家"思维框架对于权衡神圣的道德价值和世俗的关注尤其慎重。对于教师来说,从相互竞争的道德价值观出发来表述不同的观点可能更有效。政治家非常清楚这一原则,这就是为什么政治辩论的双方总是支持其认同的价值观,而双方都不希望因反对对方的价值观而被指责。政治家更愿意被视为在辩论中捍卫自由("支持堕胎")或从另一方面捍卫无助者("反堕胎")。这样,在价值观和世俗问题的辩论中,价值观将获胜。然而,教师应该记住,从道德价值观出发的陈述本身并不会促进批判性思考。我们所能期望的最好的结果是,将"直觉神学家"思维框架构建为两个相互矛盾的价值观,这样会使框架的效用降低到足以让教师有时间来示范如何更理性地陈述论点。

关注辩论观众的影响

任何突出辩论观众的内容,都会使"直觉神学家"思维框架发挥更明显的作用。如果观众中有人被视为价值观的执行者,这就更成问题——这些价值观的代表在场观看,会让学生更迫切感到要为自己的价值观辩护。在这种情况下,因为非常规观点而对观众代表发动人身攻击可能是常见现象。弱化这种态度可能在一定程度上有助于让学生专注于手头的批判性思维任务。

但请记住,即使学生能够学会分析与道德观无关的材料,期望他们自如地迁移这些技能也是不现实的。预先提醒他们,并要求他们在听取观点之前采取分析态度,可能会有用(Pizarro & Bloom,2003)。但是,如果你发现他们毫无准备,而且他们的第一反应是情绪化的,他们就很难回过头来,再以一种谨慎的、客观的方式来考虑这些论点。

结论

具有讽刺意味的是,我们试图传授给学生的批判性思维能力似乎在最需要它的地方失效了,但这也并不令人感到意外。学生往往出于令人信服的理由,拒绝对某些信念进行客观的、科学的评估,这些理由包括坚持"常识认识论"和"社会责任"。我们相信,如果不密切关注促使这些态度产生的条件,是难以提升批判性思维能力的。然而,尽管存在各种挑战,我们也相信,面对不可动摇的目标和不可抗拒的力量时,批判性思维能力也能取得进展。

保罗·C. 史密斯,克丽丝·瓦斯克斯

参考文献

Anderson, C. A., Lepper, M. R., & Ross, L. (1980). Perseverance of social theories: The role of explanation in the persistence of discredited information. *Journal of Personality and Social Psychology*, 39, 1037 – 1049.

Brooks-Gunn, J., Han, W.-J., & Waldfogel, J. (2002). Maternal employment and child cognitive outcomes in the first three years of life: The NICHD study of early child care. *Child Development*, 73, 1052 – 1072.

Carey, S., & Smith, C. (1993). On understanding the nature of scientific knowledge. *Educational Psychologist*, 28, 235 – 251.

Chinn, C. A., & Brewer, W. F. (1993). The role of anomalous data in knowledge acquisition: A theoretical framework and implications for science instruction. *Review of Educational Research*, 63, 1-49.

Chinn, C. A., & Brewer, W. F. (1998). An empirical test of a taxonomy of responses to anomalous data in science. *Journal of Research in Science Teaching*, 35, 623-654.

Gibbard, A. (1990). *Wise choices and apt feelings*. Cambridge, MA: Harvard University Press.

Glaser, R. (1992). Expert knowledge and the processes of thinking. In D. F. Halpern (Ed.), *Enhancing thinking skills in the sciences and mathematics* (pp. 63-75). Hillsdale, NJ: Erlbaum.

Haidt, J. (2001). The emotional dog and its rational tail: A social intuitionist approach to moral judgment. *Psychological Review*, 108, 814-834.

Haidt, J., Rosenberg, E., & Hom, H. (2003). Differentiating diversities: Moral diversity is not like other kinds. *Journal of Applied Social Psychology*, 33, 1-36.

Kahneman, D., Slovic, P., & Tversky, A. (1982). *Judgment under uncertainty: Heuristics and biases*. Cambridge, UK: Cambridge University Press.

Kohlberg, L. (1981). *The philosophy of moral development: Moral stages and the idea of justice. Vol. 1: Essays on moral development*. San Francisco: Harper & Row.

Lord, C. G., Ross, L., & Lepper, M. R. (1979). Biased assimilation and attitude polarization: The effects of prior theories on subsequently considered evidence. *Journal of Personality and Social Psychology*, 37, 2098-2109.

Miller, R. L., Wozniak, W. J., Rust, M. R., Miller, B. R., & Slezak, J. (1996). Counterattitudinal advocacy as a means of enhancing instructional effectiveness: How to teach students what they do not want to know. *Teaching of Psychology*, 23, 215-219.

National Research Council. (1999). *How students learn: Brain, mind, experience, and school*. Washington, DC: National Academy Press.

Pizarro, D. A., & Bloom, P. (2003). The intelligence of moral intuitions: Comment on Haidt (2001). *Psychological Review*, 110, 193-196.

Preston, J., & Epley, N. (2005). Explanations versus applications: The explanatory power of valuable beliefs. *Psychological Science*, *16*, 826 – 832.

Robinson, R. J., Keltner, D., Ward, A., & Ross, L. (1995). Actual versus assumed differences in construal: "Naïve realism" in intergroup relations. *Journal of Personality and Social Psychology*, *68*, 404 – 417.

Rokeach, M. (1973). *The nature of human values*. New York: The Free Press.

Skitka, L. J., Bauman, C. W., & Sargis, E. G. (2005). Moral conviction: Another contributor to attitude strength, or something more? *Journal of Personality and Social Psychology*, *88*, 895 – 917.

Slusher, M. P., & Anderson, C. A. (1996). Using causal persuasive arguments to change beliefs and teach new information: The mediating role of explanation availability and evaluation bias in the acceptance of knowledge. *Journal of Educational Psychology*, *88*, 110 – 122.

Stanovich, K. E. (2007). *How to think straight about psychology* (8th ed.). Boston: Allyn & Bacon.

Tetlock, P. E. (2002). Social functionalist frameworks for judgment and choice: Intuitive politicians, theologians, and prosecutors. *Psychological Review*, *109*, 451 – 471.

Trosset, C. (1998, September/October). Obstacles to open discussion and critical thinking. *Change*, 44 – 49.

Turiel, E. (1983). *The development of social knowledge: Morality and convention*. Cambridge, UK: Cambridge University Press.

第五部分 课堂之外的批判性思考

批判性地思考心理学相关职业

批判性思维由各种学术、决策和解决问题的能力组成,包括信息素养、定量推理、基于证据评估的竞争性假设,以及在作出决策和解决问题时考虑多个角度和不同的信息来源(Halonen & Gray, 2001; Halpern, 2003)。对大学专业的选择、对特定职业的认同和追求都是解决问题的实际表现,依赖于多种批判性思维能力。有效的职业决策建立在扎实的批判性思维和解决问题的能力上,这有助于避免学生对自己的职业选择感到不满。

职业决策自我效能感大多被认为是预测学生成功的关键变量。这一概念与较高的学术和职业参与度(Betz & Taylor, 2006)以及学术坚持性(Peterson & del Mas, 2001, 2002)有关。职业决策自我效能感的概念化整合了自我效能感理论(Bandura, 1982, 1997)和职业成熟度理论(Crites, 1978)。班杜拉(Bandura, 1982, 1997)认为,自我效能感(即人们对其成功执行某项任务的能力的信念)是行为和行为改变的主要中介变量。对特定行为领域(如职业决策)的低自我效能感,会导致回避这些行为,而对职业决策的高自我效能感,会促进这些行为的发生。克赖茨(Crites, 1978)假设,成功的职业决策得益于五种职业选择过程中的能力(准确评估自我、收集职业信息、选择目标、制订未来计划和解决问题)。贝茨和泰勒(Betz & Taylor,2006)在定义和有效职业决策相关的行为领域时提到了职业选择过程中的这些能力。职业选择过程本身也与批判性思维能力有着内在的联系。

职业决策自我效能感与学生的职业认同和职业探索有关(Gushue, Clarke, Pantzer, & Scanlan, 2006)。高水平的职业决策自我效能感与个体对职业决策任务和行为的兴趣及绩效提高有关,而低水平的职业决策自我效能感与个体对职业决策任务和行为的兴趣及绩效降低有关(Creed, Patton, & Watson, 2002)。里斯和米勒(Reese & Miller, 2006)发现,完成职业发展课程的学生在职业决策自我效能感方面的水平更高,特别是在获取职业信息、设定职业目标和职业规划方面。此外,完成职业发展课程的学生在职业决策方面遇到的困难也较少。

在本专业的学术工作开始时开设一门心理学相关职业课程,或者将其作为一门高阶的课程,是不错的想法。在专业学术工作开始时开设这门课程,可以明确地介绍基本的学术能力和学习特定学科所需的能力,以此增长学生的学术经验。在本科阶段开设职业课程,可以引导学生利用大学内部的资源,帮助自己在学业上取得成功;鼓励学生在其学术生涯的早期阶段明确他们的受教育目标和职业目标,并制订框架来指导学生实现这些目标。西佛罗里达大学(University of West Florida)采用了入门式的职业课程,而瓦尔多斯塔州立大学(Valdosta State University)采用了高阶课程。这两门课程都涉及对心理学职业进行批判性思考的相关问题。

在入门课程中批判性地思考心理学相关职业

西佛罗里达大学开设的心理学相关职业课程是为期一学期的以小时

为单位开展的在线课程。该课程由一系列模块组成，每个模块都围绕特定的学习目标进行构建。学生可以获得及格/不及格（S/U）两个等级的课程成绩。学生必须精通每个模块，才能获得及格的成绩。一些课程模块提供建议功能，而其他模块则向学生介绍了后续课程中将要应用和培养的基础学术能力（表14中列出了入门级职业课程模块完整的学习目标）。

表14 学生在入门级职业课程模块的学习目标

模块	学生的学习目标
心理学专业	描述心理学专业的要求
心理学作为一种职业	描述可以选择的职业 完成不同程度的心理学训练（学士、硕士、博士）
心理学作为一门科学	描述研究对心理学学科的重要性
在心理学专业获得成就	确认可以通过哪些有效的策略来学习新信息和提升考试成绩 确认可以在哪些地方寻求学术或个人问题的帮助 描述如何获得本科阶段的研究经验
信息素养：搜寻资源	使用图书馆的数据库来识别心理学文献中有用的信息
信息素养：心理学专业的写作	描述与学术相关的伦理问题（作者署名、剽窃） 在写作时正确采用美国心理学会编辑风格的基本要素
心理学研究和实践中的伦理问题	描述与心理学专业，包括与研究以及实施评估、治疗和干预有关的伦理问题
心理学研究生院	识别成功申请心理学研究生培养项目所需要的技能和知识

心理学相关职业课程有许多与批判性思维无关的学习目标，本文的重点是与批判性思维直接相关的课程内容。这些方面包括以下模块化的学

习目标。

- 确认完成心理学专业学位的课程要求。
- 形成信息素养(利用图书馆数据库识别有用的资料;区分媒体资源和学术资源的论点类型;良好的写作实践,包括避免剽窃的复述文本技巧;介绍美国心理学会编辑风格的基本要素)。
- 确定可获得的校园资源,并认识到这些资源对成功的价值(学生服务、建议、咨询中心、残疾学生中心等)。
- 探索不同教育层次(学士、硕士、博士)的职业选择。
- 心理学研究生学习的探索(研究生课程类型的确认、入学标准的说明以及申请时必须包含的材料)。

作为本课程建议的一部分,学生要明确在大学里修习心理学专业的要求,明确心理学专业的教育和职业选择,并描述获得心理学研究生学历所要求的能力。在完成心理学专业学位课程的同时,学生为接下来要学习的高年级课程制订清晰的规划。因为决定主修心理学可以被看作是一种短期的大学生涯,学生需要确认主修心理学的学生获得优异成绩需要具备的技能。学生还需要学习奠定思维技能基础的课程模块,在专业学习过程中,学生还将进一步提升自身的思维技能。这些技能包括使用图书馆数据库,评估心理学文献,采用美国心理学会格式要求和科学写作的修辞风格进行清晰的写作(例如,在证据而非个人意见的基础上进行论证),阐明和遵守作为学生(学术诚信)和专业的心理学人士(研究和职业伦理)理当遵守的道德行为。学生还可以利用学校的管理办公室和服务机构来帮助自己提升这些技能。因此,本课程的学生必须根据专业能力水平的要求来评估他们的学术能力,明确心理学职业的优势和缺陷领域,设定获得和发展特定能力的目标和计划,以及随着时间的推移调整这个过程。

通过在本专业早期获得的基本的批判性思维和其他学术技能，学生应该可以更好地为高级课程中的活动和作业做准备，以发展和完善这些技能。最后，学生应该通过选择课程并参加课外活动，培养作为成功的大学毕业生应具备的重要技能，并在寻求就业或申请研究生项目时展现这些技能。对心理学研究生学习感兴趣的学生若能早早地清晰理解本科阶段应该掌握的技能，必能从中受益，并能够描述获得这些技能如何影响他们在本科阶段之后的成就。

因此，职业课程侧重于与批判性思维、自我调节和学习技巧相关的学生学习目标，这些目标应有助于学生顺利完成本科学业，并在心理学领域取得长远的成就。专业决策的进步应该能够体现在以下方面，即学生在选择课程时作出更明智的选择，并积极参与课程实践以实现远期目标，如升入研究生阶段进行深造或获得学士学位后就业。

评估心理学相关职业课程的影响

课程包括心理学专业要求的知识和技能的前后测自评报告（心理学专业问卷，Psychology Major Questionnaire，简称PMQ）、职业决策自我效能感简表的前后测（Career Decision-Making Self-Etticacy Scale Short Form，简称CDMSE-SF；Betz & Taylor，2006）和课程评估调查。心理学专业问卷由25个李克特式的项目组成，这些项目要求学生对与获得课程学习成果有关的技能，以及对完成心理学学业的承诺进行自我报告。心理学专业问卷包括若干项目，它们改编自兰德勒姆和戴维斯（Landrum & Davis，2003）的自我评估调查。

职业决策自我效能感简表（Betz，Klein，& Taylor，1996；Betz & Taylor，2006）由25个自我报告项目组成，用来衡量一个人对自己成功完成职业决策全部任务的信心。由于自我效能感的定义与特定行为领域的能力相关,贝茨等人(Betz et al.,1996)使用克赖茨(Crites,1978)模型中确定的五种职业选择能力对五种职业决策领域进行定义和操作化。因此,职业决策自我效能感简表有五个分量表(每个分量表中有五个项目),其中包括与准确的自我评价、收集职业信息、目标选择、制订未来计划和解决问题相关行为的自我报告。报告采用李克特量表来表示不同程度的信心,范围从"(1)"到"(5)",即从"完全没有信心"到"完全有信心"。职业决策自我效能感简表的信度令人满意,内部一致性 alpha 系数为 0.95 (Betz & Taylor,2006),6 周重测信度为 0.83(Luzzo,1993)。

此处提供的心理学专业问卷数据分析综合了开设职业课程的前两个学期(2005 年秋季和 2006 年春季)对学生的调查结果。心理学专业问卷得分在学期末($M=110.4, SD=20.4$)显著高于学期初($M=90.9, SD=13.9$),$t(103)=8.61, p<.001$,表明自我报告的学术技能和专业知识有显著提高。心理学专业问卷后测得分与职业决策自我效能感简表后测得分呈正相关,$r(85)=.31, t(85)=3.01, p<.003$,说明职业决策自我效能感与自我报告的专业知识显著相关。对职业决策自我效能感的前后测数据分析仅限于春季学期,因为秋季学期仅有后测数据。学期末的得分($M=108.1, SD=5.6$)显著高于学期初($M=96.5, SD=4.4$),$t(18)=2.32$,$p<.03$,表明职业决策自我效能感有显著提升。

教师改进了秋季和春季学期之间的课程,为学生介绍基于掌握模型的课程性质,并强调学生需要继续参加考试,直到达到一定的掌握程度。调整范围包括修订第一个模块的介绍材料,纳入对课程特征的描述,要求学生不间断地参与课程(例如,有效参与主题讨论,参与限时的在线课程活动)。这些信息强调学生需要定期登录课程并监测课程进度。

由于西佛罗里达大学的在线课程系统不会单独记录课程的登录数据，因此我们无法获得该课程学生的登录数据。然而，该系统记录了所有课程的合并登录数据，包括学生注册的在线课程组合(完全在线课程和混合课程)。如果我们假设职业课程的学生参与度相当于其中任意一个学期的登录情况，那么，登录频率的增加可能意味着修订这些课程成功提高了学生的参与度和达标率。平均登录次数从秋季期($M=108.75, SD=70.48$，登录频数范围:14—453人次)增加至春季期($M=160.3, SD=154.46$，登录频数范围:33—795人次)。这种差异在统计学上是可信的，$t(113)=2.34$，$p=.021$，学生在春季学期的登录平均比秋季学期高出47%。

虽然对登录数据的解释可能含糊不清，但课程修订也与登记在册的顺利完成课程的学生比例显著增加有关(2005年秋季为75.8%；2006年春季为93.2%)，$\chi^2(1, N=121)=6.64, p<.01$。有些学生学习在线课程时经常会遇到严重问题，如没有合理地注意课程进度，拖延课程，甚至会远远落后于课程进度。这一发现提示教师:简单的干预可以大大地帮助学生顺利地完成课程。

总之，对职业课程的评估表明，学生提高了批判性思维不同维度的技能。成功达到课程模块的掌握标准和学生自我报告的技能提高两项结果相互印证。此外，学术能力和批判性思维技能的提高与职业决策的自我效能感提高有关。

高年级学段对心理学相关职业生涯的批判性思考

当学生准备毕业时，他们需要反思自己在本科课程中学到了什么，以及这些知识如何应用到他们未来的工作选择中。学生需要选择适合自己的职业,而不是根据朋友和家人的推荐(例如,"在该领域没有工作的机会,所以你不应该这样做"或"哎呀,你是一个非常好的倾听者,你应该是一个治疗师")或因为它是目前的热门趋势(比如,想成为一个侧写员或创办一家网络公司)而选择职业。为了作出明智的职业选择,学生需要进行合理的反思。他们必须收集自己感兴趣的工作信息,并对自己是否适合这份工作作出现实的自我评估。这个过程不仅仅是确定他们认为他们想要做什么。

为了作出最有效的决策,学生需要反思自己的思维过程、偏见和假设。学生常常认为他们选择了合适的研究生项目,但后来意识到这个项目并不是他们想要的。虽然很多人可能认为职业探索应该是学生在专业早期就该做的项目,但学生也应该在专业学习结束时再次进行职业选择的探索。学生在整个本科生涯中不断发展自己的认知能力,以期更好地了解自己的优势和劣势。因此,重新评估工作选择和工作能力是很重要的,以确保他们最初的选择仍然是适合他们的工作选择。在瓦尔多斯塔州立大学的大四研讨班上,学生制订了一个学期的求职论文项目。

该论文项目的第一部分要求学生评估他们的性格、价值观和能力。在性格部分,学生必须选择性地描述他们的特征,如细心、有创造力、善解人意、自立、开放、有组织、透彻和冷静。在价值观部分,学生选择工作中对他们而言重要的方面,如时间自由、变化和多样性、社交联系、帮助他人、独立性和安全感。在能力部分,学生必须确定他们擅长什么,例如,写作、口语、听力、电脑使用、数据编码、解决冲突和组织能力。这个部分要求他们认清自己的长处和可能造成困难的弱点。他们必须讨论自己在性格和能力方面的五个优点和三个缺点,他们期望的工作中较为重要的四种价值观,以及两种不重要的价值观。因为这个活动在项目开展的早期也进行了,学生只简单地讨论了这些特征——包括他们的优势和劣势如何与他们的工作选择相关。学生不仅要考虑到他们的优势对工作的必要性,还要考虑到他们的弱点会如何影响工作能力,以及如何弥补这些弱点。论文强调真实的自我评估。为了提高自我评估的质量,教师鼓励学生与家人和朋友共同讨论以上特征。

整个学期,学生都要评估他们的知识。一般来说,他们会评估他们在心理学课程中的经历如何帮助(或没有帮助)他们获得成功选择职业所需的知识、技能和能力。为了帮助他们完成此分析,学生会收到一份他们应该在毕业时完成的目标清单。该清单有 14 个目标,学生也会采用美国心理学会心理学专业能力工作小组(2006 年)制订的 10 个目标。学生按照从 1(根本不是)到 5(优秀)的等级进行评分,描述他们认为自己在多大程度上实现了每个目标。他们还讨论帮助他们实现目标的活动和课程。在完成自我评价时,学生还应该将瓦尔多斯塔州立大学所有课程的贡献考虑在内,而不仅仅是心理学专业的课程。为了提醒学生都上过哪些课,学生打印成绩单并填写一份课程/导师自检表,其中包括他们上过的课程、上课时间和成绩等信息。

大学就业中心的一名代表参与课堂教学,并就如何写好一份简历给出了建议。学生制作一份简历,由职业中心的工作人员进行评价。学生应该在简历中囊括他们的工作或志愿者经历,以及在所受教育中培养的能力,这些能力可以迁移到他们感兴趣的工作中。很多时候学生并没有意识到,诸如沟通、领导力、电脑使用能力和信息收集能力等在就业市场上是多么受青睐。

学生的求职论文囊括之前提到的自我评估和课堂作业的内容。在论文中，学生加入有关培训和职位描述的信息。在培训部分，计划进入研究生院攻读硕士学位的学生必须讨论学位或学校教育（他们至少要对两门课程进行考察），学位选择（例如，硕士与哲学博士，哲学博士与心理学博士），以及可能的认证问题。他们必须讨论入学标准，包括所要求的平均绩点，研究生入学考试的最低分数，以及该项目可能希望申请者具备的其他条件，如必修课程和研究经验。学生要描述将完成的具体课程，并描述该课程如何满足他们的需求，因为许多课程计划对他们有特别的"偏见"，例如临床心理学或工业/组织心理学。所有学生（无论是否打算读研究生）必须讨论如何才能找到一份特定的工作（包括他们可能需要参加的社会/公务员考试，以及他们将获得的在职培训等）。

然后，学生讨论他们选择的职业。他们应提供详细的职位描述，包括他们的工作地点以及日常工作的内容。他们必须报告平均工资（包括范围、起薪和工资中位数以及福利待遇）。如果资格认证上出现问题，他们必须简要概述一个人如何获得所需的资格认证以及维护该认证所需的条件。

学生需要从尽可能多的资料来源收集尽可能多的信息（例如，职业介绍中心、"职业前景手册"网站、教科书、招聘会）。他们必须在整篇论文中提供参考文献并附参考文献页。完成该论文的一个关键方面是，学生必须与在该领域工作或教学的人员交谈，以更好地了解该领域，例如，成功的必要条件，以及在达到职业目标的过程中可能遇到的障碍。

在论文中，学生还必须更详细地进行自我评估（包括他们认为某些因素对一份工作有多重要）。学生不仅要了解一份工作，还必须批判性地评估他们是否适合这个职业领域。职业成就感往往来自清晰的自身定位。

入门级和高级职业课程比较

在专业学习的开始阶段开设职业课程有几个好处。如果进入心理学专业的本科学生意识到大学可以提供教育和职业机会,他们就可以利用这些知识更好地决定未来的教育经历。当学生充分了解对成功就业和入读研究生课程的期望时,他们可能会更加认真地学习某些必修课程,并更好地利用课程经验。这些学生可能会为成年生活的下一阶段(就业或读研)做更充分的准备。在专业学习的早期开设职业课程的一个更直接的好处是,该课程可以引导学生获得大学内部的资源,以帮助他们在学业上获得成功。这种方式有可能提升学生在校率、学生在课程中取得成功的概率以及学生按时毕业的概率等(Robbins et al., 2004)。

在实践层面,入门职业课程帮助学生清楚地了解具体的课程要求。许多学生不理解各种必修课程在心理学课程中所起的作用,并认为某些要求是武断的、不必要的。这种不理解反映在他们对某些课程要求的抱怨上("为什么我要做统计?""我对数学不感兴趣!")。拖延注册这些课程造成了课程学习的瓶颈,进而延误了那些试图满足毕业要求的学生的毕业进程。

在开设入门级职业课程时,各部门应结合校园资源,帮助学生达到目的,并鼓励学生充分利用这些资源。个别教师可能没有意识到有许多管理机构和服务可以帮助学生提高写作能力、文献研究能力或统计分析能力。除此之外,学校还提供诊断和协助适应学习障碍的服务,以及心理健康咨询、职业咨询和志愿者安置等服务。学生在大学期间借助这些管理机构和服务学到知识,但这种学习往往是偶然的过程。系统地介绍这一整套服务能够帮助学生,减少一些学生在学业上拖后腿的可能性。

许多学生并不完全了解课外活动对教育的作用。他们可能天真地认为,大学教育是由他们成绩单上出现的课程组成的,而任何其他活动仅仅是娱乐。更糟糕的是,这些学生可能认为课外活动是对课程、兼职、承担家庭责任或社交生活的干扰。这些学生没有参与这些活动,也没有从他们学院或大学提供的教育经历中获得什么益处。

入门职业课程提供了一个机会来强调和推广本系的活动。该课程可以提供关于教师研究兴趣的信息,鼓励学生发现目前正在进行的研究项目,借此促进学生与教师在研究项目上的合作。学生需要了解志愿者服务和实习机会,其中一些可能是校内独有的。他们需要知道获得这些课外学分的流程。通过参与心理学相关的学生社团和俱乐部,学生可以了解文化适应对职业的益处。通常,天真或内向的学生也会了解课外活动的重要益处,但他们发现这些资源时往往为时已晚,以至于无法在毕业前充分利用这些资源。

少数大学四年级学生选修了职业课程。在对这门课程的书面评估中,他们表示遗憾的是,当他们开始心理学专业的学习生涯时,这门课程还没有开设。他们说,尽管在入学时已经了解了课程中的大部分信息,但他们相信假使能尽早知道这些信息,他们就能够从课程中受益。该专业的新注册学生发表评论,对课程中提供的信息表达谢意,并希望该课程能帮助他们在以后的学习过程中取得成功。心理学办公室的工作人员评论说,现在学生打电话求助时,问的"入门问题"似乎变少了。

入门职业课程可能为学生提供本科生活动的路线图,高阶职业课程将为学生提供整合本科经历的方式。学生需要更加具体地了解自己的工作选择,而不是对毕业时想做什么只有一个模糊的概念。很多时候,学生进入了研究生项目但并不知道项目之间的差异,或者在找工作时对自己在本科学习中培养的技能如何应用于工作缺乏了解。由于学生的很多方面在本科生涯中发生着变化,因此,作为高阶顶点课程的职业课程,其优势在于使学生能够根据他们当前的技能、兴趣和能力探索职业选择并作出职业决策。高阶课程的学生应该准备他们将要立即用到的材料,以帮助他们实现学术生涯的下一步——从大学象牙塔过渡到职场。例如,准备求职简历、撰写求职意向书和申请研究生项目所需的个人陈述。学生应该了解他们可用的资源,包括通过互联网获得的材料和各种校园资源,以便更好地准备这些材料。学生应该总结他们的本科学习经历,借助课程、完成的项目、志愿者工作和课外活动来整合自身的技能。顶点职业课程的学生将学习如何将这些不同的经验转化为可迁移的技能,这些技能将在他们进入职场或进入研究生院深造时用到。课程评估和对校友的调查表明:这些信息对学生非常有价值。

黛博拉·S. 布里尔,克劳迪娅·J. 斯坦尼,基尔斯滕·A. 贾维斯,
玛丽亚·达西,罗纳德·W. 贝尔特尔

参考文献

American Psychological Association, Task Force on Psychology Major Competencies. (2006). *APA guidelines for the undergraduate psychology major*. Washington, DC: Author. Retrieved October 1, 2006 from http://www.apa.org/ed/psymajor_guideline.pdf

Bandura, A. (1982). Self-efficacy mechanism in human agency. *American Psychologist*, 37, 122-147.

Bandura, A. (1997). *Self-efficacy: The exercise of control*. New York: W. J.

Freeman.

Betz, N., Klein, K., & Taylor, K. (1996). Evaluation of a short form of the Career Decision-Making Self-Efficacy Scale. *Journal of Career Assessment*, 4, 47–57.

Betz, N., & Taylor, K. (2006). *Manual for the Career Decision-Making Self-Efficacy Scale and the CDMSEShort Form*. Unpublished test manual. Department of Psychology, Ohio State University.

Creed, P. A., Patton, W., & Watson, M. B. (2002). Cross-cultural equivalence of the Career Decision-Making Self-Efficacy Scale-Short Form: An Australian and South African comparison. *Journal of Career Assessment*, 10, 327–342.

Crites, J. O. (1978). *Career Maturity Inventory*. Monterey, CA: CTB/McGraw-Hill.

Gushue, G. V., Clarke, C. P., Pantzer, K. M., & Scanlan, K. R. L. (2006). Self-efficacy, perceptions of barriers, vocational identity, and the career exploration behavior of Latino/a high school students. *The Career Development Quarterly*, 54, 307–317.

Halonen, J., & Gray, C. (2001). *The critical thinking companion: For introductory psychology* (2nd ed). New York: Worth.

Halpern, D. F. (2003). *Thought and knowledge: An introduction to critical thinking* (4th ed). Mahwah, NJ: Lawrence Erlbaum Associates.

Landrum, R. E., & Davis, S. F. (2003). *The psychology major: Career options and strategies for success* (2nd ed). Upper Saddle River, NJ: Pearson/Prentice Hall.

Luzzo, D. A. (1993). Value of career decision-making self-efficacy in predicting career decisionmaking attitudes and skills. *Journal of Counseling Psychology*, 40, 194–199.

Peterson, S. L., & del Mas, R. C. (2001/2002). Effects of career decision-making self-efficacy and degree utility on student persistence: A path analytic study. *Journal of College Student Retention*, 3, 285–299.

Reese, R. J., & Miller, D. C. (2006). Effects of a university career development course on career decision-making self-efficacy. *Journal of Career Assessment*, 14, 252–266.

Robbins, S. B., Lauver, K., Le, H., Davis, D., Langley, R., & Carlstrom, A. (2004). Do psychosocial and study skill factors predict college outcomes? A meta-analysis. *Psychological Bulletin*, 130, 261–288.

第六部分

重要简报：关于批判性思维的简要报告

最佳和最差:
学会像心理学家一样思考

和其他领域的教师一样,心理学教师也努力改变学生的思维模式,使其能够反映学科假设和所关注的重点(Bransford & Donovan, 2005; Middendorf & Pace, 2004)。与一般的自然科学和人文科学专业的学生相比,心理学和社会科学专业的学生在统计学和方法论推理方面的表现更好(Lehman & Nisbett, 1990)。这种认知转变是何时、如何发生的?其中一个可能的原因是心理学中的研究方法课程。在这些课程当中,学生批判性地评估已发表的实证研究报告(Hubbard & Ritchie, 1999; VanderStoep & Shaughnessy, 1999)。

本报告中描述的作业分为两部分。这两部分作业要求学生在研究方法课程开始时评估已发表的实证研究,从而提高自身的高阶思维能力。在完成作业时,学生要阐明一套初步的标准,并在课程结束时根据自己的经验重新回顾并思考自己的原始答案。

第一部分任务:最佳的和最差的研究问题

在第一部分的最佳/最差任务中,教师要求学生选择四篇文章,这四篇文章分别能体现"最佳"和"最差"的研究问题以及研究方法。教师有意识地只给出含混不清的提示。虽然学生经常请求教师给出具体的分类标准，但除了指导学生查找和总结四篇文章，以及要求学生提供将一篇文章归为某一类的理由之外，教师不会提供其他的信息。

第二次上课时，学生会分组讨论他们的选择和标准。然后，每个小组决定每个类别中，哪些范例是最佳或最差的，并将其写在白板/黑板上与班级其他小组共同探讨。全班同学和教师再共同寻找和讨论列表中的相似点和不同点。作为课前知识测验的变体（Nuhfer, 2004; Wirth & Perkins, 2005），最佳/最差作业的第一部分帮助教师评估学生课前的知识和假设。教师还能通过全班讨论带学生预习心理学家评估研究的一系列维度和标准，包括研究在何种程度上是合乎伦理的、有效的、可靠的、系统的、可控的和中立的。

在学期开始时，学生经常将应用研究的主题归为"最佳"问题类别，而对基础研究的主题给予不太积极（"最差"）的评价。学生对人类的研究通常比对动物的研究更为积极，特别是如果这些动物是啮齿动物，若这些动物是两栖动物，则更糟。总之，这些选择表明，许多学生对动物模型的价值持怀疑态度，这种偏见使他们相信，对人类的研究更有可能直接改善人们的生活和福祉。与研究问题相比，学生在评估研究方法方面有更多的困难，至少在开始阶段是这样。因为文章的研究方法部分对他们来说太难理解，所以他们更倾向于解释为研究方法本身太差，而不是样本太小，测量方法缺乏可靠性、有效性，或者缺乏明确的操作性定义。

了解学生对"最佳"和"最差"研究问题的思考

刚开始学习研究方法的学生如何完成第一份最佳/最差任务？他们倾

向于使用哪些资源？我们通过《学生方法调查问卷》对这些问题进行探讨，该问卷的灵感来自一个著名的批判性思维测验(Condon & Kelly-Riley，2004)。我们在课程的不同阶段发放了问卷，结果表明，许多学生一开始根据自己的价值观和个人信念来选择四个例子，而非求助权威资料，如美国心理学会的伦理原则和行为准则(American Psychological Association，2002)或他们的研究方法教科书。学生普遍认为，发现研究问题和研究方法的"最差"例子比找到"最佳"例子更困难。在后续讨论中，许多学生表示，他们认为期刊上已经发表的文章并不真正属于"最差"类别。由于作为研究参与者的个人经验很少，更不用说作为研究人员的经验，大多数学生无法使用他们自己的直接观察作为答案的根据。许多学生借鉴了以前的心理学课程，并称他们也参考了其他人(例如，其他教师或心理学中"重要"研究著作的作者)认为有价值或有缺陷的资料。

问卷调查的结果也显示，学生认为最开始的最佳/最差课堂讨论是有价值的，他们很喜欢这个任务。有代表性的课程评价包括："它迫使我思考诸如文章的意义和使用伦理/科学方法研究问题的重要性""这是促使我们思考的很好的任务""寻找文章中的错误实在是太有趣了，这也有助于我们完成自己的文章"。学生也注意到："作业的模糊性是好的，我们可以选择我们想要的任何材料，但它也让我们很难决定使用什么。"

第二部分任务：对"最佳"和"最差"任务的回顾

课程结束时，学生将重新回顾他们对最佳/最差任务的最初反应，并重新阅读他们对当时所作选择的解释。然后结合已学过的研究方法课程，他们要考虑以下三点：(a)是否在任何一个类别中增加或减少选择，(b)他们评估研究问题和研究方法的标准是否已经改变，(c)课程中的哪些具体因素对他们关于研究价值的思考影响最大。学生的回答清楚地表明，他们注意到了教师和教科书中突出强调的主题和词汇，但他们也反映，自己越来越意识到，评价实证研究的维度和标准具有学科特殊性。

先前选择的"最佳方法"有时被证明存在不少内部效度问题。一名学生反思了她对非实验方法的价值和必要性的深刻理解："现在，当我回顾我选择的'最差方法'，它似乎一点也不糟糕……我现在明白，没有其他办法来研究这种关系，因为进行实验是不道德的。"大多数学生不会改变他们最初选择的范例，但其中许多人认识到他们选择的"最佳"方法存在缺陷，或受到某些条件限制，只是他们之前没有注意到。

学生倾向于通过以更具批判性的眼光看待研究方法和研究实验的有效性，而不是以主观标准来重新评估他们最初的选择，比如，这个话题是否与个人兴趣有关。一些学生评论道，这门课"让我注意到好的研究程序和操作性定义的重要性"，而其他学生则对外部效度进行了观察，例如，"在上这门课之前，我从未真正考虑过它。我从未想过这些研究结果可以推广到什么程度，也从未想过将这些研究作为一项优秀研究的标准"。另一个常见的结果是，学生认识到不确定的结果不一定是糟糕研究的标志："无论研究是否发现了有意义的数据，如果研究人员能正确地进行研究，那么就能让我学到很多东西。"一位学生写道："研究方法课程提供给我一个评价研究的准则，让我不仅仅依靠自己的主观意见去评价研究……我评价每篇文章好或坏的能力改变了……现在回想一下，很容易判断出我在谈论令人混淆的变量……正是这些在术语和词汇方面的进步，对我这学期写实验报告的思路和方向有很大的帮助。"

在识别有价值的影响时,许多学生都认可了自己开展研究的价值(在小组中工作,进行了自然观察,设计并完成了一项调查,还提出了一个"完美"实验的建议——所有这些都有一个共同的主题)。学生还指出,在思考研究意义的过程中,影响最大的是我们实实在在地完成了研究。一名学生的课后自我评估也体现了其他学生的观点:

> 我认为我更加了解研究的潜在问题和优势。我觉得凭借我的新知识,我更有资格去客观评价一项研究是好是坏,及其原因。了解不同的学习方法及其优点和缺点,伦理限制以及内部和外部效度等问题使我能够以心理学家的眼光去评估研究,而不仅仅是以学生的身份和视角。

课程结束后,通过对自己最开始选择的最佳/最差研究实例和相关理由进行反思,学生正在学习像心理学家一样去看待和思考问题。

达娜·格罗斯

参考文献

American Psychological Association. (2002). Ethical principles of psychologists and code of conduct. Retrieved June 4, 2007, from http://www.apa.org/ethics/code2002.html

Bransford, J. D., & Donovan, M. S. (2005). Scientific inquiry and how people learn. In M. S. Donovan, & J. D. Bransford (Eds.), *How students learn history, mathematics and science in the classroom* (pp. 397 – 419). Washington, DC: National Research Council, National Academies Press.

Condon, W., & Kelly-Riley, D. (2004). Assessing and teaching what we value: The relationship between college-level writing and critical thinking abilities. *Assessing Writing*, 9, 56 – 75.

Hubbard, R. W., & Ritchie, K. L. (1999). The human subjects review procedure: An exercise in critical thinking for undergraduate experimental psychology students. In M. E. Ware & C. L. Brewer (Eds.), *Handbook for teaching statistics and research methods* (2nd ed., pp.235 - 236). Mahwah, NJ: Erlbaum.

Lehman, D. R., & Nisbett, R. E. (1990). A longitudinal study of the effects of undergraduate training on reasoning. *Developmental Psychology*, 26, 952 - 960.

Middendorf, J., & Pace, D. (2004). Decoding the disciplines: A model for helping students learn disciplinary ways of thinking. *New Directions for Teaching and Learning*, 98, 1 - 12.

Nuhfer, E. B. (2004). Build a knowledge questionnaire for better learning. *Nutshell Notes*, 12 (1). Retrieved March 1, 2007, from http://www.isu.edu/ctl/nutshells/nutshell12-1.html

VanderStoep, S. W., & Shaughnessy, J. J. (1999). Taking a course in research methods improves reasoning about real-life events. In M. E. Ware & C. L. Brewer (Eds.), *Handbook for teaching statistics and research methods* (2nd ed., pp. 242 - 244). Mahwah, NJ: Erlbaum.

Wirth, K., & Perkins, D. (2005). Knowledge surveys: An indispensable course design and assessment tool. *Proceedings: Innovations in the Scholarship of Teaching and Learning Conference*. St. Olaf College/Carleton College. Retrieved March 1, 2007, from http://www.macalester.edu/geology/wirth/WirthPerkinsKS.pdf

作者说明

关于本文的信函可邮寄给达娜·格罗斯(邮寄信息:Dana Gross, St. Olaf College, 1520 St. Olaf Ave., Northfield, MN 55057-1098);电子邮箱:email grossd@stolaf.edu。

本报告中描述的作业改编自作者在明尼苏达大学攻读儿童发展研究所安·D. 皮克(Anne D. Pick)博士的硕士研究生学位时完成的研究方法课程。可以通过联系作者获得本报告中描述的最佳/最差任务和《学生方法调查问卷》的两部分副本。

个人目标说明作为提升写作和反思技巧的工具

研究人员和教师已经开始探索学生在大学一年级面临的独特挑战（参见 Feldman，2005）。在提高升学率的驱动下，许多大学制订了"第一年体验"计划（"first year experience"，简称 FYE）（Upcraft，Gardner，& Barefoot，2004）。我们大学将跨课程写作项目作为一项 FYE 作业。教师请学校新生编写一份个人目标说明，帮助其在大学一年级和心理学专业方面取得成功。

心理学专业一年级的学生在第一学期学习心理学导论课程时，要完成附加在导论课程中的一小时"研讨会"。心理学课堂当中有许多鼓励个人反思的写作任务（例如，Butler，Phillmann，& Smart，2001；Connor-Greene，2000；Fallahi，Wood，Austad，& Fallahi，2006；Henderson，2000；Miller，1997）。这个研讨会上集中安排了如下写作任务：学生、教师与（大三和大四的）写作助教同学一起创建他们在大学期间的个人目标说明。

这项写作任务分四个阶段进行。首先，学生要从学校的使命和目标出发，写下自己的学术目标。其次，根据学术和专业资源撰写职业目标。其三，讨论个人目标，包括课外活动、社区服务和个人发展（例如，生活重点、核心价值观)目标。最后,将这些部分整合在一起,写出一份完整的个人目标说明。

这项任务使学生熟悉自己要在大学完成的目标和学校提供的服务,并鼓励他们批判性地思考他们的教育目标和人生目标。这项任务有助于学生在本科生涯早期构建职业规划。心理学一年级采用的目标陈述作业成功地培养了学生在大学阶段所需的写作技能,并在大学教育的总体目标和背景下引入了诸如设定学术目标、职业探索和个人发展等问题。

个人目标说明写作的任务

个人目标说明是一篇综合性的文章,其中包括学术、职业和个人目标。这份长达五页的声明包括参考文献。作业得分会综合学生的写作风格、学生展示目标和价值观的方式以及思考和反思的程度。得分不考查学生的实际目标和现实的价值观。

目标说明涉及三个主题:学业目标、职业目标和个人目标/承诺。为了帮助学生撰写个人目标说明,我们采用围绕这三个主题的课堂演讲和小组活动。针对学术目标部分,来自学术支持中心的大学工作人员向学生介绍学习技巧和时间管理方法。我们还让学生参与课堂活动,旨在推动学生讨论大学的目标说明和毕业生的预期目标。针对职业目标部分,我们邀请专业心理学家到大学分享和讨论他们的经历。此外,我们还组织了一个由心理学专业毕业生组成的小组,他们都在从事心理学以外的职业(例如在医学领域、执法机构工作)。两个小组都讲述了他们的本科心理学训练是如何为他们的工作做准备的,小组成员就如何在大学里充分利用时间向学生提出建议。针对个人价值观部分,我们邀请学校行政部门的教职员工和学生一起探讨个人原则和价值观对个人发展的作用。

在介绍学业、职业和个人目标的经验之后,教师及来自大学写作中心的写作助教同学与学生一起研究如何将他们的想法转化为结构化的写作任务。目标说明任务以草稿的形式完成,以便学生有机会逐步提高他们的写作技巧并不断完善他们的想法。(每个部分的课堂练习和头脑风暴练习,请参阅表15。完整的目标说明摘录见附录。)

表15 个人目标说明各个部分的课堂练习和头脑风暴练习示例

学业目标
你为什么上大学?
你的学业目标是什么?
大学所说的目标和你的目标在多大程度上相符?

职业目标
你期望自己选择什么样的职业或工作?
如果不考虑金钱报酬,你会选择做什么?
你认为职业生涯中最重要的是什么?
找出两篇有关你想要探索的某个心理学专业问题的文章。这些文章为何引起你的兴趣?

个人目标
列出你想要的五件物品。
考虑个人生活时,你认为哪些活动或人最重要?
你钦佩的人有什么你想要效仿的品质?
在你成长的过程中,最能激励你的是什么?

评估目标说明的撰写结果

南方一所大学的心理学专业有70名大一新生报名。他们都是适龄大学生。为了检验学生的写作能力在课程教学前后的提升,我们在三个时间点对 10 名学生的写作进行了评估：进入项目前的样本，第一学期末的样本，以及学年末的样本。在学年结束时，两名未参与该项目的英语系教师采用自行开发的题目评估每个样本，使用 6 点综合量表来评估以下每种写作技巧：论文的要点、组织的有效性、观点和证据的提出、论证的力度和清晰度以及语法和写作技巧的正确性。

个人目标说明

学生在项目开始前的写作水平与他们在第一学年结束时的写作水平差异最大。项目开始前的平均得分（$M=2.95$）显著低于期末最终得分（$M=5.25$），$t=-6.41$，$p<.001$。除了一名学生（保持不变）之外，所有学生从写作开始前到最终的写作水平都有显著提高。

仅查看第一学期的话，七名学生第一学期结束时的作业水平相比较学期开始前有所改善（一名学生水平下降，一名保持不变，一名没有最终数据）。学期开始前的作业平均得分（$M=2.95$）显著低于第一学期期末作业（$M=4.61$），$t=-3.95$，$p=.004$。

当考察一个学期到下一个学期迁移学习的效果时，有六名学生表现出了进步（一名学生水平下降了，两名学生保持不变，一名学生没有期末数据）。第一学期期末作业的平均分数（$M=4.61$）低于学年期末作业的平均分数（$M=5.25$），$t=-2.14$，$p=.065$。

来自学生的质性报告表明：在此过程中，学生制订了具体的学术、职业和个人目标，并且他们发现该作业很有用。学生给出的评论包括"我喜欢心理学家和心理学专业工作者（但不是心理学家）构成的小组成员""写论文提升了批判性思维，有助于按照美国心理学会格式进行写作""（个人价值观的）演讲很有意思""（优点是）将个人价值观和目标可视化"。

撰写个人目标说明的好处

正如斯蒂芬·科维(Stephen R. Covey)在其畅销书《高效人士的七个习惯》(*The Seven Habits of Highly Effective People*)中所描述的那样,个人目标说明"关注你想成为什么(角色),你想做什么(贡献和成就),以及个人生活、处世的价值观和原则"(Covey,1989,p.106)。这项任务可能带来许多长期的好处。这种经历为学生提供了一个正式审视他们生活的机会,有助于他们评估自己的想法、感受和价值观,并帮助学生将自己的想法和需要与他人的想法(如父母和朋友)区分开来。这项任务有可能为学生的价值观提供指导,并有助于制订长期目标。我们计划在大学生涯结束时再次对学生进行评估,从而考察这项任务的长期益处。

研究结果表明,该项目成功地帮助学生不断完善他们的目标。除了提高写作能力,这项任务还为学生提供了一个审视他们生活的机会,有助于他们评估自己的想法、感受和价值观并制订长期目标。我们计划继续将这项任务作为心理学第一年学习的一部分,并在学生完成学业的过程中评估这项作业的长期价值。

劳伦斯·本杰明 刘易斯,伊丽莎白·约斯特·哈默

参考文献

Butler, A., Phillmann, K., & Smart, L. (2001). Active learning within a lecture: Assessing the impact of short, in-class writing exercises. *Teaching of Psychology*, 28, 257–259.

Connor-Greene, P. (2000). Making connections: Evaluating the effectiveness of journal writing in enhancing student learning. *Teaching of Psychology, 27*, 44–46.

Covey, S. (1989). *The seven habits of highly effective people.* New York: Free Press.

Fallahi, C. R., Wood, R. M., Austad, C. S., & Fallahi, H. (2006). A program for improving undergraduate psychology students' basic writing skills. *Teaching of Psychology, 33*, 171–175.

Feldman, R. S. (2005). *Improving the first year of college: Research and practice.* Mahwah, NJ: Erlbaum.

Henderson, B. B. (2000). The reader's guide as an integrative writing experience. *Teaching of Psychology, 27*, 130–132.

Miller, S. (1997). Self-knowledge as an outcome of application journal keeping in social psychology. *Teaching of Psychology, 24*, 124–125.

Upcraft, M. L., Gardner, J., & Barefoot, B. (2004). *Challenging and supporting the first-year student: A handbook for improving the first year of college.* San Francisco, CA: Jossey-Bass.

附录：

个人目标说明摘录

作为一名心理学专业的学生，我很难理解为什么有人会选择其他专业，因为对人类心智的研究与我们每个人都有联系。不过，关于个人目标说明，我仍然有一个重要的疑问：我如何将其与对运动和医学的热爱结合在一起？我已经开始了解这个问题的答案，但仍需要更加完善。由于家庭的高度重视，我希望自己始终保持成绩优异、道德高尚，以塑造我未来的品格。在我的职业生涯、个人和学术目标中，我意识到自己希望在运动医学方面取得成功，拥有没有压力的生活，并跟随自己的信仰。我还想仿效我母亲的特质。

首先，我的愿望是成为运动医学领域的医生……

我计划在洛约拉接受良好的教育，这将为我的职业生涯奠定一个稳定的基础，减轻我的压力。在我的成长过程中，我有时看到父母的医生朋友，他们的生活蓬勃向上，幸福快乐……

此外，我的宗教信仰伊斯兰教，在"我是谁""我想成为什么样的人"这样的问题上扮演着重要的角色……

最后，我的榜样应该具有这样一些特质：拥有信任、爱、乐观、无私和勇气。我只能在一个人身上找到所有的这些特质，她就是我的母亲……

总之，作为一名运动医学领域的医生，我希望能够供养家庭，这反过来也会让我快乐。始终追随我的信仰和按照母亲的方式为人处世，我相信会在未来帮助到我。我觉得选择心理学作为我的专业是一个正确的决定，它将有助于我在运动医学领域的职业生涯。

基于模块的研究项目：
心理学中批判性思维的研究模型

即使给予学生长篇累牍的提示和详细的例子，如果要求他们写一篇研究论文，结果往往仍会不尽如人意。很明显，这项任务是艰巨的，部分原因可能是学生对写作目的缺乏理解。我们建议，为了给高年级课程打下基础，应该用一部分导论课程来解释研究过程以及研究过程如何推动了心理学内容的演变。我们提供了一个研究项目样本，包括10个实践类的渐进式模块，旨在示范批判性思维如何成为心理学研究过程中不可或缺的一部分。在这个过程中，学生可以通过阅读研究论文和回答相关问题获得知识，从而为导论部分的学习提供支持。他们通过参与研究了解如何进行研究，以及学习如何收集、分析、讨论数据。该研究项目以期末研究论文和课堂海报展示作为成果。

项目概况

该研究项目以一项实验为基础：研究打电话对开车的影响。这是一个学生感兴趣的话题，很容易在课堂上开展讨论。研究的假设是手机通话会导致被试在迷宫中行走的速度减慢,以及认知负荷记忆任务的准确性下降。我们选择了若干篇文献进行文献综述,讨论手机使用对驾驶的影响。在实际的课堂实验中,学生可作为实验人员或者作为被试。最基本的方法是先做一个记忆力测试,将其结果作为基线分数;然后,一半的被试在教室里走迷宫时继续接受记忆力测试,而剩下的被试只是在走迷宫的时候听手机里随机播放的单词。教师分析数据并与学生分享,然后将其纳入研究结果部分,并在讨论部分得出结论,说明这些发现与手机使用对开车的可能影响之间有何关联。

步骤1—3:文献综述

在步骤1—3的每一步当中,学生都会阅读有关手机使用和驾驶的文章。针对每篇文章,学生回答9到12个与研究目标、研究方法、研究结果和研究结论有关的问题。这些模块让学生了解如何研究感兴趣的问题。在课堂上,对于科学方法和研究实践的学习,讲座和讨论同等重要。

第1步

示例问题:"关于手机使用和驾驶汽车相关关系的两个研究,其研究假设是什么?(提示:在引言部分,它们是用斜体字设置的。)每个假设的重点是什么?"(Strayer & Johnston,2001)

第2步

示例问题:"什么是单一任务,什么是双重任务?"(Spence & Read,

2003)

第3步

示例问题:"在讨论部分中提出的主要研究结果是什么?"(Radeborg, Briem, & Hedman, 1999)

步骤 4—10:研究、写作和结果呈现

第4步:引言

在这一部分,学生采用了一个引言模板,并根据他们在步骤1—3中学到的内容填写缺失的信息。他们还根据提供的美国心理学会格式的例子(American Psychological Association, 2001)正确引用了文献,并创建了一个标题页。该模块可以让学生了解引言中包含的信息类型,如何撰写引言,以及如何从研究文献中得出假设。

第5步:方法部分

学生在进行或参与课堂实验后会撰写这一部分的内容。学生了解到,方法部分的目的是概述如何验证假设。他们了解到方法的精确性是很重要的,这样可以使其他研究人员复制该研究。要完成此步骤,学生会获得关于在研究中应该包含哪些信息的指导。他们使用简化的图表来完成这一部分。

第 6 步:实验结果

学生从课堂实验中得到教师分析的数据。他们收到的信息包括:发现(或没有发现)具有统计学意义的显著性结果意味着什么,对行为研究结果的解释是什么,以及如何报告数据。教师以表格形式呈现数据,以便更容易地以适当的统计标注方法呈现数据。学生还会看到"结果段落"示例作为写作模板。

第 7 步:讨论

与引言部分的作业类似,学生在此模块中同样会使用模板。在这一部分,学生将学习如何根据文献讨论研究结果以及如何思考理论和实践意义。

第 8 步:摘要和参考文献

在实施研究及完成报告之后,学生根据指南来撰写摘要,以便概括相应的内容。对于参考文献,学生使用编排好格式的参考文献示例,并对参考文献进行排序。

第 9 步:订正和组合最终论文

学生将收到标有教师批注的不同的文章部分。学生会修改期末论文的初稿,并按照作业要求将各部分组合到一起。学生将这份期末报告与修改后的第一稿一起提交,这样教师就可以比较第一稿和终稿。

这个模块的好处是通过向学生展示研究问题的探究、验证、报告和讨论,帮助学生学习组合研究文本的所有部分。学生最终组合成的论文可以成为将来撰写其他研究论文时的参考。大多数学生在查看完整的文本时会体会到成就感。

第10步：展示海报

最后，学生了解到，研究人员通过在专业会议上展示海报来与同事分享他们的发现。因此，最后一步是让学生饶有兴致地和创造性地以简洁、易读、有吸引力和信息丰富的方式展现研究结果。在一个迷你会议风格的海报展示环节中，教师会询问学生关于研究的问题，以模拟专业会议场景。

评估批判性思维

此处概述的基于模块的方法有若干机会评估学生的批判性思维。首先，当学生上交讨论课的初稿，并收到教师修改过的初稿时，就可以对批判性思维的初步实践进行评估。其次，对研究方法的内容和应用的评估出现在课程考试中。最后，可以对整个项目开展真实评估（Halonen et al., 2003；Palomba & Banta, 1999），因为该项目是心理学科学方法在现实世界的翻版。

结论

本项目的目的是帮助学生理解研究方法，帮助学生思考如何利用科学方法指导研究过程，以及研究方法如何成为课程内容的基础，从而使心理学导论课程的学生熟悉研究过程。然而，最重要的是，这项任务示范了批判性思维如何成为这一过程不可或缺的一部分。这是因为学生阅读、考察和探索已发表的研究,从中可以得出一个有待验证的假设性问题。学生将学习如何利用研究结果支持、修正或反驳一个理论,从而展示科学的动态发展过程。

尼娜·拉姆森,凯瑟琳·基普

参考文献

American Psychological Association. (2001). *Publication manual of the American Psychological Association* (5th ed.). Washington, DC: Author.

Halonen, J. S., Bosack, T., Clay, S., & McCarthy, M. (with Dunn, D., Hill IV, G. W., et al.). (2003). A rubric for learning, teaching, and assessing scientific inquiry in psychology. *Teaching of Psychology, 30*, 196–208.

Palomba, C. A., & Banta, R. W. (1999). *Assessment essentials: Planning, implementing, and improving assessment in higher education*. San Francisco: Jossey-Bass.

Radeborg, K., Briem, V., & Hedman, L. R. (1999). The effect of concurrent task difficulty on working memory during stimulated driving. *Ergonomics, 5*, 767–777.

Spence, C., & Read, L. (2003). Speech shadowing while driving: On the difficulty of splitting attention between eye and ear. *Psychological Science, 3*, 251–256.

Strayer, D. L., & Johnston, W. A. (2001). Driven to distraction: Dual-task studies of simulated driving and conversing on a cellular telephone. *Psychological Science, 6*, 462–466.

在心理学课堂上有效运用阅读工坊教学法

"阅读工坊"(literature circles)作为一种跨学科方法,有效地教会学生批判性地思考各种文本。虽然阅读工坊的形式通常用于英语课堂,但我发现可以很容易地将其引入心理学课程中,以提升学生的批判性思维。阅读工坊提高了学生的高阶思维能力,因为学生可以进行自我指导学习,并与其他学生就特定的文本进行互动,同时也培养学生的求知欲。劳埃德(Lloyd, 2004)强调,与朗读或导读任务相比,阅读工坊让学生对自己的学习负有更大的责任。学生通过批判性阅读和提问策略为阅读工坊讨论做准备(Lloyd, 2004)。通过朗读和导读,教师提出讨论问题并控制讨论过程。相比之下,阅读工坊的关键在于以学生为中心的学习,而教师只充当助推者。

阅读工坊的起源

当罗伯特·普罗布斯特(Robert Probst, 1994)的文章《读者反应理论和英语课程》(Reader-Response Theory and the English Curriculum)在《英文杂志》(English Journal)上发表时,阅读工坊的概念得到发展。从

本质上讲,读者反应理论强调读者和阅读过程(Fischer,2000;McManus,1998)。这一概念适用于心理学课堂,因为读者反应理论强调个体的假设和文化规范如何影响文本的阅读(McManus,1998)。读者反应理论的运用鼓励读者揭示文本中的不足和矛盾,并就自己的感知提出问题(Fischer,2000)。通过具有挑战性的假设,学生必须评估他们收集信息的来源的有效性,从而强化他们的批判性思维能力。

此外,教师还应示范提问技巧。正是这些技巧突出体现了成为一个有思想的读者的价值(Lloyd,2004)。

应用于心理学课堂

我将阅读工坊概念应用于高阶心理学课堂有三个主要原因:让学生接触各种心理学话题,应对各种阅读水平的学生,教授批判性思维和阅读技巧。首先,学生在相对较短的时间内体验各种话题,例如患有精神疾病的人的经历或多种学习理论的比较。我根据流派、主题和长度为学生提供四到八个阅读选择,同时也兼顾学生不同的阅读水平。讨论组是基于所选书籍组成的,因此,小组中的所有学生都阅读同样的书。理想情况下,这些小组将包含四到八名成员。

这个学期的第一个阅读工坊,我经常提供非常受欢迎的非小说题材读物,例如《拯救奥菲莉亚》(*Reviving Ophelia*)(Pipher,1994),《不安的心》(*An Unquiet Mind*)(Jamison,1995)和《血签名》(*Blood Done Sign My Name*)(Tyson,2004)。我们也讨论小说中存在的心理学概念,如《麦田里的守望者》(*Catcher in the Rye*)(Salinger,1951)和《蝇王》(*Lord of the*

Flies)(Golding,1955)。此外,更多当代小说,如《夜间小狗好奇事件》(Curious Incident of the Dog in the Night-time)(Haddon,2004)也在阅读工坊中发挥了较好作用。使用通俗文学可以更好地吸引学生的注意力,使他们对阅读感兴趣。一旦学生熟悉阅读工坊的过程,课程就会转向更具挑战性的作品、原始文献和科学数据。此外,在课程早期采用通俗文学,使我能够尽早接触学生对心理学的假设,并使他们转向科学方法。在一个学期中,我的班级通常参与三个阅读工坊体验。通过这个过程,学生对自己的阅读和批判性思维能力逐渐增强了信心。

随着学习的推进,我开始在阅读工坊中加入含有更多心理学概念的文本,例如霍克(Hock,2004)的《改变心理学的四十项研究》(Forty Studies that Changed Psychology)。通过这一文本,学生可以选择阅读章节而不是整本书,可以让小组更深入地关注某一特定研究。我也用过蒂姆·卡塞尔(Tim Kasser,2002)的《物质主义的高昂代价》(The High Price of Materialism)和罗伯特·斯滕伯格(Robert Sternberg,2004)的《恨的心理学》(The Psychology of Hate)。两者都提供了社会心理学的极好话题。

此外,阅读工坊概念有助于应对导论课程或高阶心理学课程学生的各种阅读水平,因为教师可以选择各种难度的文本。通常,不太熟练或缺乏经验的读者不会在阅读理解中发挥积极作用,而且不太愿意弄懂自己的困惑(Day,Spiegel,McLellan,& Brown,2002,p.134)。然而,通过阅读工坊,不情愿的读者对阅读有了更深的理解,学会了独立思考(Day et al.,2002)。作为一名教师,我意识到,并非进入我课堂的所有学生都具有相同的阅读理解能力,因此我必须找到合适的方法以便所有学生都可以读懂材料。我允许学生在最终选择读物之前把书浏览一遍。通过阅读第一页,学生通常可以评估一本书是否适合自己的阅读水平。

阅读工坊也提供了教授阅读和思考技巧的工具。我为学生示范如何提出高质量问题以澄清意义，识别令人困惑的词汇，并探索作者的意图（Lloyd，2004，p.118）。如果学生在阅读时学会提问，他们将记住更多他们阅读到的内容。通过小组讨论，学生将学习如何更好地表达自己的想法并重视他人的观点。学生可以通过和同伴的诚恳对话成为更好的倾听者（Lin，2002）。在小组讨论之前，学生要完成一份阅读讲义，其中包括选择段落和主题来讨论和质疑文中的词汇。具体来说，首先，阅读讲义要求学生找出三个值得讨论的段落，并记录他们选择每个段落的理由。其次，学生必须在每个段落中识别和定义两个心理学术语或难以理解的词汇。其三，学生必须提出五个与阅读相关的、开放式的、体现批判性思维的问题。随后，我将那些阅读相同文章的学生分到同一组讨论。

学生参与和评估

小组讨论那天，学生必须带上他们的阅读材料和阅读讲义。每个小组都会收到关于讨论流程的清单。每个学生轮流带领小组讨论其选择的至少一篇文章和至少两个批判性思维问题。讨论一直持续到所有学生都理解了他们的文章和问题。讨论过程中，教师在课堂上走动，并听取小组的讨论，只在绝对必要时才做评论。教师听取小组讨论并收集数据，以确定需要探讨的概念和学生熟悉的概念（Day et al.，2002）。戴等人在评估学生的讨论时，为教师提供了可参考的评估方法。例如，评估可以侧重于学生对文章的理论分析，以及学生是否提供文本证据来支持观点（Day et al.，2002）。一般来说，讨论短文章的时间为40分钟，长文章为70分钟。讨论结束后，这一小组可以继续进行下一步,不管其他小组是否完成。

接下来,作为一个小组的成员,学生完成一份自我评估,回答为什么讨论某些话题以及阅读如何改变了他们的想法。此外,学生共同选择最能体现作者创作目的的一个段落,并以小组为单位评估其整体表现。小组成员将报告单交上来,每个成员的阅读讲义订在报告单后面。

在小组讨论之后的几天,该小组完成一个后续活动,以富于创意的形式将主题概念联系起来。后续活动起到评估的作用,活动成果将分享给全班,其类型因阅读主题和可用时间而异,其可能性是无穷的。例如,小组可以设计和展示教案、短剧或广告,甚至创建棋盘游戏或连环漫画。成果展示了学生如何运用心理学概念,如何理解这些概念并教给他们的同龄人。我最喜欢的一次讨论活动中,学生创建了包含重要心理学代表性实验的成比例模型实验室。当需要复习高阶心理学考试时,这些模型很好地以视觉形式呈现了理论心理学家。谁能忘记一个冒充约翰·华生的娃娃?或者附着在模拟霍布森和麦卡利(Hobson & McCarley, 1977)睡眠实验的玩具猫身上的电极?阿巴拉契亚州立大学学生考特尼·贝尔如此评论她的高阶心理学阅读工坊经验:

> 在小组中,我可以听到其他人对同一材料的看法,并且他们经常会对材料提出不同的观点和想法,这让我对该理论有了更清晰的理解。所有人都将自己的经验和自己的见解带到每次讨论中。通常,我们能够深入研究材料,而不是简单地读书。

教师不仅能看到学生阅读和赏析材料,还会看到他们学习如何表达自己的想法,倾听同学的意见,创造出令人难忘的成果来展示他们对知识的应用。这是多么令人兴奋啊!

丽贝卡·温里奇·惠勒

参考文献

Day, J. P., Spiegel, D. L., McLellan, J., & Brown, V. B. (2002). *Moving forward with literature circles*. New York: Scholastic Professional Books.

Fischer, E. A. (2000). Prescriptions for curing English teacher split personality disorder. *English Journal*, 89, 40-45.

Golding, W. (1955). *Lord of the flies*. New York: Penguin Books.

Haddon, M. (2004). *The curious incident of the dog in the night-time*. New York: Vintage.

Hobson, J. A., & McCarley, R. W. (1977). The brain as a dream-state generator: An activationsynthesis hypothesis of the dream process. *Journal of Psychiatry*, 134, 1335-1348.

Hock, R. (2004). *Forty studies that changed psychology* (5th ed.). Upper Saddle River, NJ: Prentice Hall.

Jamison, K. R. (1995). *An unquiet mind: A memoir of moods and madness*. New York: Vintage.

Kasser, T. (2002). *The high price of materialism*. Cambridge, MA: The MIT Press.

Lin, C. (2002, October). Literature circles. Retrieved April 2, 2008 from http://www.indiana.edu/~reading/ieo/digests/d173.html

Lloyd, S. L. (2004). Using comprehension strategies as a springboard for student talk. *Journal of Adolescent and Adult Literacy*, 48, 114-124.

McManus, B. F. (1998, October). Reader-response criticism. Retrieved June 24, 2007, from http://www.cnr.edu/home/bmcmanus/readercrit.html

Pipher, M. (1994). *Reviving Ophelia: Saving the selves of adolescent girls*. New York: Ballantine Books.

Probst, R. E. (1994). Reader-response theory and the English curriculum. *English Journal*, 83, 37-44.

Salinger, J. D. (1951). *The catcher in the rye*. New York: Little, Brown Books.

Sternberg, R. J. (2004). *The psychology of hate*. Washington, DC: American

Psychological Association.

Tyson, T. B. (2004). *Blood done sign my name*. New York: Three Rivers Press.

作者说明

特别感谢汤娅·辛顿(Tonya Hinton)和约翰·维拉斯(John Velasquez)协助编写稿件,以及考特尼·贝尔(Courtney Bell)作为一个学生所提出的见解。

有关这篇文章的信件可邮寄至丽贝卡·温里奇·惠勒(邮寄信息:Rebecca Wenrich Wheeler, Social Studies Department, Southeast Raleigh Magnet High School, Raleigh, North Carolina, 27610)

电子邮箱:rwheeler1@wcpss.net。

通过辩论和反思引入有争议的心理学问题

在心理学教育文献中,批判性思维通常是指学生思考论据的质量以及支持证据、定义术语或验证基本假设的能力(Yanchar & Slife,2004)。为了培养这种分析能力,教师采用多种教学策略和任务形式。不幸的是,这样的任务通常是相互独立的,而不是建立在其他任务的基础之上,往往也只有一个观众(教师)。此外,教师只有在学生展现其思维能力的几天甚至几周后才收到书面答复。为了克服这些问题,我制订了一套相关的任务来培养学生的批判性思维能力,发展他们的专业沟通技能和信息素养,加深他们对心理学中有争议问题的理解,并鼓励他们对自己及同伴的思维进行反馈(参见美国心理学会2007年的国家评估指南)。我在教授心理学导论课程时采用了这套任务系列。学生通常在学习心理学导论之后,学习本专业的其他基础课程。本课程通常招收15至25名大一和大二学生,他们都是心理学专业的学生,或者是主修专业为社会工作、商学和体育的心理学辅修专业的学生。

项目描述

本项目涉及一篇个人研究论文、一次课堂小组辩论/讨论,以及学生个人对有争议问题的回应。由 2—3 名学生组成的小组对从《立场——辩证思维训练》(*Taking Sides*)等一系列文章中选择的一个有争议的问题(例如,Nier, 2005;Slife, 2006)进行讨论。我选择这些话题是因为它们能激发学生的兴趣。这些问题集中在研究伦理(例如,在心理学研究中使用动物)和各种心理健康问题(例如,宗教活动是否有助于心理健康)等方面。

立场论文(个人任务)

选择了自己的主题后,学生分别阅读《立场——辩证思维训练》中的 2 篇相关文章,使用 PsycINFO 找到至少 4 篇原始的/学术的参考文献,并写一篇 5 页的论文。在文中,他们陈述关于这个问题的立场并为其辩护。我鼓励学生与小组中的其他人讨论并分享他们的参考文献。评分主要涵盖七个方面(论文、论证深度、来源、组织、语气、写作风格和规范)。我会对论文进行 3 个等级的评分:优秀、合格和不合格。在期末论文评分时,我将前三个方面的权重定为其他四个方面的两倍。

讨论/辩论(小组任务)

提交论文后,每个小组就他们有争议的话题进行 10 分钟的课堂陈述。当不止一个小组选择了同一个主题时,为了实现课堂讨论的目的,我将他们分为讨论的正反方。这些小组在陈述上花的时间较少,在辩论和反驳论点上花的时间较多。每次陈述结束后,全班同学都要提问,并与陈述者进行讨论。每次辩论/讨论都持续一整堂课时间(50分钟)。我会根据内容、陈述效果和回答问题的能力对其打分。

立场段落(个人任务)

课前,我指定《立场——辩证思维训练》中两篇有争议的文章作为课堂阅读材料。学生(除了那些选择这个问题作为立场论文的学生之外)阅读这两篇文章,并用电脑撰写一份1—2段的声明,反映他们对这个问题的初步立场。这项任务确保了听众相对于陈述者而言拥有更对等的信息,也更能参与到讨论/辩论中来。在每堂课的讨论/辩论结束时,学生分别就讨论/辩论如何影响他们最初的立场这个问题作简短的反思。根据学生从阅读材料或其他来源获得证据以支持观点的能力,以及他们阐述讨论/辩论如何影响他们的思维的能力,我对反映他们立场的段落进行评分。

项目评估

自我报告调查

这里的数据来源于参加我在第二学期开展的项目的20名学生。在最后一次课堂报告后的一周,学生完成一份关于项目的自我报告调查。九个问题采用了四点反应量表(1=完全不同意,4=完全同意)评估与项目相关领域的提升程度。三个开放式的问题要求学生确定项目的哪个方面最有帮助,描述如何改进该项目,并做其他评论。如表16所示,学生称他们在采用美国心理学会格式写作(American Psychological Association,

2001)、对心理学争议的认识,以及批判性思维等几个方面获得了最大进步。具体来说,学生对定义术语的重要性理解加深,批判性地评估他人立场的能力增强,使用证据支持论点的能力增强。单样本 t 检验显示,9 个自我报告均值中有 8 个显著高于反应量表的中位数 2.50,$ts(20)>2.91$,$ps<.01$。简而言之,学生认为自己在发展技能、问题意识和批判性思维能力方面取得了显著进步。

表 16 自我报告调查项目均值(标准差)

有争议的问题和研究项目	M	(SD)
……提高了我采用美国心理学会写作格式的能力	3.71	(0.56)*
……增强了我对心理学中各种争议的认识	3.52	(0.51)*
……提高了我对改变术语的定义会如何改变辩论的思考能力	3.41	(0.66)*
……提高了我在一个问题上批判性评估他人立场的能力	3.38	(0.58)*
……增强了我使用证据支持立场的能力	3.29	(0.64)*
……强化了我利用图书馆/PsycINFO 数据库的技能	3.14	(0.73)*
……提高了我陈述论文的能力	2.95	(0.65)*
……增强了我对公开演讲的信心	2.93	(0.68)*
……提高了我与他人合作的能力(耐心、灵活性等)	2.71	(0.83)

注意:项目使用四点反应量表,其中,1=非常不同意,4=非常同意。
* $p<.01$

学生的定性反馈表明,许多人认为论文最有用,其次是课堂讨论/辩论。学生报告称,他们学习到了新的观点,培养了对立场进行公开辩护的能力,学习了如何表明立场,并形成了逻辑清晰的论点而不是依靠个人观点。一些学生提出了改善项目的想法,包括采用更一针见血的话题或要求查阅未评分的草稿。"其他评论"部分出现了一些积极的评论,比如"真的让我看清了某些问题"和"我喜欢这个项目,我认为它在很多方面都很有帮助,信息也很丰富"。

课程嵌入式评估

为了评估学生在经过项目训练以后的提升程度,我设计了一个与论文格式相同的测试作为家庭作业。学生从《立场——辩证思维训练》中阅读两篇与之前不同的有争议的文章,并根据这两篇原始的/学术性的研究论文撰写一篇5页的表明立场的论文。我在小组任务的最后一天分发并解释测试内容,然后给学生5天时间完成测试作业。我对测试和立场论文采用了相同的评分标准。立场论文的平均得分达到78.90%(标准差=12.80),分数介于40%至98%之间。学生最明显的错误是未能提出一个清晰的论点,未能明确地定义术语,或未能进行反驳。在全部20篇论文中,只有7篇获得了"优秀",10篇获得"不合格"。相比之下,测试作业的平均分达到87.43%(SD=8.26),分数从70%到99%不等。除了两名学生外,所有学生都获得了"优秀",表明学生在这一方面的能力有了明显的提升。

改进

根据学生和我自己对本项目的评估,我希望在以后的课程中做一些调整。例如,有些阅读材料对于学生目前的水平来说太难了,所以我会找一些更适合他们的材料。我还考虑参与小组会议,进一步鼓励采取小组负责制进行研究以及为辩论做准备,这也是一种提前检查问题或冲突的方法。最后,我还同意学生提前几天提交论文初稿,以获得形成性反馈。

结论

本项目是培养刚入门学生批判性思维能力和专业技能的有效手段,并能够有效提醒学生注意心理学中一些有争议的问题。学生学习了如何查找和阅读研究论文,如何撰写有力的论据为自己的观点辩护,如何与他人一起准备演讲,如何回应问题与他人提出的论点,并学会听取他人对其他主题的定义和论点。这种不以教师为中心的形式也提高了学生的学习能力。

谢里·B. 兰蒂加

参考文献

American Psychological Association. (2001). *Publication manual of the American Psychological Association* (5th ed.). Washington,DC:Author.

American Psychological Association. (2007). *Applying assessment strategies in psychology:Critique of assessment strategies applied to goals and outcomes*. Retrieved March 21,2007,from http://www.apa.org/ed/critique_study.html

Nier, J. A. (Ed.). (2005). *Taking sides:Clashing views on controversial issues in social psychology*. Dubuque,IA:McGraw-Hill.

Slife, B. (Ed.). (2006). *Taking sides:Clashing views on controversial psychological issues* (14th ed.). Guilford,CT:McGraw-Hill/Dushkin.

Yanchar, S. C., & Slife, B. D. (2004). Teaching critical thinking by examining assumptions. *Teaching of Psychology*,31,85-90.

作者说明

有关本文的信件可寄至谢里·B. 兰蒂加(邮寄信息:Sherri B. Lantinga, Associate

Professor of Psychology and Dean of the Social Sciences, Dordt College)。电子邮箱：lantinga @ dordt.edu。

有关作业的详细信息,请登录网站 http://homepages.dordt.edu/～lantinga/ IPS / index.html 进行查询。

批判性思维实验室：
通过实际应用培养学生的技能

批判性思维能力的发展被广泛视为本科生学习的重要成果。鼓励批判性思维是心理学导论课程教学的一个重要组成部分（例如：Matlin, 1997；Myers, 1997）。潜在的雇主通常认为批判性思维能力非常重要。简而言之，批判性思维价值千金（Furedy, 1988, p.42）。

然而，在实际操作中，这些技能的教学往往在传统的课程中被压缩（例如，Barber, 2002）。以下的课堂体验练习明确反映了心理学导论课程为促进批判性思维能力发展所作的贡献。根据芬克的研究成果（Fink, 2003）改编的"批判性思维实验室"活动强调学生对二手来源的课程内容的分析和评估技能。这个练习的主要目的是提供一个结构化的、协作的学习环境，在这个环境中，学生可以通过分析和评估一个特定的心理学观点来完善和应用他们的批判性思维能力。此外，该练习使得学生朝着共同目标开展合作，以口头方式向全班同学展示他们对观点的评估，提供机会来提升学生的沟通能力。

在开展批判性思维实验室活动之前的一周内，教师要求学生在新闻媒体中找到一篇简短的关于人类行为或健康的文章。学生可能会在新闻杂志、报纸或各种网络媒体上看到文章中的观点。活动当天,学生将他们的文章带到课堂上并分成小组(我们建议最多8组,每组5名成员)。每个学生都会向小组简要介绍其观点。每个小组必须选择一个观点进行集体评估。然后教师通知学生制作一张海报,描述他们对该观点的评估。课程结束时,学生将简要介绍该观点,对观点的有效性进行评价并给出结论。每个小组至少遵循以下方式来合作评估观点:

- 列出相信这种观点属实的所有理由。
- 列出所有质疑该观点或认为其不真实的理由。
- 说明文章在多大程度上提供了支持性证据。
- 说明文章中提供的证据在多大程度上令人信服。

此外,每个小组就该观点形成一致的结论(例如,有足够的证据支持该观点可能是真实的,或支持该观点的证据不足)。作为鼓励,教师会告诉学生,课堂展示最好的小组成员将获得额外的学分。

材料包括牛皮纸(或类似的纸张)和记号笔。每个小组还应准备好胶带,将海报固定在教室墙上指定的位置进行展示。每组大约有5分钟(根据有多少组和离下课还有多少时间进行调整)来陈述观点,对观点进行评价以及给出结论。最理想的情况是,当每个小组在他们的海报位置展示时,全班同学在教室里来回走动,模拟一个专业会议的海报环节。在展示完所有的海报后,每位班级成员都会拿到一张便利贴,并将其贴在海报上,代表其认为该海报展示了最深思熟虑的观点评价(例如,不仅仅是最炫或设计最佳的海报)。如果学生愿意,也可以用无记名形式进行投票。教师宣布获胜组后,学生进行讨论(例如,为什么这张海报最好)。这项练习通常需要大约2个小时才能完成。在完整的2小时或者两个1小时的课程中进行,效果都不错。为了帮助学生在个性化练习中学到东西,我们在这个活动中加入了一项额外的写作作业,通过让学生总结他们所学到的,并通过重新评估他们小组在各自论文中选择的观点来展示他们的批判性思维能力。

评估和结论

33名学生在为期15周的学期结束时完成了对批判性思维实验室的评估,并在第3周和第9周进行了批判性思维实验。通过使用李克特量表(1＝无提升,3＝中等提升,5＝大量提升)进行评估,学生报告称,参加批判性思维实验丰富了他们的批判性思维知识,提升了他们批判性思维的相关能力,提升范围"从中等到大幅度"($M=3.86, SD=.78$)。使用类似量表,学生报告,这个练习是令人愉快的($M=3.98, SD=.8$),并且对他们的用处不限于课内($M=3.79, SD=.87$)。

教师还询问学生是否推荐批判性思维实验室作为今后的课程内容。除了一名学生外,所有人都建议今后采用这一练习。此外,学生作出了一些积极的评价,包括批判性思维实验室"确实有助于看到其他人如何提炼信息或批判性地思考这些文章",以及"我认为这是好的批判性思维课外实践"。学生表示,这项活动也有助于促进同学之间的合作和团队精神。有趣的是,学生的论文显示,无论是分析内容还是分析深度,与第一篇论文相比,他们在第二篇论文中更有效地运用了批判性思维能力。此外,学生展现了更强的表达能力,不仅表现在他们对小组展示结论的信心方面,还表现在他们表达结论的清晰度上。

在评估与现实问题相关研究的批判性思维能力培养方面,这不失为一项愉快而有效的活动,同时还可以提升学生的协作和演讲技巧。可以通过修改这个方法以适应不同的课程结构、日程安排和专题领域,我们鼓励读者这样尝试。最后,尽管写论文是学生在展现批判性思维能力的同时提高写作技巧的有效方式,但教师也可以省去这项任务以适应特定的课程结构。

托德·J.威尔金森,布莱恩·J.迪克,安德鲁·P.蒂克西

参考文献

Barber, P. (2002). Critical analysis of psychological research: Rationale and design for a proposed course for the undergraduate psychology curriculum. *Psychology Learning and Teaching*, 2, 95-101.

Fink, L. D. (2003). *Creating significant learning experiences: An integrated approach to designing college courses*. San Francisco: Jossey-Bass.

Furedy, J. J. (1988). Teaching critical thinking at the undergraduate level: A golden opportunity worth its weight in gold. In P. J. Woods (Ed.), *Is psychology for them? A guide to undergraduate advising* (pp. 42-48). Washington, DC: American Psychological Association.

Matlin, M. M. (1997). Distilling psychology into 700 pages: Some goals for writing an introductory psychology textbook. In R. J. Sternberg (Ed.), *Teaching introductory psychology: Survival tips from the experts* (pp.73-90). Washington, DC: American Psychological Association.

Myers, D. G. (1997). Professing psychology with a passion. In R. J. Sternberg (Ed.), *Teaching introductory psychology: Survival tips from the experts* (pp.107-118). Washington, DC: American Psychological Association.

鼓励学生批判性地思考心理疗法：克服朴素的实在论

许多学生因为想要帮助他人，所以选择在心理学领域进行深造。然而，很少有人意识到，在确定精神卫生专业人员的帮助是否有效方面，存在巨大困难。特别是许多刚入门的心理学专业学生没有认识到，确定以下两点是比较困难的：某种治疗是否比什么都不做要好；某种治疗的积极效果是否超过非特异性效应（例如，安慰剂效应，见下文；参见，Chambless & Ollendick，2001年，回顾为经验支持疗法制订标准和治疗清单）。

此外，许多学生在开始课程学习时，对心理治疗主要存在两个误解。我们认为，在学生学会批判性地思考心理治疗之前，必须纠正这些错误观念。

心理疗法：两个关键的误解

首先，许多学生认为超过500种不同流派的心理疗法都是有效的，或者至少是无害的（Eisner，2000）。许多人认为做点事情总比什么都不做要好。然而，越来越多的研究反驳了这一假设（Lilienfeld，2007；Lilienfeld，

Lynn, & Lohr, 2003)。例如，有研究表明，危机事件晤谈(crisis debriefing)是一种试图迫使创伤暴露的受害者处理与创伤相关的情绪来避免创伤后应激障碍(posttraumatic stress disorder,简称PTSD)的治疗，实际上可能会增加个体患PTSD的风险(McNally, Bryant, & Ehlers, 2002)。另一个例子是，研究表明，辅助沟通(facilitated communication)技术旨在使不说话的自闭症患者在助手的指导下，通过键盘进行沟通，这完全是无效的，它看似有效是因为治疗师无意中控制了自闭症患者的手部运动(Jacobson, Mulick, & Schwartz, 1995; Wegner, Fuller, & Sparrow, 2003)。

其次，初学者通常认为研究设计不是评估心理治疗效果所必需的。对于他们中的许多人来说，心理治疗有效的事实似乎是不言而喻的。毕竟，如果来访者可以告诉我们他们是否有所改善，治疗师可以观察来访者在各个阶段的改善效果，还需要什么复杂的研究设计呢？

朴素的实在论

我们可以用一个词概括上面初学者面临的问题：朴素的实在论(naive realism)。朴素的实在论是错误的观念，即认为世界正如我们所看到的那样(Ross & Ward, 1996)。朴素的实在论概念深深植根于大众意识中，比如"眼见为实"和"你所看到的就是你得到的"。大多数刚接触心理学的学生都是朴素的实在论者，他们没有意识到：(a)他们的假设、期望和偏见会影响他们对世界的看法；(b)重要的不可测量的变量可能解释这些看法。西格尔、坎贝尔和赫斯科维茨(Segall, Campbell, Herskovits, 1966)将这种倾向称为"现象的绝对主义"(phenomenal absolutism),并观察到:一般的观察者天真地认为世界就是他们所看到的那样,他们不加批判地接受感知到的证据。

我们认为朴素的实在论可能是教导学生批判性地思考心理治疗的主要障碍。朴素的实在论可能导致学生和接受心理治疗培训的学员错误地认为他们可以依靠感官印象来衡量治疗效果。因此,他们可能会受到他们主观临床评估的影响("我可以亲眼看到改善"),而没有意识到,来访者的明显变化可能是由于大量未被发现的、往往直觉感受不到的变量造成的。在某些情况下,他们可能准确地感知到变化,但会产生误解;在其他情况下,他们可能会察觉到实际上不存在的变化。

当学生和受训者期望看到变化时,他们可能特别容易犯这种错误,这是心理治疗后的常见情况。在这种情况下,他们的确认偏误(confirmation bias),即倾向于关注支持自己假设的证据,而忽略、贬低或歪曲那些不支持自己假设的证据(Nickerson,1998),可能导致他们感知到实际不存在的变化。具体而言,学生和受训者倾向于关注和回忆治疗后发生变化的实例,而忽视和忘记没有变化的实例,这可能会导致他们高估心理治疗的有效性。

无效的心理疗法似乎常常起作用的十大原因

学生和受训者往往不理解开展针对朴素实在论研究的必要性,特别是不理解采用随机对照设计(randomized controlled trial,简称 RCT)的研究。若想研究透彻重要的心理治疗文献或成为科学的治疗师,学生需要了解随机对照设计和其他研究设计有助于驳斥一些解释心理治疗发生明显变化的理由。这里列出了 10 个原因,解释为什么朴素的实在论可以愚弄治疗师和心理治疗的来访者,让他们在没有进行治疗的情况下也能察觉到变化(参见 Arkowitz & Lilienfeld, 2006; Beyerstein, 1997)。在我们看来,在教授本科生和研究生心理治疗时,了解这些原因应该是必要的。

1. 最初的误诊。治疗师可能将发作期病人的症状(如双相情感障碍)误诊为慢性症状(如精神分裂症)。因此,治疗师可能会将病人的自然变化误解为反映了治疗效果。

2. 自发缓解。许多处于严重心理困扰中的人会自行改善,一部分是因为他们的应对机制,另一部分原因是他们在治疗之外遇到了积极的生活事件。正如精神分析学家卡伦·霍尼(Karen Horney, 1957)所观察到的:生活本身仍然是一个非常有效的治疗师。

3. 回归平均值。在重新测试时,极端分数往往变得不那么极端。当推断心理治疗的变化时,这种现象是一个特殊的问题,因为大多数来访者在最糟糕的情况下才会寻求治疗。

4. 多重治疗干扰。许多心理治疗的来访者同时接受其他治疗(包括心理治疗和精神药理学治疗),因此难以确定变化的真正原因(Kendall, Butcher, & Holmbeck, 1999)。

5. 选择性消耗。退出治疗的患者通常比那些继续接受治疗的患者病情更严重,导致人们对接受治疗患者的治疗效果过于乐观。

6. 安慰剂效应。许多病人可能不是因为心理治疗本身的作用而改善,而是因为他们期待改善。事实上,研究表明,40% 到

60%的治疗来访者报告说,从第一次打电话联系到第一次治疗之间有明显的改善(Howard, Kopta, Krause, & Orlinsky, 1986),部分原因可能是他们预期即将到来的病情改善而在情绪上受到鼓舞。

7. 新奇的效果。人们通常会对任何可能带来改变的新干预方法表现出最初的积极反应,尽管这种反应会迅速消失(Shadish, Cook, & Campbell, 2002)。

8. 需求特征。来访者经常告诉治疗师他们认为治疗师想要听到的内容,也就是他们正在好转。

9. 努力说明理由。来访者可能觉得需要证明参与治疗付出的精力、费用和努力是合理的,从而导致病情看上去得到改善(Axsom & Cooper, 1985)。

10. 在回溯记忆中"重写"一个人最初的功能水平。研究表明,某些自我提升项目,如学习技能课程,不会改变人们的客观衡量标准。然而,他们有时会错误地认为自己有所改善,因为他们会错误地回忆自己最初的功能水平。他们回忆中自己最初的功能水平要比实际情况差(Conway & Ross, 1984)。

教育和评估的意义

在向学生介绍这十个理由之前,先让他们接触视觉错觉(如缪勒-莱尔错觉、庞佐错觉或铁轨错觉),让他们相信原始的感官印象可能具有欺骗性,这是很有帮助的(Hoefler, 1994)。这样的错觉可能有助于学生摆脱朴素的实在论。向学生提供一些案例,说明朴素实在论是如何导致他们对自然世界产生错误认识的,这可能也会有所帮助。例如,主观上认为世界是平的或太阳绕着地球转的看法。在这两种情况下,人们的原始观察误导了对现实的认识。

此外,让学生了解包括精神病学在内的医学治疗长期失败的历史可能是有用的。大多数医学史学家认为,在1890年以前,医生给病人开的大多数治疗方法(如出血、起水泡)不是无效的就是有害的(Grove & Meehl,1996)。当然,大多数医生不这么认为。同样,早期关于前脑叶白质切除术有效性的报告,大多是基于外科医生对治疗效果改善的非正式观察。早期支持前脑叶白质切除术的人写道:"我是一个敏感的观察者,我的结论是,在我的治疗之后,绝大多数病人好转了,而不是恶化。"

为了评估向学生传达朴素实在论的风险这种教学法是否有效,可以向他们展示心理疗法中患者明显得到改善的案例,要求他们对所报告的变化作出相应的解释,并鼓励他们制订研究策略,以便获得治疗有效性的更无可反驳的证据。如果学生能够准确地判断这些解释并提出控制变量的方法(例如,安慰剂对照设计),那就可以很好地摆脱朴素的实在论。

斯科特·O. 利林菲尔德,杰弗里·M. 洛尔,巴尼·O. 奥拉顿吉

参考文献

Arkowitz, H., & Lilienfeld, S. O. (2006, April/May). Psychotherapy on trial. *Scientific American Mind*, 2, 42–49.

Axsom, D., & Cooper, J. (1985). Cognitive dissonance and psychotherapy: The role of effort justification in inducing weight loss. *Journal of Experimental Social Psychology*, 21, 149–160.

Beyerstein, B. L. (1997). Why bogus therapies seem to work. *Skeptical Inquirer*, *29*, 29–34.

Chambless, D. L., & Ollendick, T. H. (2001). Empirically supported psychological interventions: Controversies and evidence. *Annual Review of Psychology*, *52*, 685–716.

Conway, M., & Ross, M. (1984). Getting what you want by revising what you had. *Journal of Personality and Social Psychology*, *47*, 738–748.

Dawes, R. M. (1994). *House of cards: Psychology and psychotherapy built on myth*. New York: Free Press.

Eisner, D. A. (2000). *The death of psychotherapy: From Freud to alien abductions*. Westport, CT: Praeger.

Grove, W. M., & Meehl, P. E. (1996). Comparative efficiency of informal (subjective, impressionistic) and formal (mechanical, algorithmic) prediction procedures: The clinical statistical controversy. *Psychology: Public Policy and Law*, *2*, 293–323.

Hoefler, J. M. (1994). Critical thinking and the use of optical illusions. *PS: Political Science and Politics*, *2*, 538–545.

Horney, K. (1957). *Our inner conflicts: A constructive theory of neurosis*. London: Routledge & Kegan Paul.

Howard, K. I., Kopta, S. M., Krause, M. S., & Orlinsky, D. E. (1986). The dose-effect relationship in psychotherapy. *American Psychologist*, *41*, 159–164.

Jacobson, J. W., Mulick, J. A., & Schwartz, A. A. (1995). A history of facilitated communication: Science, pseudoscience, and antiscience. *American Psychologist*, *50*, 750–765.

Kendall, P. C., Butcher, J. N., & Holmbeck, G. N. (Eds.). (1999). *Handbook of research methods in clinical psychology* (2nd ed.) New York: Wiley.

Lilienfeld, S. O. (2007). Psychological treatments that cause harm. *Perspectives in Psychological Science*, *2*, 53–70.

Lilienfeld, S. O., Lynn, S. J., & Lohr, J. M. (2003). *Science and pseudoscience in clinical psychology*. New York: Guilford.

McNally, R. J., Bryant, R. A., & Ehlers A. (2003). Does early psychological intervention promote recovery from posttraumatic stress? *Psychological Science in the Public Interest*, 4, 45-79.

Nickerson, R. S. (1998). Confirmation bias: A ubiquitous phenomenon in many guises. *Review of General Psychology*, 2, 175-220.

Ross, L., & Ward, A. (1996). Naïve realism: Implications for social conflict and misunderstanding. In T. Brown, E. Reed, & E. Turiel (Eds.), *Values and knowledge* (pp.103-135). Hillsdale, NJ: Lawrence Erlbaum Associates.

Segall, M. H., Campbell, D. T., & Herskovits, M. J. (1966). *The influence of culture on visual perception*. Indianapolis, IA: Bobbs-Merrill.

Shadish, W. R., Cook, T. D., & Campbell, D. T. (2002). *Experimental and quasi-experimental designs for generalized causal inference*. Boston: Houghton-Mifflin.

Wegner, D. M., Fuller, V. A., & Sparrow, B. (2003). Clever hands: Uncontrolled intelligence in facilitated communication. *Journal of Personality and Social Psychology*, 85, 5-19.

作者说明

有关本文的信件可邮寄至斯科特·O. 利林菲尔德教授(邮寄信息: Scott O. Lilienfeld, Ph.D., Professor, Department of Psychology, Room 206, Emory University, 532 Kilgo Circle, Atlanta, Georgia, 30322)

电子邮箱: slilien@emory.edu; 传真: 404-727-0372; 办公电话: 404-727-1125。

基于网络的批判性思维教学模块的有效性

理解批判性思维和科学方法在心理学课程中的重要性不容小觑(例如,Nummedal & Halpern,1995)。最近的研究不仅表明批判性思维是考试成绩的有效预测因素(Williams,Oliver,Allin,Winn,& Booher,2003),还表明了培养批判性思维能力有助于提高学生的整体思维能力(Halpern & Nummedal,1995)。在理解科学证据方面,研究表明:具有科学背景的学生在入门心理学课程中的表现优于只有艺术背景的学生(Nathanson,Paulhus,& Williams,2004)。如果学生从科学的角度开始心理学研究,运用科学证据支持他们的论点,那么他们很可能在心理学课程中获得更好的表现。

学生如何培养科学观点?有证据表明,为学生提供课程入门经验以提高他们对批判性思维的理解是有价值的(例如,Yanchar & Slife,2004)。因此,教师应该尽早设计课程单元或活动,以促进学生对批判性思维的理解和运用。本文的目的是报告基于网络的交互式教学模块的设计和评估,以提高学生对批判性思维和科学方法的理解。

批判性思维教学模块

我开发了一个基于网络的交互式批判性思维教学模块。该教学模块的开发目的是提高学生使用科学方法和批判性思维的信心,并增加他们对两者的了解。该教学模块包含三个互动任务,一个侧重于科学方法,另外两个侧重于批判性思维(Dietz-Uhler,2005)。但请注意,本文仅讨论前两个任务。

在我的心理学入门课程中,第一项任务的目标是在理论和实践中理解科学方法。该教学模块提供有关科学方法的基本信息,最重要的是目标、步骤和数据收集方法。然后,学生进行互动,使用科学方法的五个步骤设计(但不进行)研究(提出假设,设计研究,提供数据收集计划,提供数据分析计划,并指出可能的媒体报告研究结果)。学生将他们对每一步的设计输入一个基于网络的表格,然后提交给我。

第二项任务的目标是理解批判性思维。我给学生一个简单的批判性思维定义以及批判性思维者的特征(Smith,1995)。然后,学生参与互动,他们会思考两个论点。一个论点提供了科学证据来支持作者的断言(例如,"证据表明,如果可求助的人数较少,处于紧急情况下的人更有可能获得帮助");另一个论点依赖于个人经验(例如,"个人经验表明,在紧急情况下可以提供帮助的人越多,获得帮助的可能性就越大")。学生指出哪个论点对他们而言更有说服力,并说明为什么他们选择的论点更有说服力。然后,学生在线提交回答。

评估

为了评估批判性思维教学模块多大程度上提高了学生使用、学习科学方法和批判性思维的信心,学生完成了一个依赖于后测法的简短评估(Howard, 1980; Howard & Dailey, 1979; Koele & Hoogstraten, 1998)。简而言之,在后测中(例如,您现在知道多少?当时您知道多少?)受访者给出回顾性前测评级。这种方法消除了前测/后测设计中的反应偏差,因为回顾性评估不像前测评估那样夸张。反应偏差是指前测分数通常较高的趋势,从而导致负性、减少或非显著的结果(Howard, 1980)。借助 5 级等级评定(从 1="不太自信/不甚了解"到 5="非常自信/非常了解"),学生表达他们在完成活动之前以及现在对使用科学方法和批判性思维的自信程度,对科学方法和批判性思维的了解程度。

六门不同的心理学入门课程的学生完成了调查问卷(共 60 名学生)。方差分析显示,6 个组(平均每组 10 名学生)在任何一种测量方法上都没有显著性差异,因此将样本合并。配对样本 t 检验显示,与使用教学模块之前($M=3.68, SD=1.06$)相比,学生现在使用科学方法的信心($M=4.54, SD=.57$)显著增加[$t(58)=-8.32, p<.001$];现在使用批判性思维的信心($M=4.70, SD=.46$)与之前($M=4.12, SD=.98$)相比显著提高[$t(59)=-5.20, p<.001$];现在的科学方法知识($M=4.48, SD=.73$)与之前的科学方法知识($M=3.70, SD=1.13$)相比显著增加[$t(59)=-7.18, p<.001$];批判性思维的知识($M=4.77, SD=.43$)与之前($M=3.85, SD=.94$)相比显著增加[$t(58)=-7.83, p<.001$]。因此,学生报告,他们

使用教学模块后,运用批判性思维、科学方法的信心及相关知识增加了,表明该教学模块有效实现了教学目标。

结论

评估结果表明,学生在使用教学模块后,对运用批判性思维以及科学方法的信心及知识增加了。我邀请读者在线访问该教学模块,并将其材料和格式调整到适用于自己的课堂。当然,以上结果是自我报告的并需要这样解释。不过,从表面来看,学生对了解并运用批判性思维和科学方法的信心似乎有了显著提高。未来的研究应该关注该教学模块对提高学生在课程中使用批判性思维的有效性。

一些证据表明,可以通过在课程早期提供有关批判性思维的学习经验来提高学生的批判性思维能力(Nathanson et al., 2004)。此外,有科学背景的学生在心理学导论课程中比具有艺术背景的学生表现得更好(Yanchar & Slife, 2004)。我建议,像这样的教学模块应该在课程的早期就提供给学生。这样,可以更好地为学生和教师提供课程框架并优化批判性思维和科学思维的应用。

贝思·迪茨-尤勒

参考文献

Dietz-Uhler, B. (2005). *Critical thinking module*. Retrieved April 7, 2008, from http://www.users.muohio.edu/uhlerbd/Critical_Thinking_Module.html

Halpern, D. F., & Nummedal, S. G. (1995). Closing thoughts about helping students improve how they think. *Teaching of Psychology*, 22, 82–83.

Howard, G. S. (1980). Response shift bias: A problem in evaluating interventions with pre/post self-reports. *Evaluation Review*, 4, 93–106.

Howard, G. S., & Dailey, P. R. (1979). Response-shift bias: A source of contamination of self-report measures. *Journal of Applied Psychology*, 66, 144–150.

Koele, P., & Hoogstraten, J. (1988). A method for analyzing retrospective pretest/posttest designs: I. Theory. *Bulletin of the Psychonomic Society*, 26, 51–54.

Nathanson, C., Paulhus, D. L., & Williams, K. M. (2004). The challenge to cumulative learning: Do introductory courses actually benefit advanced students? *Teaching of Psychology*, 31, 5–9.

Nummedal, S. G., & Halpern, D. F. (1995). Introduction: Making the case for "psychologists teach critical thinking." *Teaching of Psychology*, 22, 4–5.

Smith, R. A. (1995). *Challenging your preconceptions: Thinking critically about psychology*. Pacific Grove, CA: Brooks/Cole.

Williams, R. L., Oliver, R., Allin, J. L., Winn, B., & Booher, C. S. (2003). Psychological critical thinking as a course predictor and outcome variable. *Teaching of Psychology*, 30, 220–223.

Yanchar, S. C., & Slife, B. D. (2004). Teaching critical thinking by examining assumptions. *Teaching of Psychology*, 31, 85–90.

作者说明

有关本文的信件可邮寄至贝思·迪茨-尤勒(邮寄信息:Beth Dietz-Uhler, Department of Psychology, Miami University, Middletown, OH 45042);电子邮箱:uhlerbd@muohio.edu;电话:513.727.3254。

提升关于心理测量的批判性思维能力的初步实践

任何有关心理学批判性思维的教学策略都应包括解决心理测量问题的材料。测量主题尤其重要,因为学生可能对测量反馈的有效性过分自信(Beins,1993)。互联网提供了无数的心理测量方法,但缺乏质量控制(Connor-Greene & Greene, 2002)意味着网络空间只是提供了一个用于传播心理测量和反馈结果的途径,很少或没有可靠的根据。我对心理学导论实验班的调查显示,绝大多数学生完成了在线或杂志的免费心理测量,超过四分之三的学生认为结果是准确的。由于缺乏构建量表的经验,学生可能无法将设计良好且经过验证的量表与质量可疑的量表区分开来。这篇简短的报告提供了一个可操作的练习,通过帮助学生更好地理解复杂的测量问题(包括信度、效度、统计误差和对概念的定义)来促进批判性思维能力的提升。

受早期教学量表建构工作的启发(Benjamin,1983),我为一个由7—10个小节组成的大型入门实验课程设计了这项练习。练习中的活动与一系列课程相关,例如,研究方法、测量和个性,教师可以将班级分成适当大小不等的小组。这项练习要求学生构建自己的人格量表,收集答案,分析数据,并将他们的量表在心理测量上与相似和不同的衡量标准进行比较。完成这些内容需要三节课,但教师可以简化该方法。活动还需要 2—3 小时进行简单文字处理和数据录入,学生助理可以完成。

第一节课:量表结构

教师建立小组(5—9 名学生一组最合适)以后,开始讨论常见的人格特质和构建量表的策略。每个小组研究三种简洁人格特质中的一种。我选择了外向型、经验开放型和乐观主义人格特质,因为它们对学生来说比较容易理解。相反,我避免指定临床症状,如焦虑和抑郁,以防学生感到不适和披露让受访者可能感到后悔的信息。实验室助理可以在学生基于网络或其他文献进行搜索时提供指导,以帮助学生更好地理解和概念化他们所研究的特质。

在对文献进行背景研究和讨论之后,每个学生草拟两个或更多个原始题目来反映目标特质。教师应该指导学生编写有效的题目,例如,强调清晰简洁语言的重要性,避免双重否定,以及使用李克特量表来增加可变性的优势(参见 Clark & Watson, 1995,对测量构建指南的简要回顾)。我的实验室小组最初每人设计 18—20 个题目。然后,小组成员就这些题目进行讨论,直到他们就最能代表这种性格的五个题目达成一致。所有的组独立完成这个过程,从而针对每个特质形成多个题目。经过这个步骤之后就可以分析特质间和特质内的关系。

第二节课:数据收集

　　第二节课前,学生助理将每个量表组合成一个单一的测量工具(精通网络的教师可以将题目放到网上,这样可以简化数据输入的步骤)。助理或导师必须保留一个题目评分键,以便以后计算分数。所有学生都会对所有小组撰写的题目以及一些在线的单一特质人格测试作答。对于后者,我通常使用测量完美主义、心理控制源、感觉寻求和 A 型行为的量表。教师可能会使用其他容易获得的量表来代替(这里列出网站是不切实际的,因为网络地址经常变化,而简短的搜索可产生许多选项)。额外的量表增加了教学活动的复杂性,不过如果有必要的话,也可以省略额外的量表。由于学生可以快速完成量表,他们会把剩下的课堂时间用来研究指定给他们的特质(教师也可以将此步骤指定为家庭作业)。每个学生都应该检索相关论文,这些论文报告了指定特质与其他心理结构之间的相关性。学生通过这些资料作出假设,然后完善他们对数据的解释。

第三节课:分析与解释

　　学生对量表作答后,助理会整理数据,而学生会进行统计分析。具体情况将根据课程的级别和性质有所不同。在我的入门课程中,我布置了描述性和相关性分析。学生考察特质的性别差异,以及相似和不同特质量表之间的相关性。有一门比较有趣和有教学价值的课程涉及了特质间的相关关系。这些量表至多有中等程度的相关,通常,测量目的相似的量表之间只是弱相关的。尽管遵循相同的指导并且可以获得相同的资源,但我的课程中学生得出的量表与其他学生对相同特质得出的量表几乎没有统计学意义上的相似性。考虑到这项活动的教育目标,我认为这种低相关性是一件好事,这为批判性思维提供了极好的素材。我们讨论可信度、效度和测量误差,以及不同的研究人员对特质的概念化存在多大差异。此外,特质间相关通常很有趣,学生通过它们来验证自己的先验假设。在我的课堂上,每个学生都要写一份简短的报告,包括实证文章的所有要素。

评估和适应于其他课程的活动

学生对这项活动的反应很积极,无论是正式的还是非正式的。赫蒂奇(Hettich,1974)建议在课堂活动中使用学生生成的数据,学生报告说这项练习特别有趣。大多数学生认为活动达到了各种学习目标,大多数学生比活动开始时更加意识到量表结构的复杂性。学生还表示,与活动开始时相比,在活动结束时完成性格测试将是一项有趣的任务。这一说法得到了广泛认同。

如上所述,人们可以很容易地将这种活动应用于各种课程。步骤可能包括组合不同课程、更改目标特质或包括更复杂的分析。例如,教师可以引入回归分析方法,让学生增加另外一个特质,然后考察增加的这个特质在原先两个特质的基础上所增加的预测量。此外,学生可以通过测量特质之间的相关性是否受性别影响来研究调节关系。教师可以采用项目—总分相关、内部一致性分析甚至因子分析来引入更复杂的测量问题,以确定各种题目如何与预期的心理结构相匹配。为了使活动在有限的时间内更加容易实施,教师可以将量表构建和数据收集结合起来。然后,学生可以在课外分析数据,并在随后的课上讨论结果。总之,这项练习的灵活性使它适用于多种不同的课程,以促进学生对心理测量的批判性思考。

杰弗里·D. 霍姆斯

参考文献

Beins, B. C. (1993). Using the Barnum effect to teach about ethics and deception in research. *Teaching of Psychology*, 20, 33-35.

Benjamin, L. T., Jr. (1983). A class exercise in personality and psychological assessment. *Teaching of Psychology*, 10, 94-95.

Clark, L. E., & Watson, D. (1995). Constructing validity: Basic issues in objective scale development. *Psychological Assessment*, 7, 309-319.

Connor-Greene, P. A., & Greene, D. J. (2002). Science or snake oil? Teaching critical evaluation of "research" reports on the Internet. *Teaching of Psychology*, 29, 321-324.

Hettich, P. H. (1974). The student as data generator. *Teaching of Psychology*, 1, 35-36.

作者说明

有关本文的信件可邮寄至杰弗里·D. 霍姆斯(邮寄地址:Jeffrey D. Holmes, Department of Psychology, Ithaca College, Ithaca, NY 14850);电子邮箱:jholmes@ithaca.edu;电话:(607)274-7386。

人名索引[1]

阿普尔/Apple, K. 4, 86

阿普尔比/Appleby, D. 89—95

阿普斯/Apps, J. W. 141

埃德曼/Edman, L. R. O. 3, 46

埃尔德/Elder, L. 63, 144

埃里克森/Erikson, E. 128

艾恩斯/Irons, J. 3

安德烈/Andre, J. 5, 158

安德森/Anderson, C. A. 121, 123

安德森/Anderson, L. W. 66, 139, 142

安杰洛/Angelo, T. A. 31

奥尔波特/Allport, G. 131

奥尔森/Olsen, C. K. 121

奥尔松/Ohlsson, S. 6, 187, 193, 196

奥唐纳/O'Donnell, S. L. 4—5, 118, 122, 123—125

巴克利/Buckley, T. 51

巴克斯特·迈功达/Baxter Magolda, M. B. 41

巴伦/Barron, K. E. 4, 5, 158

拜因斯/Beins, B. C. 6, 156

班杜拉/Bandura, A. 128

保罗/Paul, R. 144

保罗/Paul, R. W. 63

保罗斯/Paulos, J. A. 153

鲍曼/Bauman, C. W. 216

贝茨/Betz, N. 225, 229

贝尔/Bell, C. 254

贝尔特尔/Belter, R. W. 6

贝克/Baker, S. 3, 67

贝斯特/Best, J. 205—206

贝特尔海姆/Bettelheim, B. 202

本斯利/Bensley, D. A. 141

比德曼/Biederman, J. 124

---

[1] 索引中的页码均为本书页边码。

彼得森/Peterson, D. R. 12

布莱/Bligh, D. A. 140

布朗芬布伦纳/Bronfenbrenner, U. 128

布雷耶/Breyer, S. 204

布里尔/Briihl, D. S. 6

布卢姆/Bloom, B. S. 66, 89, 139, 142

布鲁克菲尔德/Brookfield, S. D. 141

布鲁克斯-冈恩/Brooks-Gunn, J. 123

布鲁纳/Bruner, J. 127

布鲁纳/Bruner, K. F. 205

布斯克斯特/Buskist, W. 3, 51

达西/Darcy, M. 6

戴/Day, J. P. 253

戴尔/Dyer, J. 205

戴维斯/Davis, S. F. 228

德迈/DeMay, J. 208

邓恩/Dunn, D. S. 5, 67, 125, 156, 168

迪茨-尤勒/Dietz-Uhler, B. 275

迪斯/Deese, J. 186

笛卡尔/Descartes, R. 131

杜尔索/Durso, F. T. 145

多尔蒂/Doherty, A. 62

恩格尔哈特/Engelhart, M. D. 139

恩尼斯/Ennis, R. H. 74, 75, 141

法劳内/Faraone, S. V. 124

法默/Farmer, T. A. 30

范德·文/Vander Ven, T. M. 123

芬克/Fink, L. D. 263

冯特/Wundt, W. M. 109, 131

弗朗西斯/Francis, A. 4—5, 118

弗雷蒂/Ferrett, S. K. 155—156

弗洛伊德/Freud, S. 26, 109—110, 128—129, 131

弗斯特/Furst, E. J. 139

福赛斯/Forsyth, D. R. 139

高尔顿/Galton, F. 204

戈尔茨坦/Goldstein, E. B. 185

戈特弗雷德森/Gottfredson, L. S. 122

格拉泽/Glaser, E. M. 75

格雷/Gray, P. 95

格林/Greene, D. J. 96, 105

古尔德/Gould, S. J. 202

哈恩/Han, W. 123

哈尔彭/Halpern, D. F. 23—24, 28, 30, 45, 50, 111, 139, 141, 145

哈洛宁/Halonen, J. S. 3—4, 23—27, 30, 67, 82, 117—118, 120, 124—125, 150, 158

哈默/Hammer, E. Y. 5

哈维/Harvey, R. 5

哈维/Harvey, R. D. 141, 143—144

海特/Haidt, J. 215

赫蒂奇/Hettich, P. H. 279

赫弗曼/Heffernan, K. 175

赫瑟林顿/Hetherington, E. M. 119—121

赫斯科维茨/Herskovits, M. J. 268

亨德森/Henderson, B. 62

华生/Watson, J. B. 131—133, 254

惠特克/Whitaker, C. 121

霍布森/Hobson, J. A. 254

霍尔/Hall, S. S. 105

霍克/Hock, R. 252

霍尼/Horney, K. 269

基奇纳/Kitchener, K. S. 38—39, 41

吉尔伯特/Gilbert, J. C. 30

吉利斯/Gillis, M. 4

加德纳/Gardner, H. 122

加赖斯/Gareis, K. C. 171

金/King, P. M. 38—39, 41

金泰尔/Gentile, D. A. 121, 123

津恩/Zinn, T. E. 3, 5, 155

卡尔金斯/Calkins, S. 104

卡伦/Cullen, F. T. 123

卡罗尔/Carroll, D. W. 4, 104

卡罗扎/Carrozza, M. A. 123

卡塞尔/Kasser, T. 252

凯里/Carey, S. 134, 213

凯利/Kelley, M. R. 104

凯利/Kelly, G. A. 5, 127—129, 131—132, 134

凯利/Kelly, J. 121

坎贝尔/Campbell, D. T. 268

坎纳/Kanner, L. 202

康德/Kant, I. 131

康纳-格林/Connor-Greene, P. A. 29, 96, 105

柯林斯/Collins, F. 18

科恩/Korn, J. H. 5, 138

科尔伯格/Kohlberg, L. 128

科尔菲斯/Kurfiss, J. G. 141

科维/Covey, S. R. 244

克拉斯沃尔/Krathwohl, D. R. 66, 139, 142

克赖茨/Crites, J. O. 225, 229

克劳萨默/Krauthammer, C. 18

克雷斯韦尔/Creswell, J. W. 82

克鲁格/Kruger, D. J. 81

克罗斯/Cross, K. P. 31

克肖/Kershaw, T. C. 6, 189—193, 195

肯尼斯顿/Keniston, A. H. 4, 102—103, 106, 108—109

库克/Cook, A. J. 117

库珀/Cooper, J. L. 95

莱文/Levine, E. 192

赖特/Wright, J. P. 123

兰德勒姆/Landrum, R. E. 228

劳埃德/Lloyd, S. L. 251

劳伦斯/Lawrence, N. K. 3, 5

勒温/Lewin, K. 131

雷伯/Reber, J. S. 49

雷曼/Lehman, D. R. 200—201

雷斯-伯根/Reis-Bergan, M. J. 4

雷维斯/Reavis, R. 102

李/Lee, C. -L. 105

李普曼/Lippman, J. P. 6, 188, 190

里斯/Reese, R. J. 226

理查森/Richardson, F. C. 49

林/Lin, C. -S. 105

林顿/Linton, P. 169, 201

刘易斯/Lewis, J. M. 120—121

伦丁/Lundin, R. W. 131

伦斯福德/Lunsford, M. A. 30

罗迪格/Roediger, H. L., III 186

罗杰斯/Rogers, C. 127, 131

洛克/Locke, J. 131

洛伦茨/Lorenz, K. 128

马迪根/Madigan, R. 169—170, 201

马胡林/Mahurin, S. 4

马斯洛/Maslow, A. 128

麦基奇/McKeachie, W. J. 27

麦卡恩/McCann, L. I. 144

麦卡利/McCarley, R. W. 254

麦卡锡/McCarthy, M. A. 67

麦克德莫特/McDermott, K. B. 186

麦克佩克/McPeck, J. G. 141

梅奥/Mayo, J. A. 5

梅恩沙因/Maienschein, T. 199

蒙克里夫/Moncrieff, J. 123

米勒/Miller, D. C. 226

米勒/Miller, J. D. 199

米塞兰迪诺/Miserandino, M. 105

诺尔/Noll, N. E. 30

佩登/Peden, B. F. 4, 102—104

佩莱格里诺/Pellegrino, J. W. 6, 186, 188—190, 193—195

佩里/Perry, W. G. 37—38, 44, 52, 145

皮尔斯/Peirce, C. S. 201—204, 206

皮亚杰/Piaget, J. 37, 44, 63, 128

平克/Pinker, S. 18

珀尔曼/Perlman, B. 144

普罗布斯特/Probst, R. E. 251

乔菲/Cioffi, F. 18

乔姆斯基/Chomsky, N. 131

屈布尔/Kuebli, J. E. 5, 137, 144

瑞卡鲍/Rickabaugh, C. A. 169

萨吉斯/Sargis, E. G. 216

萨维尔/Saville, B. K. 5, 51, 155

赛迪科夫/Serdikoff, S. L. 3—4, 30

桑特洛克/Santrock, J. W. 128

施密特/Schmidt, M. E. 168

史密斯/Smith, C. 213

史密斯/Smith, P. 6, 66

史密斯/Smith, R. A. 5, 139, 141, 156

史瓦兹穆勒/Schwarzmueller, A. 104

朔默/Schommer, M. 42

斯基特佳/Skitka, L. J. 216

斯金纳/Skinner, B. F. 128, 155

斯赖夫/Slife, B. D. 49, 118

斯派曼/Spellman, B. A. 165

斯潘塞/Spencer, S. 4

斯佩里/Sperry, R. 16

斯坦诺维奇/Stanovich, K. E. 102, 214

斯坦尼/Stanny, C. J. 6

斯特雷耶/Strayer, D. L. 190

斯特鲁普/Stroop, J. R. 185—187, 189

斯滕伯格/Sternberg, R. J. 252

斯维尼克奇/Svinicki, M. D. 139

宋/Sung, Y. -T, 105

泰勒/Taylor, K. 225

泰特洛克/Tetlock, P. E. 216—217

泰吾瑞斯/Tavris, C. 26, 102—103, 106

特罗塞/Trosset, C. 212

提密密/Timimi, S. 123

托比西克/Tobacyk, J. J. 129, 131, 134

瓦斯克斯/Vasquez, K. 6

韦德/Wade, C. 2—3, 26, 102—103, 106

维尔/Weir, E. 74

维果茨基/Vygotsky, L. 128

沃德佛格/Waldfogel, J. 123

沃勒斯坦/Wallerstein, J. S. 119—121

沃森/Watson, G. 75

沃森/Watson, R. 108—110, 113

乌塔尔/Uttal, W. R. 15—16

西格尔/Segall, M. H. 268

西科尔斯基/Sikorski, J. 51

西里/Seery, B. L. 105

希尔/Hill, G. W., III 67

希尔/Hill, W. H. 139

希利/Healy, D. 121

肖内西/Shaughnessy, J. 30

辛凯维奇/Sinkavich, E. J. 30

休特/Suitor, J. J. 102

亚库贝克/Jakoubek, J. 141

亚里士多德/Aristotle 131

约翰斯顿/Johnston, W. A. 190

约翰逊/Johnson, S. 169, 201

约瑟夫/Joseph, J. 124

詹姆斯/James, W. 131

张/Chang, K. -E. 105

朱瑞丁/Jureidini, J. 123

# 主题索引①

阿尔维诺学院/Alverno College 61—62，66

安慰剂效应/placebo effects 267，269

奥本大学/Auburn University 51

巴纳姆效应/Barnum effect 26

白桦尺蛾/peppered moth 18

《白色荒野》/White Wilderness 202

比例模型实验室/scale-model laboratories 254

必修课程/required courses 151，153，231—232

毕生发展心理学/life span developmental psychology 128，131

表达性或探究性写作/expressive or exploratory writing 168

《不安的心》/An Unquiet Mind 252

不匹配条件/mismatch condition 187

操作性行为心理学/operant psychology 155

测谎仪/lie detectors 17

测量工具的组成部分/instrument components 90，92

创伤后应激障碍/posttraumatic stress disorder 13，267

错觉/optical illusions 270

错误的二分法/false dichotomies 106

《大话王》/Liar Liar 29

代表性样本/representative samples 122

道德问题/moral issues 215—218

点对点教学/peer-to-peer teaching 156

对批判性思维产生抵触心理/resistance to critical thinking 52

恩尼斯-维尔批判性思维论文测试/Ennis-Weir Critical Thinking Essay Test

---

① 索引中的页码均为本书页边码。

74

儿童保护基金/Children's Defense Fund 206

儿童监护权评估/child-custody assessments 13

发展心理学/developmental psychology 120，176，211

反思判断方法/Reflective Judgment Approach 75

反思性判断访谈/Reflective Judgment Interview 38

反思性思维/reflective thinking 38，40，50，101，110，141，145

范式思维/paradigmatic thinking 169

分离性身份障碍/dissociative identity disorder 14

服务性学习办公室/service-learning office 179

服务性学习的课堂应用/in-class uses of service learning 178

辅导贫困儿童/tutoring underprivileged children 181

改变授课方式/course format changes 154

《改变心理学的四十项研究》/Forty Studies that Changed Psychology 252

感官印象/sensory impressions 268，270

高等教育改进基金会/Fund for the improvement of Postsecondary Education 62—63

《高等教育纪事报》/Chronicle of Higher Education 18

《高等教育课堂的学习和动机》/Learning and Motivation in the Post-Secondary Classroom 139

《高效人士的七个习惯》/The Seven Habits of Highly Effective People 244

个人反应系统/personal response systems 188—189，196

个人目标说明/personal mission statement 241—245

个人认识论/personal epistemology 3，37—38，42，44—45

功能性磁共振成像/functional Magnetic Resonance Imaging 3，14—15

固执己见/tenacity 201—202，206—207

《怪物研究》/Monster Study 205

关于思考本身的思考/thinking about thinking 45

归因错误/attribution error 145，177，181

《国家风险报告》/Nation at Risk 62

过程导向的方法/process approach 89—90

孩子就是理由/Children Are Reason Enough 181—182

黑猩猩基因组/chimpanzee genomes 18

《恨的心理学》/The Psychology of Hate 252

后测法/post-then method 274

互写学习个人反应系统/Interwrite Learning Personal Response System 188

《华盛顿邮报》/*The Washington Post* 205

华盛顿州立大学/Washington State University 105

回归平均值/regression to the mean 269

基础技能/foundation skills 25，27—28

基于理论的学习原则/theory-based principles of learning 184

基于模块的研究项目/module-based research project 247

基于网络的批判性思维教学模块/Web-based Critical Thinking Module 7，273

基于问题的场景/problem-based scenarios 53，55—56

《基于行为科学的统计学和研究方法最佳教学实践》/*Best Practices for Teaching Statistics and Research Methods in the Behavioral Sciences* 156

记日记/journal writing 28—29

记忆力测试/memory test 247

记忆失败日记/Diary of Memory Failures 193

《记忆碎片》/*Memento* 105

技术进步/technological advancements 3

加利福尼亚批判性思维技能测验：大学水平/The California Critical Thinking Skills Test：College Level 73

加利福尼亚批判性思维倾向问卷/The California Critical Thinking Dispositions Inventory 73

家庭暴力/spousal abuse 206

假设检验/hypothesis testing 107

剑桥思维技能评估/Cambridge Thinking Skills Assessment 73

交互式教学法/interteaching 155—156

教育目标分类法/Taxonomy of Educational Objectives 89，139

阶梯式的稳步发展/stair-stepped approach 118，125

结构化同行评审练习/Structured Peer Review Exercises 29—30

《今日美国》/*USA Today* 205

《尽善尽美》/*As Good as It Gets* 29

经皮神经电刺激仪/Transcutaneous Electro-Neural Stimulator 12

开发测量工具/instrument development 90

凯利方格技术/repertory grid technique 5，127—129，131—132，134

康奈尔批判性思维测验/Cornell Critical Thinking Test 73，78

科学写作/scientific writing 171，228

科研素养/scientific literacy 199—200，204，206—208

课前知识测验/precourse knowledge questionnaire 238

跨课程写作/Writing Across the Curriculum 179，241

快速工作表/Up to Speed Worksheet 71

理论改进/theory advancement 165

《立场——辩证思维训练》/*Taking Sides book* 4—5，118—121，123—125，257—259

立场论文/position papers 258，260

两栏目法/two-column method 28

临床诊断/clinical judgments 1

洛约拉大学/Loyola University 81

马萨诸塞大学达特茅斯分校/University of Massachusetts Dartmouth 192

《麦田里的守望者》/Catcher in the Rye 252

《每况愈下：高等教育面临的风险》/*Declining by Degree* 62

美国儿科学会/American Academy of Pediatrics 121

美国国家科学院/National Academy of Sciences 200

美国南方学院和大学协会/Southern Association of College and Universities 65

美国心理学会/American Psychological Association 5，11，30，51，67，81—82，84—87，149—150，164，169—171，226，228，231，238，243，248，257，259

(美国心理学会)《本科心理学专业指南》/*The Guidelines for the Undergraduate Psychology Major* 67

(美国心理学会)《美国国家入门心理学标准》/*National Standards for Introductory Psychology* 67

(美国心理学会)心理学专业能力工作小组/Task Force on Psychology Major Competencies 149—150，231

缪勒-莱尔错觉/Muller-Lyer illusion 270

模式识别/pattern recognition 16，65

女性就业/maternal employment 118，120—121，123

旁观者介入/bystander intervention 208

批判性思维论文测试/Critical Thinking Essay Test 74

《批判性思维指南》/*The Critical Thinking Companion* 65

批判性思维综合测试/Comprehensive Test of Critical Thinking 78，80

剽窃/plagiarism 226

平均绩点/grade point average 44，231

朴素的实在论/naïve realism 267—270

前脑叶白质切除术/lobotomy 270

亲社会行为/prosocial behavior 176

青少年怀孕率/teen pregnancy rates 207

倾向性理论/a dispositional theory 3，36

情景记忆过程/episodic memory process 186

求职论文项目/job paper project 230

全脑波形同步激发器/Whole Brain Wave FormSynchro-Energizer 12

确认偏误/confirmation bias 12—13，219，268

人格建构理论/personal construct theory 5，127，131

认知心理学/cognitive psychology 6，101，106—107，128，139，183—184，187，189—192，194

日常生活中的认知报告/Cognition in Daily Life Report 193—194

日常推理测试/The Test of Everyday Reasoning 75

色情/pornography 118，121，124

社会心理学/social psychology 5，138，142—145，176，178—179，195，215，252

社会责任/social accountability 220

社交智力/social intelligence 163，168

神经影像技术/neuroimaging technologies 17

神经语言程序学/neurolinguistic programming 12

生理数据/physiological data 107

生物心理社会模式/biopsychosocial model 92—93，95

圣玛丽模型/St Mary's Model 83

事务性写作/transactional writing 167—168

视听作业/audiovisual assignments 105

睡眠实验/sleep experiment 254

司法心理学专业学生/forensic psychology students 104

《思想与知识：批判性思维导论》/Thought and Knowledge：An Introduction to Critical Thinking 50

苏格拉底式的提问方法/Socratic method of questioning 137

随机对照设计/randomized controlled designs 268—269

态度和行为/attitudes and behavior 50

特质/trait 37，63，145，199，245，277—279

体罚/corporal punishment 211

体验式学习/experiential learning 180

铁轨错觉/railroad tracks illusion 270

同行评审过程/peer review process 123，172

同性恋倾向/homosexual orientation 214

统计学课程/statistics courses 151，154，156—157，168

统计学—研究方法综合课程/integrated statistics-research methods course 156

推理与沟通评估/Assessment of Reasoning and Communications 72

推敲可能性模型/Elaboration Likelihood Model 117，125，144

瓦尔多斯塔州立大学/Valdosta State University 6，226，230—231

危机事件晤谈/crisis debriefing 267

危机事件应激晤谈/Critical Incident Stress Debriefing 13

为相反的态度辩护/Counterattitudinal Advocacy 218

《物质主义的高昂代价》/The High Price of Materialism 252

未知问题练习/ignorance question exercises 103

伪科学/pseudoscience 14，26，145，164，204

伪科学的/pseud-oscientific 12

文件抽屉问题/file drawer problem 203

文献综述/literature review 121，167，200，247—248

沃森的心理学范畴/Watson's prescriptions 108—110

沃森-格拉泽批判性思维评估/Watson-Glaser Critical Thinking Appraisal 75

误诊/misdiagnosis 269

西佛罗里达大学/University of West Florida 6，65，70，226，229

先验方法/a priori method 201，203，207

《乡村之声》/*The Village Voice* 205

相对主义/relativism 3，17

小组讨论/small group discussions 253

小组学习/group learning 146

效度概念/validity concepts 90，92—93

心理测量学与统计学/Psychological Measurement and Statistics 156

心理学对立范畴/*Contrasting Prescriptions of Psychology* 113

心理学家和心理学从业者之间的鸿沟/scientist-practitioner gap 13，18

《心理学教授的教学指南》/*The Professor's Guide to Teaching* 139

心理学相关职业/careers in psychology 225—226，228，230

心理学研究方法/Psychological Research Methods 156—157

心理学研究方法和数据分析/Psychological Research Methods and Data Analysis 157

心理治疗访谈策略/psychotherapeutic interview strategy 127

心脏治疗/heart-related treatments 205

新奇的效果/novelty effects 269

新闻播报员/newscasters 63

《新闻日报》/*Newsday* 208

信念/belief 3，27，37—39，41—45，63，201—208，211—214，216—220，225，238

性教育/sex education 18，207

宣传/propaganda 119，122—124

学生表现评估/performance assessment 61，66—68

学生方法调查问卷/Student Approaches Questionnaire 238

学术概况/Academic Profile 72

学术技能—经验量表/Academic Skills-Experience Inventory 81

学术水平和进步的衡量标准/Measure of Academic Proficiency and Progress 74

学习成果/learning outcomes 3，56，65，67，82，124，131，134，150，179，184，228

学习目标和成果评估网络指南/Assessment CyberGuide for Learning Goals

and Outcomes 85

《血签名》/Blood Done Sign My Name 252

循环推理/circular reasoning 106

训练元认知的同伴和教练/"metacognitive" ally and coach 146

压力源/stressors 91—92

岩小囊鼠/rock pocket mouse 18

研究生入学考试/graduate record exam 231

《夜间小狗好奇事件》/The Curious Incident of the Dog in the Night-time 252

伊利诺伊大学芝加哥分校/University of Illinois at Chicago 184,191

应用心理学/applied psychology 149

右脑训练计划/right-brain training programs 12

元认知/metacognition 24—25,28,30,45,65

元认知技能/metacognitive skills 30—31

元认知任务/metacognitive tasks 31

元认知校准误差/metacogntive miscalibration 30

元认知意识/metacognitive awareness 45—46,137

元知识/meta-knowledge 204

阅读工坊/literature circles 251—154

阅读清单/reading worksheet 190,192

择偶/mate selection 214

摘要写作/summary writing 27—28

詹姆斯·麦迪逊大学/James Madison University 3,77—83,85,87—88

展示海报/presentation poster 249

真实案例/real-world examples 153

《拯救奥菲莉亚》/Reviving Ophelia 252

职业前景手册/Occupational Outlook Handbook 232

职业认同/vocational identity 225

志愿服务/volunteerism 175

制度认同/institutional identity 65

终身学习/lifelong learning 96,183

主成分分析/principal components analysis 133

注意缺陷多动障碍/ADHD (attention deficit hyperactivity disorder) 118,120,123—124

准反思性思维/quasi-reflective thinking 39—41

自然选择/natural selection 18

自我报告调查/self-report survey 258—259

自我调节能力/self-regulation skills 168

自我反思/self-reflection 46,82,85,87

自我纠错的考试/self-correcting exams 153

自我评估/self-assessment 25,28,30—31,67,82,102,104,168,228,230—232

自我评估/self-evaluation 46,231,239,253

自我实现的预言/self-fulfilling prophecies 178

自我效能感/self-efficacy 14, 225—226, 228—230

自尊/self-esteem 13—14, 144

宗教信仰/religious beliefs 216

宗教信仰/religious faith 17

最佳/最差任务/Best/Worst assignment 237—239

图书在版编目(CIP)数据

心理学的批判性思维教学：最佳实践手册 / (美)达纳·S.邓恩编；王晓霞译. — 上海：上海教育出版社，2022.5
ISBN 978-7-5720-0324-0

Ⅰ.①心… Ⅱ.①达…②王… Ⅲ.①心理学－教学研究 Ⅳ.①B84

中国版本图书馆CIP数据核字(2022)第003051号

Teaching Critical Thinking in Psychology: A Handbook of Best Practices by Dana S. Dunn,
Jane S. Halonen, and Randolph A. Smith, ISBN: 9781405174039
Copyright © 2019 John Wiley & Sons Ltd.
All Rights Reserved. Authorised translation from the English language edition published
by John Wiley & Sons Limited. Responsibility for the accuracy of the translation rests
solely with Shanghai Educational Publishing House Co., Ltd and is not the responsibility
of John Wiley & Sons Limited. No part of this book may be reproduced in any form without
the written permission of the original copyright holder, John Wiley & Sons Limited.
本书中文翻译版已获得授权，由上海教育出版社独家出版。未经出版者书面许可，
不得以任何方式复制或发行本书的任何部分。
上海市版权局著作权合同登记号 图字09-2020-813号

策　　划　董　洪
责任编辑　钦一敏
装帧设计　赖玫伊

Xinlixue De Pipanxing Siwei Jiaoxue: Zuijia Shijian Shouce
心理学的批判性思维教学：最佳实践手册
[美] 达纳·S.邓恩　　[美] 简·S.哈洛宁　　[美] 伦道夫·A.史密斯　编
王晓霞　贺　静　李　慧　译
李龙泉　王晓霞　校译

出版发行	上海教育出版社有限公司
官　　网	www.seph.com.cn
地　　址	上海市闵行区号景路159弄C座
邮　　编	201101
印　　刷	上海展强印刷有限公司
开　　本	640×965　1/16　印张27　插页2
字　　数	322千字
版　　次	2022年8月第1版
印　　次	2022年8月第1次印刷
书　　号	ISBN 978-7-5720-0324-0/B·0013
定　　价	70.00元

如发现质量问题，读者可向本社调换　电话：021-64373213